동아시아
해상 표류와
해신 마조

동아시아
해상 표류와
해신 마조

박현규朴現圭 저

學古房

목차

머리말

머리말

　동아시아 해양 국가는 지리학적으로 바다를 가까운 거리에 두고 있어 바다에 대한 많은 이야기가 전해온다. 사람들은 바닷가에서 광활하게 펼쳐진 아름다운 바다 경관을 바라보면 잠시나마 상념의 세계로 빠져들어 배를 타고 수평선 너머의 먼 바다로 나가고 싶어 한다. 바다의 날씨는 가변성이 많다. 평온했던 바다가 갑자기 세찬 바람이 불어와서 집채만 한 파도가 덮쳐오면 사람들은 바다가 두려움의 대상으로 바뀐다. 평생 바다를 업으로 삼는 뱃사람들도 항해를 하다가 갑작스러운 기상 변화와 기체 고장으로 어쩔 수 없이 조난을 당하곤 한다. 이들 중에는 더러 바다를 이리저리 떠돌아다니다가 용케 이국의 땅에 닿아 생환해오는 경우가 있다. 이때 해외로 나간 표류인과 표류 기록물이 만들어진다.

　해신은 바다를 다스리는 초자연적인 신앙체이다. 뱃사람들은 아주 오래 전부터 해신이 자신들의 목숨과 항해 안전을 지켜주는 신으로 받들고 있다. 특히 바다에서 조난을 당한 자들은 해신을 부르며 위난에서 벗어날 수 있도록 간절히 기도를 드렸다.

　마조(媽祖)는 중화권에서 널리 알려진 대표적 해신이다. 송나라 때 복건 미주도(湄州島) 바닷가에서 무녀로서 활동했던 실존 인물이고, 사후에 미주도 주변에서 해양을 돌보는 여신으로 숭배되었다. 그 후 해상활동의 발전에 힘입어 중국 대륙의 연해안과 내수로 지역으로 영향력이 크게 확대되었다. 중국 역대 조정은 마조를 공식 신앙체로 받아들이고, 천비(天妃), 천후(天后), 천상성모(天上聖母) 등 여러 차례 봉호를 내렸다. 오늘날에 와서도 평화의 사자라는 기치를 내세우는 중국 대륙, 국민 대다수가 마조를 신봉하고 있는 대만, 마각(媽閣)에서 지명을 취한 마카오, 마조묘가 백 개 가까이 가진 홍콩, 화교들이 진출한 태국, 말레이시아, 싱가포르, 인도네시아, 베트남, 필리핀 등 동남아시아에서 계속 새로운 형태의 마조 문화가 창출되고 있다.

해상 표류와 해신 마조에 대해 국내학계에서 현 시점까지 이루어진 연구 성과물을 살펴보면 몇몇 표해록에 집중되어 있어 극히 제한적이었다. 특히 해신 마조에 관한 연구 성과물은 중국 사례만 언급한 것이 일부 있고, 한국과 관련된 내용은 전무하다. 과문인지 모르겠으나 필자는 현 시점까지 한국 마조와 관련된 유일한 전문가이다. 따라서 본 연구에서는 한국을 중심으로 삼아 동아시아 해양 국가와의 이루어졌던 표해 기록과 해신 마조에 관한 자료들을 집중 분석했다.

1. 개요

≪동아시아 속의 해상 표류와 해신 마조≫
    (1) 중국 임해(臨海)에 표류한 예의의 나라 조선인 관찰기
    (2) 유구 필리핀에 표류한 문순득 행적과 기록 검토
    (3) 조선 제주도에 표착한 중국 조주(潮州) 출항선 기록 검토
    (4) 조선 비인현에 표착한 조주·태국인의 표류 사정과 교역 활동
    (5) 태국화상 허필제(許必濟)의 고향 유적과 조선 표류고사
    (6) 고려시대 해신 마조(媽祖)신앙의 접촉과정

(7) 고려·조선시대 해로 사행록에 투영된 해신 마조(媽祖) 분석

(8) 조선·명 해로사행자의 해신 마조(媽祖) 인식과 일화

(9) 한반도 소재 해신 마조(媽祖) 문물과 현황

(10) 고금도 관왕묘에 설치된 해신 마조(媽祖) 신단 분석

아래에 각 장의 주요 내용을 적어본다.

(1) 중국 임해(臨海)에 표류한 예의의 나라 조선인 관찰기

〈고려풍속기(高麗風俗記)〉는 청 제주화(齊周華)가 조선 표류인 20명을 직접 관찰하고 조선 인심과 풍속을 살펴보고 적은 기록물이다. 〈고려풍속기〉는 제주화의 문집인 ≪명산장부본(名山藏副本)≫에 들어가 있다. 청 건륭연간원각본 ≪명산장부본≫은 현재 중국 임해시박물관(臨海市博物館)에 유일본으로 소장되어있다.

1741년(영조 17)에 제주도 사람들이 육지로 향하다가 광풍을 만나 이리저리 표류하다가 절강 태주부(台州府) 임해현(臨海縣) 해안에 도착했다. 조선 표류인들은 근 3달 동안 임해 천녕사(天寧寺)에 임시 거처했다. 조선 표류인은 비록 환난을 당하여 이역에서 목숨을 구한 사람들이지만, 모두 한결같이 예의에 준하는 행동을 보여주어 제주화를 비롯한 당시 중국인들에게 깊은 감동을 선사해주었다. 제주화는 조선 표류인들을 통해 조선을 예의의 나라로 칭했다.

(2) 유구 필리핀에 표류한 문순득 행적과 기록 검토

전라도 우이도(牛耳島)에 사는 문순득은 유구국에 표착한 이래 또 다시 여송국에 표착했다가 그 후 마카오, 중국 대륙을 거쳐 본국으로 귀환했다. 한문을 조금 할 줄 아는 문순득은 본국으로 귀환할 때 표류 과정을 담은

≪노정기(路程記)≫를 가지고 있었다. ≪노정기≫는 훗날 정약전(丁若銓)이 ≪표해시말(漂海始末)≫을 편찬할 때 기초 자료로 활용했을 것으로 추정된다. 우이도 관할지 나주목(羅州牧)이 기술한 문순득 표류담을 보면 현존 유일본 ≪표해시말≫과 다른 내용이 일부 들어가 있어 다른 판본의 ≪표해시말≫이 있었음이 분명하다. ≪표해시말≫에 기술된 장강 일대의 여정은 지명이 잘못되거나 앞뒤가 뒤섞여 있어 오류가 많다.

문순득 표류 사건은 국제적인 사건답게 당시 동북아시아, 동남아시아 등 여러 국가(마카오를 관장한 포르트갈 포함)가 관련되어 유구국 통사의 경우처럼 많은 사람들이 널리 인지하고 있었다. 문순득이 표류한 경험담은 조선 조정에게 교류가 힘든 다른 국가의 정보를 제공해주었고, 또한 실학자에게 해양 문화와 세계 인식을 촉발시켜 시야를 크게 넓혀주었다. 앞으로 조선의 대유구, 여송국, 마카오(포르트갈 포함)의 교류사, 유구국과 여송국의 풍속과 발음, 중국의 대여송국 이민사 등을 연구하는데 귀중한 자료로 활용될 것으로 믿어진다.

(3) 조선 제주도에 표착한 중국 조주(潮州) 출항선 기록 검토

1688년(숙종 14)에 조주에서 출항한 선박이 항해 도중 악천후를 만나 한반도 제주도로 표착해오는 사건이 발생했다. 조주 출항선은 조주 지역과 절강, 강소 지역을 오가며 물자 교역을 하던 상선이다. 상선에는 총 63명의 상인과 수부들이 타고 있었는데, 이들 출신은 주로 조주(潮州), 장주(漳州), 천주(泉州) 세 지역 사람이다. 제주도 표착 직전에 상선이 파손되는 바람에 15명만 생존하고, 나머지는 익사했다. 조선 조정은 남방 표류인들이 표착했다는 소식을 듣고 한어(漢語) 역관인 김지남(金指南)을 파견하여 이들을 구휼하고 표류 사정을 탐문하였다. 얼마 후 청나라 북경에 자문을 올리고 한양을 거쳐 봉황성(鳳凰城)으로 이송시켰다. 여기에 관한 제반 기록은 한어(漢語) 역관인 김지남(金指南)의 〈수본(手本)〉, 조선 조정의 ≪승정원일기≫와 ≪비변사등록≫에 수록되어있다.

(4) 조선 비인현에 표착한 조주·태국인의 표류 사정과 교역 활동

1880년(고종 17)에 청 조주인과 태국인이 탄 선박이 충청도 비인현(庇仁縣)에 표착하는 사건이 발생했다. 현존 기록에 의하면 청 조주인과 태국인이 함께 선박에 타고 한반도에 표착한 것이 이번이 유일한 사례이다. 이들은 태국에서 출발하여 발해만까지 올라와 산동 연태와 요동 영구에서 교역 활동을 한 다음 귀환하다가 산동 해역에서 기상악화로 조난당했다.

표착 당시에 가져온 물품에는 마조신앙(媽祖神像)이라는 신앙용품, 영구에서 구입한 홍삼, 표류생활에 필요한 음식과 기물, 그리고 반려동물인 개와 고양이가 있었다. 그 중 긴박한 탈출 과정에서 가져온 홍삼이 있는데, 조선에서 중국에 수출한 물품으로 추측된다. 이것으로 통해 조선 홍삼(紅蔘)이 멀리 중국 남부 지역과 태국 화교에게 전매되는 과정을 파악할 수 있다. 조주 상인들은 중국 대륙 각지와 동남아 사이를 오가는 기존 남북 항로에다 "香(홍콩) – 叻(싱가포르) – 暹(태국) – 汕(산두)" 항로 네트워크를 본격적으로 구축하여 물자 교역을 크게 활성화시켰다. 조주 상인 가운데 태국에서 건조된 홍두선(紅頭船)을 몰고 국제 물자 교역에 나선 허필제(許必濟)가 있는데, 이가 바로 비인현에 표착한 허필제와 동일한 인물이다.

(5) 태국화상 허필제(許必濟)의 고향 유적과 조선 표류고사

1880년(고종 17)에 한반도에 표착한 중국 출신 태국화상 허필제의 행적을 추적 고찰한다. 조선 조정은 이들을 구휼한 뒤에 청나라로 이송시켰다. 이번 홍두선의 선주 허필제(許必濟)는 현 징해(澄海) 전포촌(前埔村) 출신이다. 젊어서 태국과 중국대륙을 오가는 홍두선의 선원으로 활동하다가 훗날 독립해서 선주가 되었다. 조선 표류 이후에 태국 방콕으로 건너가 거점 상점인 태만창행(泰萬昌行)을 개점하고 본격적인 해외 경영에 나섰다. 이후 태국에 병륭창행(炳隆昌行), 홍콩에 태순창행(泰順昌行), 산두에 태이창행(泰怡昌行), 고향 집에 태만창비국(泰萬昌批局)을 잇달아 개점하며 다 지역 사이에 물자 교역과 운송, 우편과 송금을 경영하였다. 1927년에 태국 방콕에서 작고하여 그곳에 묻혔다.

허필제의 고향 집에는 허필제가 세웠던 고거 건물들이 남아 있다. 죽하지(竹下池)를 중심으로 동편에는 허필제와 그 일가들이 살았던 가옥, 서원소축(西園筱築), 태만창비국(泰萬昌批局) 등이 있고, 서편에는 회실공사(懷實公祠), 노비관조청(老批館祖廳), 항내공청(巷內公廳) 등이 있다.

허필제의 집안에는 조선 표류와 관련된 고사와 유물이 전해져온다. 허필제가 한반도에 표착한 당시에 기근 해결용으로 먹고 남았던 조선 인삼을 말려 가져왔다고 전해오는데, 사실은 허필제가 요동 영구(營口)에서 구입한 조선 홍삼이었다. 또 난파선에서 탈출할 때 마조신상을 두고 내렸으나, 마조신상이 물 위에 떠올라 계속 따라오자 모시고 왔다고 했다. 항내공청(巷內公廳)에는 조선 표류 때 허필제가 가져왔던 마조신상이 보존되어 있다.

(6) 고려시대 해신 마조(媽祖)신앙의 접촉과정

마조(媽祖)는 중화권 지역에서 널리 알려진 해신이다. 마조는 일명 신녀(神女), 천비(天妃), 천후(天后) 등이다. 고려 시대의 마조신앙은 한마디로 단순 접촉시기라고 볼 수 있다. 북송 선화 연간에 노윤적(路允迪)을 정사로 삼은 송나라 사신과 민절(閩浙) 출신 수부 일행이 고려국에 들어왔다. 이때 이들 가운데 복건 출신 이진(李振)을 비롯한 마조를 믿는 사람들이 한반도에 한동안 머물면서 고려 사람들에게 마조신앙을 이야기했을 개연성이 있다.

고려 말기에 들어와서는 고려 사람들이 마조신앙에 대해 보다 적극적으로 접촉했다. 정몽주(鄭夢周), 이숭인(李崇仁), 권근(權近), 박의중(朴宜中) 등 고려 사신들은 발해만을 건너면서 북방 최초로 분파된 사문조(沙門島) 천비묘(天妃廟)(현 묘도 현응궁)를 찾아 마조신에게 치제를 하거나 마조신앙의 영험을 읊은 작품을 남겼다. 고려 사신들은 비록 지속적으로 마조신앙을 믿지는 않았지만, 이들 작품은 고려말기에 마조신앙이 전파되었다는 좋은 증거로 활용될 수 있다. 당시 발해만을 오가던 고려 뱃사람들은 마조신앙을 믿고 있었다.

(7) 고려 · 조선시대 해로 사행록에 투영된 해신 마조(媽祖) 분석

여기에서는 고려 · 조선시대 해로 사행록에 투영된 마조(媽祖) 자료를 찾아 한국과 마조의 접촉과 신앙에 관한 제반 사항을 분석한다.

마조는 송나라 초 실존인물 임묵(林黙)이 승격한 인격신으로 훗날 중국에서 널리 알려진 해양 보호신이 되었다. 려말 선초와 병자란 직전에 고려와 조선은 해로를 통해 중국 대륙으로 오갔다. 고려말에 정몽주(鄭夢周), 이숭인(李崇仁), 권근(權近), 박의중(朴宜中) 등, 조선초애 李詹, 李稷 등, 병자호란 직전에 안경(安璥), 이민성(李民宬), 조즙(趙濈), 김상헌(金尙憲), 이덕형(李德泂), 홍익한(洪翼漢), 오숙(吳翻), 최유해(崔有海), 신열도(申閱道), 고용후(高用厚), 이흘(李忔), 김육(金堉) 등이 해로 사행 도중에 마조묘를 들러보거나 마조를 축원하는 작품을 남겼다.

이들은 평안도 선사포(宣沙浦)와 석다산(石多山), 요동 남단 장산도(長山島)와 광록도(廣鹿島), 발해만 북단의 북신구(北迅口)와 각화도(覺華島 : 현 국화도), 하북 동단의 망해정(望海亭)과 천진(天津), 산동 북단의 등주(登州 : 현 봉래) 등지에서 여러 작품을 남겼고, 특히 묘도열도의 사문도(沙門島 : 현 묘도)에서 창작된 작품이 가장 많다. 사신들과 뱃사람들이 항해 과정에서 자주 마조에게 제례를 올리고 항해안전을 축원했다. 뱃사람들은 일찍부터 해로로 중국대륙을 오가면서 마조신앙과 접촉했다. 훗날 평안도 일대에 마조묘가 몇 군데 세워졌던 기록은 뱃사람들의 마조신앙과 밀접한 관련이 있을 것으로 보인다.

(8) 조선 · 명 해로사행자의 해신 마조(媽祖) 인식과 일화

1621년(광해군 13 ; 천계 1)에 조선과 명나라는 뜻하지 않게 이백년 동안 중단되었던 해로 사행을 다시 열었다. 첫 번째 중국행 해로사행에 일어났던 마조 기록과 일화는 사행자의 심리 변화와 묘도열도(廟島列島)의 마조 현황과 발전 과정을 알아보는데 좋은 자료이다.

명 등극조사 유홍훈(劉鴻訓)은 묘도 마조묘의 모연(募緣) 책자에다 해로에서 두 차례나 체험한 마조 영험을 적은 모연문(募緣文)을 남겼다. 타기도와 묘도에 각각 향불이 계속 타오르는 천비묘가 있었다. 묘도 천비묘가 타기도 천비묘에 비해 조금 크고 넓었으나 묘우 상태가 많이 퇴락하였다. 훗날 유홍훈의 마조 사적은 유홍훈 자신의 입장 변화와 조정에 상주하지 않았던 관계로 다른 송명 사신들의 마조 사적에 비해 후대에 거의 알려지지 않았다.

유홍훈과 함께 해로사행에 나선 조선 서장관 안경(安璥)은 중국으로 갈 때 마조에 대해 별다른 반응이 없다가, 귀국할 때는 많은 변화를 보였다. 안경은 해로 귀환의 험준함, 출항 시기의 부적합, 조난 사고에 대한 풍문, 뱃사람의 사기 진작 등은 안경으로 하여금 묘도 마조묘에 나가 향을 사르고 제문을 지었다. 안경 이후 등주노선으로 나가는 조선 사신과 뱃사람들은 묘도 천비묘를 참배하거나 마조 신앙을 신봉하는 행위를 보였다.

명 등극부사 양도인(楊道寅)의 마조 일화는 안남(安南 : 현 베트남) 또는 안동(安東 : 현 단동)으로 출사하다가 닻 위에 앉아있는 마조의 존재를 믿지 않아 선박 전복으로 익사하는 사고를 당했다는 내용을 담고 있다. 이 일화는 양도인이 조선출사 때 해로에서 체험한 조난 경험담이 주변 사람들에게 알려졌고, 훗날 그의 고향인 진강(晋江) 일대로 널리 퍼져나가면서 지역에 성행하고 있는 마조신앙과 결합하여 새로운 형태로 변형되었다.

(9) 한반도 소재 해신 마조(媽祖) 문물과 현황

여기에서는 한반도에 소재한 마조(媽祖) 문물과 현황에 대해 조사 분석한다. 연구자가 조사한 바에 의하면 한반도 내에 마조 문물로는 서울화교 묘우 거선당(居善堂)과 인천화교 묘우 의선당(義善堂)에 각각 조성된 마조신단, 인천화교 공관 중화회관(中華會館)의 본당에 놓아둔 마조향로, 대만 왕덕웅(王德雄)이 대만 자명궁(慈明宮)에서 분봉해온 부산 한성궁(韓聖宮), 제주시가 복원한 중국 피난선에 요동 피난민이 신봉한 마조신단, 임진왜란 때 명 수군 진린(陳璘)이 조성한 고금도 관왕묘(關王廟 : 현 충무사)에 모셨던 마조신단, 평안도 서해안에 세워졌던 마조묘 5곳 등이 있다.

이들 마조 문물은 주로 한반도에 들어온 중국인(대만인 포함), 특히 화교들에 의해 조성되었다. 일부 문물은 원형 그대로 남아있으나 일부 문물은 최근 복원하거나 다른 문물로 바뀌었다. 한반도 내에서 마조 문물에 대한 인지도와 대외 홍보가 매우 부족한 편이다. 이러한 사실은 한국 사회에서 마조의 존재를 잘 모르고 있는 실상을 그대로 반영해주고 있다. 한반도 내의 마조 문물은 우리들이 포용해야할 소중한 문화유산이고, 또한 우리들의 해양문화를 더욱 다양하고 풍부하게 만든다.

(10) 고금도 관왕묘에 설치된 해신 마조(媽祖) 신단 분석

전남 완도군 동편 고금도(古今島)에는 이순신 사당인 충무사(忠武祠)가 있다. 충무사의 옛 이름은 관왕묘(關王廟)이다. 임진왜란 때 명나라 수군이 조선 수군과 연합전선을 펴기 위해 고금도로 들어왔다. 이때 수군 도독 진린(陳璘)은 절직수영유격장군 계금(季金)과 함께 관왕묘를 건립했다. 관왕묘의 신단 배열을 보면 중앙에 주신 관우를 두었고, 동편에 삼관대제(三官大帝), 서편에 마조를 각각 두었다. 마조위패에는 당시 중국 민간에서 전해지던 봉호인 '호국우민천비성모지위(護國佑民天妃聖母之位)'라고 적혀있었다.

광동과 절강 해역은 마조 신앙이 성행한 지역이었다. 진린은 광동 남오(南澳)에서 부총병으로 있을 때 천후궁에서 마조 신앙을 자주 접했고, 계금의 고향인 절강 송문에 명나라 때 세워진 마조묘가 적어도 3곳이 있었다. 진린의 손자 진영소가 배를 타고 고금도에 들어와 한동안 정착한 적이 있었다.

고금도에는 예로부터 〈마고할멈과 구무섬〉이라는 설화가 전해오고 있다. 설화 속의 마고할멈은 마조로 추측된다. 관왕묘 초기에 뱃사람들은 관왕묘를 찾거나 멀리 선상에서 마조에게 해상 안전을 기원하는 제향을 올렸다. 일제강점기에 관왕묘가 철폐되면서 마조신단도 함께 훼멸되었다.

제1장

조선인 관찰기
중국 臨海에 표류한 예의의 나라

1. 개론

우리나라는 지리학적으로 바다를 가까운 거리에 두고 있어 바다에 대한 많은 이야기가 전해온다. 사람들은 바닷가에서 광활하게 펼쳐진 아름다운 바다 경관을 바라보면 잠시나마 상념의 세계로 빠져들어 배를 타고 수평선 너머의 먼 바다로 나가고 싶어 한다. 바다의 날씨는 가변성이 많다. 평온했던 바다가 갑자기 세찬 바람이 불어와서 집채만 한 파도가 덮쳐오면 사람들은 바다가 두려움의 대상으로 바뀐다. 평생 바다를 업으로 삼는 뱃사람들도 항해를 하다가 갑작스러운 기상 변화와 기체 고장으로 어쩔 수 없이 조난을 당하곤 한다. 이들 중에는 바다를 이리저리 떠돌아다니다가 용케 땅에 닿아 생환해오는 경우가 있다.

한국 역사를 통틀어보면 중국대륙이나 일본열도, 유구, 동남아지역으로 표류했다가 생환해온 한국 표류인은 꽤나 많다. 이들 중에는 자신이 표류한 과정을 기록물로 남겨 후세에 전해온 경우가 있다. 그 대표적인 기록물이 1484년(성종 15)에 중국 三門에 표착했다가 본국으로 귀환해 온 崔溥가 적은 ≪錦南漂海錄≫이다. 이외에도 표류 기록물이 상당수 많지만, 대다수가 표류과정을 단순 기술한 공문서나 기록물이라서 표류인의 현지상황과 행적을 자세히 살펴보는 데에는 부족한 감이 없지 않다. 이번에 이러한 사실을 조금이나마 덜어줄 흥미로운 자료가 나왔다.[1] 1741년(조선 영조 17 ; 청 건륭 6)에 台

절강 월계향 최부표류사적비
(박현규 촬영)

州府 臨海縣에 조선인들이 표착해왔다. 이 소식을 접한 청나라 학자 齊周華는 친히 임해로 가서 조선 표류인을 만나 관찰한 후 〈高麗風俗記〉를 작성했다. 〈고려풍속기〉는 조선 표류인의 행동과 풍속을 기술한 표류 기록물이다. 본 장에서는 〈고려풍속기〉에 적힌 전반적인 내용을 분석하여 조선 표류인들이 이국땅에서 어떻게 행동했고, 이들의 행동거지들이 중국인들에게 어떠한 감동을 주었는가를 밝혀본다.

2. 조선인 표류과정과 송환과정

1741년(영조 17)에 조선 표류인들이 임해에 도달하고 본국으로 송환하는 기록은 ≪비변사등록≫, ≪승정원일기≫, ≪통문관지≫, 〈浙江巡撫盧煉奏報撫恤朝鮮國難民折〉 등에 수록되어있다. ≪비변사등록≫은 1617년(광해군 9)부터 1865년(고종 2)까지 조정의 국가최고 의결기관인 비변사에서 처리한 사건을 기록한 책자이다. 1865년(고종 2)부터 1892년(고종 29)까지 의정부가 비변사 업무를 대신하여 ≪의정부등록≫을 남겼다. ≪비변사등록≫ 영조 17년 11월 23일자에는 비변사는 절강 임해에 표착했다가 북경을 통해 본국으로 송환된 사람들을 우대해서 고향으로 돌려보내는 일을 아뢰니 영조가 윤허했다는 기록이 보인다. 부대 기록으로 宣傳官 李邦綏가 표류인 명단, 표류 과정, 송환 과정 등을 문정한 〈濟州道還人別情別單〉이 있다. ≪승정원일기≫에도 ≪비변사등록≫과 같은 내용이 기술되어있으나 별첨 기록은 보이지 않는다.

표류자들의 명단과 직책, 나이는 아래와 같다.

---

1 李一・周琦 주편, ≪台州文化槪論≫, 中國文聯出版社, 北京, 2002.5, pp.542~544.

직책	명단(나이)
濟州衛前	金哲重(32)
從人	安益(50)
船主	文隆章(36)
沙工	韓守返(31)
格軍	文義萬(32), 文必景(31), 金之完(57), 洪致完(61), 洪義澤(40), 韓夫申(46), 韓道興(37), 張道星(44), 車得還(50), 朴次同(21), 宋石主(18), 李己雄(49), 李義發(33), 金元昌(33)
羅州商賈	李克中(34)
불명	金赤

절강 임해에 표류한 조선인은 모두 20명이다. 제주화는 〈고려풍속기〉에서 조선 표류인들의 숫자가 20여 명이라고 적었는데, 어딘가 착오가 있는 듯하다. 생존자 19명 가운데 金哲重 이하 18명은 제주도 사람이고, 李克中은 나주 사람이다.[2] 아래에서 보듯이 이들은 제주목에 속해있던 사람들이었다. 선주 文隆章, 사공 韓守返,[3] 격군 文義萬 이하 14명은 제주도와 육지를 오가면서 사람과 물자를 운송하는 일을 했다. 신분 불명자 金赤은 임해에서 북경으로 이송하면서 山南皮 지역에서 질병으로 사망하여 그곳에 묻었다.

다음으로 조선 표류인의 항해 목적과 표류 과정에 대해 살펴본다. 〈절강순무노련주보무휼조선국난민절〉은 1741년(건륭 6) 5월 1일 浙江巡撫 盧焯이 조선 표류인들의 표류 사정과 본국으로 환송시키기 위한 조정의 조치를 묻기 위해 올린 주첩이다. 원본 주첩은 현재 中國第一歷史檔案館에 소장되어있다.[4] 〈절강순무노련주보무휼조선국난민절〉에서 :

2　≪備邊司謄錄≫ 영조 17년 11월 23일조 : 「自北京回還漂人, 濟州居金喆重等十八名, 羅州居李克中一名.」 ≪비변사등록≫ 본문 조항에 金喆重이라고 적고 있으나, 본 장에서는 ≪승정원일기≫와 〈濟州道還人別情別單〉에 따라 金哲重이라 적는다.

3　〈浙江巡撫盧焯奏報撫恤朝鮮國難民折〉에는 舵手 韓守返을 韓守友라고 적었음.

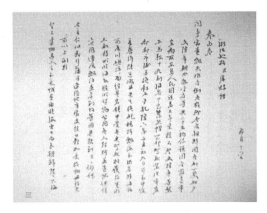

절강순무사 盧煉 주첩(박현규 촬영)

이번 조선국 外夷 선박 1척에 있다. 船戶 文隆章, 舵水 韓守友[5] 등 20명이고, 모두 그 나라 전라도 零岩郡 所安島 사람이다. 이 섬에 작년 곡식이 풍부하지 않아 문용장 등이 말안장 19개, 해조류 10포, 籐絲帽 1개를 만들어 배를 타고 零岩郡 都市浦에 나가 곡식으로 바꾸려고 했다. 건륭 6년 2월 9일에 善渠洋에 이르러 갑자기 폭풍을 만나 돛, 키, 노를 잃어버리고 절강성 臨海縣 소속 川礁 바다로 표류해왔다.[6]

여기에서 조선 표류인의 출신지, 운항과정과 표류과정이 언급되어있다. 조선 표류인 20명은 모두 전라도 零巖郡 所安島 사람이라고 했는데, 零巖郡은 靈巖郡의 오기이다. 소안도는 완도항에서 20.8km 떨어져 있는

---

4 中國第一歷史檔案館編, ≪淸代中朝關係檔案史料續編≫, 中國檔案出版社, 北京, 1998.1, pp.3~4.

5 원문 韓守友는 〈濟州道還人別情單〉에 韓守返라고 적고 있다.

6 今有朝鮮國夷船一隻, 船戶文隆章, 舵水韓守友等共二十名, 均係該國全羅道零岩郡所安島人民. 因該島上年禾稼不登, 文隆章等製辦馬鞍十九副, 海芥十包, 籐絲帽一筋, 駕船裝往零岩郡都市浦, 易換穀石. 于乾隆六年二月初九日, 行至善渠洋, 陡遇颶風, 失去桅舵檣楫, 飄流至浙省臨海縣所屬川礁洋面.

섬이다. 예전에는 達木島라고 불렀고, 숙종 연간에 所安島라고 불렀다. 1018년(고려 현종 9)에 영암군에 속했고, 1896년(조선 고종 33)에 莞島郡으로 편입되었다. 오늘날 행정구획으로 완도군 소안면이다. 조선 명종 때 金海 金氏와 同福 吳氏가 소안도에 들어와 집단촌을 형성했고, 임진란 때 난을 피하여 많은 외지인들이 들어왔다. 소안도와 제주도 사이에 놓인 큰 바다는 평상시에도 파도가 일고 물결이 거칠어 위험하였기 때문에 소안도에 도달하면 안심할 수 있는 곳, 즉 所安이라고 외쳤다.[7]

　도시포는 일명 도싯개, 도삿개, 또는 도포라 불렀으며, 오늘날 영암군 都浦面 都浦里이다. 도시포는 내륙 안쪽에 위치해있으나, 마을 앞쪽에 榮山江 지류가 흐르고 있어 바다로 통하는 포구가 형성되어있다. 마을 주변에는 넓은 평야가 있어 곡물 생산이 풍부했다. 이곳에는 시장이 형성되어 바다에서 잡은 어패류와 들에서 생산되는 곡물들의 교역이 활발했다.

　그러나 〈제주도환인별정별단〉에는 조선 표류인의 출신 지역과 항해 목적이 달리 기술되어있다. 〈제주도환인별정별단〉에서:

　　우리들은 모두 제주목 관부에 있는 사람입니다. 금년 2월 29일에 司僕寺가 요청한 말안장 18개를 배에 싣고 출발했다. 바다에 이르러 갑자기 광풍을 만나 선박을 제어할 수가 없었다. 선미목이 절단된 후에 가는 방향을 알지 못하고 혹은 동쪽으로 혹은 서쪽으로 표류하기를 42일간이었다. 만 가지 생각이 소진되는 가운데 혹시나 유국국에 표류할 것을 염려했다. 그 나라는 평소 제주 사람을 싫어하여 살해당할 위험이 없지 않아 지니고 있는 호패, '濟州' 두 글자가 들어간 문서, 錢文 40여 량을 모두 바다에 던져버렸다. 3월 21일 오시 경에 사람이 없는 조그만 섬에 표착했다. ― 글로써 묻기를 "어느 나라 사람인가?" 우리들은 글로써 적기를 "조선국 全羅道 靈巖郡 所安島에

7　莞島文化院, ≪지명으로 조명한 청해진의 완도군 향토사≫, 완도문화원, 완도, 2005.12, pp.312~313.

사는 사람이다. 흉년이 들어 곡식을 무역하고자 배를 타고 本郡 都市浦로 향했다." — 또 글로써 묻기를 "귀국의 어느 지방인가?" 그들이 또 글로써 적기를 "大唐 浙江 台州府 臨海縣 소속 田蚕島입니다."[8]

　　조선 표류인은 제주도에서 司僕寺가 요청한 말안장을 싣고 제주해협을 건너 육지로 향했다. 여기에서 제주해협에서 표류한 날짜는 1741년 2월 29일이라고 했는데, 〈절강순무노련주보무휼조선국난민절〉의 기록에 따라 2월 9일로 정정해야한다. 이들이 절강 임해에 표착한 일자는 3월 21일 인데, 바다에서 표류한 기간인 42일을 제외하면 2월 9일이 정확하다. 이들 은 제주해협에서 갑자기 세찬 폭풍을 만나 스스로 움직일 항해 능력을 소실해 바람과 조류에 따라 표류했다. 이들이 탄 배는 처음엔 산동 앞 바다로 떠밀려갔다가, 마침 돛대가 바람에 의해 부러져 다시 복건 앞 바다 로 떠내려갔다. 또 여기에서 다시 맞바람을 만나 북으로 밀려 올라와 임해 에 표착했다.[9] 바다에서 표류했던 기간이 무려 42일간 걸렸던 소이는 중 국 남북 연해안을 이리저리 떠돌아 다녔기 때문이다.[10] 이들이 바다에서 장기간 표류할 때 선적해가던 해조류가 중요한 양식이 되었을 것으로 추

8　矣徒等俱以濟州牧官下人. 今年二月二十九日, 司僕寺求請馬鞍十八部, 載船出來是白 如可, 行到洋中, 猝遇狂風, 不能制船, 尾木折傷之後, 莫適所向, 或東或西者, 凡四十 二日. 其間萬念消盡之中, 猶慮漂泊於琉球國, 則該國素娭濟州之人, 不無殺害之患, 所持號牌, 濟州二字所書之文書及錢文四十餘兩, 並爲投諸海中是白乎. 三月二十一 日午時兩, 漂泊小島無人處矣. — 以書字問之曰 : 何國人乎? 矣徒等以文字示曰 : 以 朝鮮國全羅道靈巖郡所安島居生之人, 因年事凶歉, 貿穀次乘船, 向本郡都市浦矣. — 又書問貴國卽何地方耶? 彼又書之曰 : 卽大唐浙江台州府臨海縣地方田蚕島云云.

9　〈고려풍속기〉: 「乾隆辛酉夏, 其國之全羅道有衆二十餘, 同舟航海易米. 突遭颶風, 飄至山東, 又風折其桅而至福建, 又風至台州.」

10　閔德基는 〈제주표류인별정별단〉에 기술된 1741년 김철중 일행이 유구국으로 표류 하여 유구국 관리로부터 심문을 받았다고 했으나, 아마도 원문을 잘못 해독했던 것으로 보인다. 민덕기, 〈표류민을 통한 정보의 교류〉, 《조선시대 한일 표류민연 구》, 국학자료원, 서울, 2001.2, p.100.

정된다.

앞에서 밝혔듯이 김철중, 문응장 등 18명은 제주도 사람이고, 이극중 1명만이 나주 사람이다. 조선 표류인들은 왜 자기 출신 지역을 숨겼을까? 이들은 바다에서 장기간 표류하는 동안에 자신들이 유구국에 도달할 경우를 대비했다. 1611년(광해군 3)에 유구국 왕자(세자)가 탄 선박이 제주도에 표착했다. 제주목사 李箕賓 등이 이들을 죽이고 재물을 약탈한 사건이 일어났다. 당시 조선 조야에 유구인들이 이 사건을 보복하기 위해 군대를 보내 한반도를 침공한다는 풍문이 나돌았고, 훗날 여러 야담집에 이 사건이 널리 기술되어 있다. 제주도 사람들은 유구 사람들이 보복한다는 풍문을 사실로 받아들였다. 따라서 제주도 사람이 유구에 표착할 때 유구 사람들로부터 보복을 당하지 않으려면 제주도 출신이라는 사실을 감추어야 한다고 믿고 있었다.

조선 표류인들은 자신들이 차고 있던 호패, '제주'라는 글자가 들어간 각종 문서 및 錢文 40여 량을 모두 바다로 던져버렸다. 이들은 절강 임해에 표착했음에도 불구하고, 자신들은 출신 지역과 항해 목적을 숨겼다. 자신들은 영암 소안도 사람이고, 흉년이 들어 육지로 나가 곡식으로 바꾸려한다고 했다. 이들이 자신의 출신과 항해 목적을 숨긴 이유는 표착할 때의 두려움과 상대방의 구휼의도를 정확히 몰랐기 때문이다. 자신들이 표착한 장소가 제주도 사람을 꺼려하는 유구국인지가 가장 큰 두려움이었다. 또 항해목적으로 관물 운송보다는 물자 교역에 나섰다고 하는 편이 말하기기 더 낫다고 판단했다. 특히 흉년이 들어 육지로 나가 곡식을 구하려고 하는 것이 상대방으로부터 불상하다고 여겨 동정심을 이끌어낼 수 있다.

조선 표류인들이 육지로 가져간 물품은 말안장 19개, 籐絲帽 1개, 해조류 10포 등이다. 상기 예문에서 보듯이 〈제주도환인별정별단〉에는 이들

절강 임해 천녕사
(박현규 촬영)

은 司僕寺에서 요청한 말안장 18개를 가지고 갔다고 했다. 이들은 조선으로 송환될 때 말안장을 가지고 왔다. 청나라 각종 관부에서 말안장에 대해 물어볼 때마다 이들은 곡식 교환용이라고 둘러댔다. 그러나 登子(藤絲帽로 추정됨) 1개는 호송 도중에 청나라 관리들에 의해 빼앗겼다.[11]

조선 표류인들이 표착한 지점은 임해현 川礁 해역에 속해있는 田蚕島이다. 川礁 해역은 오늘날 임해 上盤鎭 達道村과 新建村 앞 바다이다. 천초 지명은 불과 몇 km 정도 떨어진 川礁山(현 상반진 涂夔村 소재)에서 따왔다. 천초에서 上盤港, 建新河 등 내수로를 통해 임해 내지로 오갈 수 있다. 달도촌과 신건촌 앞 바다는 台州灣에 속하는데, 이곳에서 영강 입구로 들어가면 옛 태주부 관할인 임해가 나온다. 예전에 신라와 고려 선박이 이곳 바다를 통해 한반도와 浙東 지역을 오갔다. 태주만 아래 大陳島에는 고려로 향하는 선박들이 항해 지표로 삼은 高麗頭山이라는 지명이 남아있다.[12]

천초 사람들은 조선 표류인들을 발견하고 黃岩鎭 소속 변방관에 신고했다. 청나라 관리들은 즉시 사람들을 보내 조선 표류민을 구휼하고 표류선과 함께 海門關(현 태주시 椒江區 海門街道)으로 이송시켰다. 해문관에서 조선 표류인들에게 표류 사정을 문정한 다음에 태주부 치소가 있는 임해로 이첩시켰다. 이때가 4월 1일이다. 해문관에서 조선 표류인들이 타고 온 선박은 은자 12냥으로 환산해 주었다.[13] 태주부는 조선 표류인의

---

11 ≪비변사등록≫〈제주도환인별정별단〉: 「矣徒等雖値漂流, 英重京司求請, 不可棄置, 司僕寺納馬鞍十八部行裝中, 同爲輸來, 而此物爲彼人到處問之故, 答以換貿穀物次, 載持者是如爲白在果, 其中登子一介, 則爲彼人見奪是白置.」

12 ≪(嘉定)赤城志≫ 권20〈山水門 · 山 · 黃岩〉: 「東鎭山, 在縣東二百四十里. --- 山上望海中, 突出一石, 舟之往高麗者必視以爲准焉.」

13 ≪비변사등록≫〈제주도환인별정별단〉: 「自海門關出送台州而出來時, 以船價是如? 銀子十二兩給之是白乎於.」

임시 숙소를 天寧寺로 정하고, 사찰 밖으로 출입을 금했다.[14]

천녕사는 임해시 동남쪽 巾山公園 西麓에 소재한다. 건산은 일명 巾子山이다. 건산 옆 북서쪽에는 임해 古城으로 둘러싸여 있고, 그 앞에는 靈江이 유유히 흐르고 있다. 천녕사는 707년(당 景龍 1)에 태주 관부에 의해 창건되었다. 사찰명은 처음에 景龍寺라고 불렀으나, 그 후 여러 차례 이름이 바뀌었다. 708년(경룡 2)에 中興寺로 바뀌었다가, 이듬해 龍興寺라고 바뀌었다. 그 후 폐사가 되었다가 738년(開元 26)에 중건하고 開元寺라고 불렀다. 744년(天寶 3) 이전에 다시 용흥사로 바뀌었다. 845년(會昌 5)에 회창법난으로 폐사가 되었다가, 847년~860년(大中 연간)에 다시 건립되고 개원사라고 불렀다. 1003년~1007년(송 景德 연간)에 景德寺로 바뀌었다. 1111년(政和 1)에 천녕사라는 사찰명이 처음 불려졌다. 1137년(남송 紹興 7)에 廣孝寺로 바뀌었다가, 원나라 때 다시 천녕사로 바뀌었다. 그 후 사찰 건물은 몇 차례 훼멸되고 중수되었다. 1861년(청 咸豊 11)에 화재로 소실되었다가, 1891년(광서 17)에 승 苔瓏 등에 의해 중건되었다. 중일전쟁 때 일본군 공습으로 사찰 건물이 커다란 피해를 입었고, 문혁 기간에 다시 한 번 크게 파괴되었다.

1984년에 천녕사는 동북쪽으로 30m 떨어진 南山殿으로 옮겨 종교 활동을 전개했다. 남산전은 명나라 때 창건되고, 청 도광 연간에 중건되었다. 사당은 원래 당 玄宗, 張巡, 李光弼 등 3명을 모셨으나, 훗날 장순만 모셨다. 장순은 임해지역에서 張元帥라고 부르며 토속신으로 승격되었다. 1986년에 大殿, 1988년에 天王殿, 1989년에 大悲樓를 중건했다. 1998년에 천녕사 원래 장소에 용흥사라는 사찰을 중창했다. 그 후 용흥사는 대대적으로 토목 공사를 하여 커다란 사찰로 변모했다. 오늘날 용흥사와 천녕사

---

14 《비변사등록》〈제주도환인별정별단〉:「則置之天寧寺, 炊飯以食, 使勿出入於寺外.」

가 따로 존재하고 있으나, 원래 한 사찰이다. 현 용흥사 사찰 경내에는 千佛古塔이 세워져있고, 남산전에는 5층 고탑이 세워져있다. 천불고탑은 정확하게 언제 건립되었는지 알 수 없지만, 청 咸豐 연간에 출토된 전돌 명문(唐天寶三載龍興寺塔磚)으로 보아 늦어도 744년(당 천보 3) 이전에 건립되었다.[15]

천녕사 주변은 옛 通院坊이 들어섰던 지역이다. 통원방은 당나라 때 먼 지역과 외국 상인들이 들어와 물자 교역을 하는 집단지역이다. 천녕사 는 상인들의 시주로 향불이 크게 일어났다. 오늘날 천녕사 앞에는 옛날 관세를 징수했던 곳으로 알려진 稅務街, 임해 옛 모습을 그대로 간직한 紫陽路, 영강으로 통하는 興善門 등 옛 거리와 유적이 남아있다.[16] 당·오 대 시대에 임해와 그 주변은 신라상인들이 활약했던 지역이다. 영강 중류, 즉 오늘날 임해 迅橋鎭 晒蟹岩에 신라상인들이 배를 가지고 들어왔던 기 록이 있다.[17] 천녕사 일대 통원방에도 신라상인들이 머물렀던 것으로 추 정된다. 이처럼 고대 한국인과 연분이 있는 곳에 조선 표류인들이 잠시 머물게 되었다.

1741년(건륭 6) 5월 1일에 盧煉은 조선 표류인의 표류 사실과 구조 과 정, 본국으로 송환시키는 내용을 담은 주첩을 작성하여 청나라 조정에 올렸다. 노련은 당초 조선 표류인들을 타고 온 배로 바다를 통해 본국으로 보내려고 했다. 하지만 조선 표류인들은 한반도로 가는 뱃길을 알지 못한다 며 육로를 통해 귀환하길 원하고, 자신들이 가지고 온 화물들을 돈으로 환

---

15 任林豪·馬曙明編著, 《臨海文物志》, 文物出版社, 北京, 2005.11, pp.287~291, 394~395.

16 丁伋, 〈台州海外交通史鉤沈〉, 《〈台州地區志〉志餘輯要》, 浙江人民出版社, 杭州, 1996.2, pp.37~38.

17 《嘉定赤城志》 권19 〈臨海·新羅嶼〉:「在縣東南三十里, 昔有新羅賈人艤舟於此, 故名.」

제1장 중국 臨海에 표류한 예의의 나라 조선인 관찰기 _ 13

산해주기를 청했다.[18] 이해 5월 16일 청 건륭제는 硃筆로 알았다고 했다.

이해 6월 11일에 조선 표류민들은 관인들의 호송 아래 임해를 떠났다. 이들은 八疊橋(현 임해 永豊鎭 八疊村), 天台, 新昌, 嵊州, 紹興을 지나 杭州로 갔다. 항주에서 10여 일을 머물다가 7월 2일에 배를 타고 북경으로 향했다. 山南皮 지역에서 표류인 가운데 金赤은 불행히도 질병으로 사망하였고, 그곳에서 장사를 지냈다. 8월 22일에 북경에 도착하여 예부에 이첩되었다. 조선 조정은 청 조정으로부터 조선 표류인을 호송해가라는 통보를 받고나서 通官 徐宗孟을 북경으로 파견했다. 9월 26일에 서종맹은 조선 표류인들을 이끌고 북경을 떠났다. ≪통문관지≫는 조선 통문관에서 중국과 일본과의 외교사항을 기술한 책이다. 이 책자 〈紀年續編〉 중 〈英祖大王十七年辛酉〉 조목에도 통관을 북경으로 보내어 조선 표류인들을 義州로 이송시켰으며, 표류인 중 1명은 도중에 질병으로 사망했던 사실을 간략하게 기술되어있다.[19]

3. 齊周華의 인물과 ≪名山藏副本≫ 판본

여기에서 제주화 인물과 생애부터 살펴본다. 자는 漆若, 호는 巨山, 별호는 含玄子, 華陽子 등이다. 훗날 질병으로 다리가 불편해진 이후 이름을 獨孤損, 자호를 跛仙이라 지었다. 또 감옥에서 풀려난 이후 가탁 이름을 사용했다. 가탁 이름은 魯至道, 자는 善變, 호는 仙友이다. 1698년(강희 37)에 절강 天台에서 출생했다. 1728년(옹정 6)에 石門 呂留良 文字獄

---

18 〈浙江巡撫盧焯奏報撫恤朝鮮國難民折〉:「由臨海出口而至朝鮮, 茫茫大海, 據文隆章 等全称不識海道路程, 願收貨物從陸路回國, 情詞懇切.」

19 ≪通文館志≫ 권10 〈紀年續編〉:「(英祖大王十七年辛酉)全羅道靈巖人文隆章等二 十名, 漂到浙江臨海縣, 一名病故, 解至北京禮部, 奉旨差通官, 解到義州.」

사건이 터졌다. 1731년(옹정 9)에 여유량의 사상을 변호하는 상소문을 올렸고, 끝내 이 일로 인하여 끝내 투옥되었다. 1736년(건륭 1)에 5년 동안 감옥 생활을 마치고 사면되었다. 이 이후 10여 년 동안 본명을 감추고 전국 명승지를 유람했다. 1757년(건륭 22)에 고향 천태로 돌아왔으나, 모친 사망, 집안 변고로 인하여 또 다시 전국을 유력하였다. 1767년(건륭 32)에 浙江巡撫 熊學鵬은 제주화의 문집에 조정을 비난하는 내용이 들어가 있는 것을 보고는 이를 조정에 고발했다. 제주화는 예전의 문자옥 사건에 다시 연루되어 杭州로 압송되었고, 얼마 후 처형당했다.

제주화는 종제 齊召南과 함께 '天台二齊'라고 불리었다. 그러나 이들이 가는 길은 서로 달랐다. 제소남은 청 조정의 제도권 속으로 들어가 정치활동을 하며 자신의 학문 세계를 펼쳤다. 훗날 제주화 문자옥에 연루되어 비참한 말년을 보냈다. 제주화는 일생동안 도의를 중시하며 재야학자로서 자신의 이념을 꿋꿋하게 지켰다. 당시 조야를 크게 떠들썩거렸던 여유량 문자옥 사건의 희생자가 되었다. 민국 연간에 절강 문사들은 제주화와 呂留良, 黃宗羲, 杭世駿 4명을 四賢이라고 칭하고, 항주 西湖 三潭印月에 四賢祠(先賢祠)를 건립했다. 현재 사당 건물만 남아있다.

명산장부본 고려풍속기
(박현규 촬영)

〈고려풍속기〉는 ≪名山藏副本≫ 권하에 수록되어있다. ≪명산장부본≫은 제주화가 예전에 편찬했던 ≪過秦草≫, ≪太平話≫, ≪風波集≫ 등을 정리하여 재편한 책이다. 책명 ≪명산장부본≫은 제주화의 〈자서〉에서 밝혔듯이 "藏之名山, 傳之其人(명산에 소장시켜 사람에게 전한다)"이라는 고사에서 나왔다. 이 고사는 서한 司馬遷의 〈報任少卿書〉에서 유래되었다. 여기에 현실 속에서 만족하지 않는 자신의 작품을 명산에 감추어두었다가 훗날 자기를 알아주는 사람에게 전하고자 하는 문인들의 소박한 뜻이 담겨있다.

≪명산장부본≫은 청 건륭 연간 제주화 생전에 간행되었으나, 제주화가 처형당할 때 모든 저서가 금서로 지정되는 바람에 훗날 유통과 보존에 많은 제약을 받았다. 청 건륭 연간 원각본 ≪명산장부본≫은 오늘날 임해시박물관에 孤本으로 남아있다. 최근 필자는 임해시박물관을 방문하여 관장 徐三見의 호의를 받아 원각본 ≪명산장부본≫을 확인하였다. 임해시박물관장본 ≪명산장부본≫은 1949년 이후 태주문물 기관이 입수한 것이다. 임해시박물관은 책자 속에 일부 결락된 부분을 다른 책자를 보고 다시 적어 넣었다. 다행히도 〈고려풍속기〉 편장이 들어간 부분은 결락이 없어 원각본의 형태를 그대로 살펴볼 수 있다.

〈고려풍속기〉를 중심으로 원각본의 서지사항을 적어본다. 四周雙欄, 19.9 × 10.6㎝, 無界, 9행 19자, 白口, 上下內向黑魚尾이다. 판심제에 "高麗風俗幾/下卷/幾(어미 부분)/寄生草堂(하판구 부분)"이라고 새겨져있다. 寄生草堂은 제주화의 당호이다. 1761년(건륭 26)에 寄生草堂에서 ≪명산장부본≫〈자서〉를 작성했다. 〈고려풍속기〉 제목 아래에는 "天台 獨孤損 跛仙"라고 적혀있다. 天台는 제주화의 고향이고, 獨孤損과 跛仙은 그의 가명과 자호이다.

1920년(민국 9)에 천태 張翅는 원각본 ≪명산장부본≫을 다른 참고 서적을 활용해서 오류자를 교정하여 신식활자로 출판했다.[20] 인쇄지는 杭州

---

20 張翅(1885~1934)의 자는 惟容이고, 호는 羽生이며, 천태 茅園(현 茭園村) 사람이다. 1904년(광서 30)에 일본으로 유학을 떠났고, 光復會·同盟會에 가입했다. 1916년(민국 5)에 浙江省參議院 參議長을 지냈고, 그 후 浙江公立法政專門學校 校長, 駐

武林印書館이다. 1987년에 上海古籍出版社에서 張翅印本을 다시 정리한 책자를 ≪明淸筆記叢書≫의 일종으로 현대식 활자로 출판했다. 장시인 본과 상해고적출판사본은 전록 내지 교감 오류가 일부 보인다. 일전에 서삼견은 상기 3종의 판본을 비교하여 장시인본과 상해고적출판사본이 많은 전록 오류가 있다는 사실을 밝혀냈다.[21]

4. 〈高麗風俗記〉의 편찬동기

제주화는 평소 주변 국가에 관심을 가지고 있던 차에 조선에서 표류해 온 사람들이 있다는 소식을 접하고 친히 章安(임해)으로 나갔다. 이때 동 행한 학자는 葉少曾, 秦抹雲,[22] 蔣若翰이다. 그는 천녕사에서 5일 동안 머물면서 조선 표류인의 모습과 행동, 풍속과 인심에 대해 꼼꼼히 관찰하 고, 또한 천녕사 주지 海印으로부터 조선 표류인에 관한 여러 정보를 들었다.

제주화는 이 이전에 ≪廣興記≫의 기록을 통해 조선 정보를 취득했다. ≪광여기≫는 명 陸應陽이 찬술하고, 청 蔡方炳이 增訂했다. 책명에서 알 수 있듯이 당시 중국 전 지역의 지리 정보를 담아 놓았다. 먼저 중국 지역을 15개 권역으로 나누어 기술했고, 말미(권24 〈外譯〉)에 조선을 비 롯한 중국 주변국가의 지역 정보를 부가해놓았다. 〈朝鮮國〉 조목은 다시 〈沿革〉, 〈地理〉, 〈風俗〉, 〈山川〉, 〈土産〉, 〈人物〉, 〈烈女〉 조항으로 나누

日本長崎領事館 總領事 등을 역임했다. 필자는 張翅의 아들인 張立道를 천태학자 許尙樞의 가택에서 대면했다.

21 徐三見, 〈淸齊周華≪名山藏副本≫初刻本與民國刊本〉, ≪文獻≫, 1989年 3期(총41 기), 1989.7, pp.258~265.
22 抹雲은 秦錫淳의 자이다. 그는 임해 사람으로 문장에 뛰어나 당시 '天下第一才子' 라고 불리었고, 제주화, 侯嘉繙과 막역한 사이이다.

어 조선 사정에 관한 개략적인 정보를 담아놓았다. 이 중 〈風俗〉 조항에 조선 혼인풍속에 관한 내용이 들어가 있다.

남자와 여자들이 함께 모여 서로 좋아하면 즉시 혼인한다.[23]

제주화가 이 조목을 조선 표류인 송씨에게 보여주니, 송씨는 즉시 기분이 언짢아하며 이 조목을 손가락으로 지우는 행위를 했다. 제주화가 그 까닭을 물으니, 송씨는 이 내용이 크게 잘못되었다며 조선에서는 부모의 명으로 중매를 통해 혼인한다고 대답했다. 고대 국가나 원시 농촌 사회에서 남녀가 함께 모여 자유연애를 하는 행위는 자연스러운 현상이다. 옛날 우리나라도 이와 같은 풍속을 가지고 있었다. 다만 송씨가 살고 있던 조선 사회는 전통적인 유교 사상이 팽배하였던 때라 남녀 사이에 자유연애가 금지되고 부모에 의해 혼인 대상이 결정되었다.

물론 오늘날 시점에서 송씨의 반응에 대한 논란의 여지가 있을 수 있다. 하지만 제주화는 송씨와 같은 입장에 서있었다. 제주화는 ≪광여기≫ 중 조선 혼인풍속 조항이 잘못 되었고, 또 이러한 오류가 예의의 나라 조선을 욕되게 한다고 보았다. 이것이 바로 제주화가 〈고려풍속기〉를 작성하게 된 동기이다. 제주화는 〈고려풍속기〉를 통해 ≪광여기≫의 오류를 수정하고 조선의 좋은 평판을 널리 알리는 것이 자신의 도리라고 여겼다.

5. 〈高麗風俗記〉의 제반내용

조선 표류인들은 얼굴이 자못 거무튀튀하고 통통한 편이었다. 보통 바

---

23 男女群聚, 相悅卽婚.

닷가에 사는 사람들은 해수면에 반사된 강한 빛 때문에 육지에 사는 사람들에 비해 피부가 쉽게 거칠어지고 거뭇해진다. 그들은 머리에는 초립 형태의 검은 모로 만든 커다란 모자를 썼다. 이것은 아마도 조선의 갓을 지칭하는 것 같다. 갓은 관리들이 관청을 드나들 때 착용했으나 조선초기부터 백성들이 편복에도 착용했다. 갓의 재료는 주로 말총을 사용하나 가끔 돼지털, 대살 등도 활용했다. 색깔이 검어 黑笠이라고도 불렀다. 이들이 입은 의복은 소매가 길었다.

조선 표류인들은 천룡사에 머물면서 스스로 음식을 만들어 먹었다. 이들은 음식을 먹을 때 젓가락을 사용하지 않고 동으로 만든 숟가락을 사용했다. 숟가락 길이는 7, 8촌이다. 여기에 약간의 의문점이 있다. 조선인은 음식을 먹을 때 모두 수저를 사용하는데, 제주화는 조선 표류인이 숟가락만 사용하고 젓가락을 사용하지 않는다고 했다. 이것은 단순히 조선 표류인이 젓가락이 없어 숟가락만 사용했다고 보기는 힘들다. 조선 사람과 청나라 사람은 식사할 때 수저를 사용하는 관습이 달랐다. 조선 사람이 숟가락을 사용하는 빈도는 청나라 사람보다 훨씬 많은 편이다. 조선 사람은 밥과 국을 먹을 때 숟가락을 사용하고, 젓가락은 반찬을 먹을 때 사용한다. 청나라 사람은 음식을 먹을 때 주로 젓가락을 사용하고, 숟가락은 탕을 먹거나 뜰 때만 사용한다. 아마도 제주화가 조선 표류인들이 숟가락을 많이 사용하는 장면을 보고 그렇게 설명하지 않았나 생각된다.

음식을 먹을 때 노인은 윗자리에 앉고, 연장자가 그 다음에 앉았다. 연소자가 그 옆에서 시중을 들다가 노인과 연장자가 먹고 난 뒤에 음식을 먹었다. 長幼有序는 五倫의 하나로 유교가 우리나라에 전래된 이래 줄곧 지켜온 전통이다. 제주화는 조선인들이 겨우 목숨만을 건진 똑같은 표류인에도 불구하고 예의범절을 지킴에 있어 결코 소홀함이 없다는 점에 감동을 받았다.

한번은 조선 표류인 중 연장자가 연소자에게 술을 받아오라고 시켰다. 이들은 천룡사에 머물 동안 태주 관부에서 매일 술 1병씩 지급해주었다.[24] 연소자가 술을 받아오다가 목이 컬컬했는지 조금 마셔버렸다. 연장자가 술병이 조금 가볍다는 것을 알고 연소자에게 술을 훔쳐 먹지 않았냐고 추궁을 하자, 연소자는 거짓말로 변명하다가 끝내 잘못을 실토했다. 연소자는 스스로 매를 맞는 장벌을 청했고, 장벌이 끝나자 연장자와 매를 때린 자, 다른 사람들 모두에게 잘못을 용서해달라고 빌었다. 그런 후에 방으로 돌아가 통곡했다. 천녕사 주지승 海印이 술을 훔쳐 먹는 죄는 가벼운 짓인데, 어찌하여 이와 같이 중하게 처벌하는가에 대해 물었다. 조선 표류인들은 술을 훔쳐 먹는 죄는 가벼우나 연장자의 술을 훔쳐 먹는 것은 불경죄에 속하고, 또 죄를 피하기 위해 거짓말을 했기 때문에 무겁게 처벌해야한다고 대답했다. 이처럼 조선 사회에서는 연장자와 연소자 사이에 지켜야할 질서와 덕목이 있었다. 이것을 어길 시에는 처벌을 하며 좋은 전통을 지키려고 노력을 하고 있었다. 제주화는 이러한 사실을 적으면서 중국 사회에서는 보기 힘든 좋은 전통이라고 탄복했다.

조선 표류인들은 임해에서 4월부터 6월까지 머물렀다. 이들이 표류한 시점은 봄철이라 두터운 봄옷을 입고 있었다. 계절이 바뀌어 무더운 여름이 되자, 태주 관부에서 이들 각자에게 여름 갈옷과 신발을 나누어주었다.[25] 이들은 아전들이 나누어준 갈옷을 받고 즉시 갈아입지 않고 고이 간직하고만 있었다. 관리들은 갈옷을 갈아입지 않으면 갈옷을 나누어준 의미가 없다며 입기를 강요하였다. 그러자 조선 표류인 몇몇이 갈옷으로

---

24 ≪비변사등록≫〈제주도환인별정별단〉: 「留住台州, ─ 每日酒一瓶給之, 看則無別給之事是白置.」
25 ≪비변사등록≫〈제주도환인별정별단〉: 「留住台州, 自四月至六月, 其間單衣靑衣韈鞋等, 各一件造給.」

갈아입었다. 얼마 후 주지승 해인이 조선 표류인에게 갈옷으로 갈아입지 않는 까닭을 묻자, 이들은 관부 수장에게 사례를 하지 않고 입을 수가 없다고 대답했다. 또 주지승 해인이 왜 일부 사람들이 갈옷으로 갈아입었느냐고 묻자, 이들은 아전의 독촉으로 입었을 뿐이라고 대답했다. 3일 후 태주 수장이 천녕사에 향불을 올리러왔다. 이때 수장은 台州知府 馮璽 또는 臨海知縣 陳鴻斌을 지칭하는 것 같다. 풍림은 독실한 불제자로 목에 염주를 걸고 있으며 자주 천녕사를 방문했다. 진홍빈은 비록 염주를 하지 않았지만, 자주 천녕사를 방문했다.[26] 조선 표류인들은 수장 면전으로 나가 열에 맞추어 옷을 각자 앞에 놓아두고 사례를 드린 후에 옷을 갈아입었다. 제주화는 이들의 행동이 예의에 맞는 것이라고 감복했다.

근 3달 만에 청 조정으로부터 조선 표류인들을 내륙을 통해 북경을 이송한 뒤 다시 북경에서 조선으로 보내라는 명령이 내려왔다. 관청에서 이송 비용을 지급해주자, 조선 표류인들은 관청으로 나가 인사를 드린 후에 떠났다. 이것을 보는 자들도 모두 감복했다. 이처럼 조선인들은 교제와 거취에 있어 예의에 맞게 행동하였다.

조선 표류인 중에 송씨 사람이 있었다. 상기 표류자 명단 중 송씨는 宋石主 1명만 있었다. 宋石主는 생환자 가운데 나이가 가장 젊다. 제주화가 그를 秀才라고 기술했으나, 조선과거제도에는 秀才라는 직책이 없다. 수재는 송나라 때 과거 응시자를 지칭하고, 명청 시대에 府·州·縣 관학에 입학한 자를 지칭한다. 송씨는 글을 할 줄 알았으나, 그 사실을 감추고 있었다. 마침 주지승 해인의 책상에 ≪需郊錄≫ 1권이 놓여있었는데, 송

---

26 ≪비변사등록≫〈제주도환인별정별단〉:「所謂台州, 卽古之越國, 台州所在府使, 乃堂上官也. 常時出入, 乘駕轎張紅盖, 頂掛念珠, 吹手羅將使令, 其囉叭以軍容行之. 臨海縣似是堂下官也. 亦駕轎張靑盖, 無念珠, 常時出入之威儀, 不及府使之行. 而台州府使, 姓則馮哥 ; 臨海縣監, 姓則陳哥.」

씨가 이 책을 보고 좋아하는 내색을 비추었다. 주지승 해인은 송씨가 이 책을 원한다는 뜻을 간파하고 즉시 증정해주었다. ≪수교록≫은 제주화가 편찬했던 문집이다. 다음날 송씨가 방문을 닫고 책을 펼쳐 붓을 놀리고 있었다. 주지승 해인은 그의 행동이 궁금하여 사미승을 시켜 글의 내용을 알아보게 했다. 송씨는 ≪偶得集≫, 즉 ≪수교록≫을 얻어 보고 느낀 점을 적고 있었다. 아래에서 〈고려풍속기〉에 기술된 ≪우득집≫ 서문을 옮겨본다.

> 내가 늦은 봄에 우연히 바다에 표류했다가 台州에 도달하여 天寧古寺에 머물렀다. 태주 고승과 명사들과 만났고, 또한 ≪수교록≫ 1권을 얻었다. 마음을 가라앉히고 펼쳐보니 문득 도리를 깨달아 황홀히 얻은 바가 있었다. 이것은 진실로 우연 중의 萬幸이다. 그래서 ≪우득집≫이라고 제하고 기이함을 적는다.[27]

여기에서 송씨는 자신이 표류하여 중국에 도달하여 천녕사에서 잠시 머물며 제주화 등 청나라 인사들과 만난 과정과 ≪수교록≫을 보고 깨달음이 많다는 심정을 기술해놓았다. 송씨가 적은 ≪우득집≫이 현존하지 않아, 그가 깨달았던 점이 구체적으로 무엇인지는 알 수 없다. 다만 제주화는 송씨가 적은 행문이 결코 녹록하지 않으며, 이것으로 미루어보아 조선이 문명국이라는 사실을 깨달았다.

제주화는 송씨에게 조선 관리의 전형방식을 물었다. 송씨는 향리에서 관리를 천거함에 있어 선행 조건이 품행이고 문장은 나중이라고 대답했다. 여기에서 조선에서는 실력보다 도덕을 우선시한다는 점을 밝혔다. 또

27　予以暮春, 偶然飄海至台, 寄寓天寧古寺, 得與台之高僧名士會, 且幷得≪需郊錄≫一卷. 潛心展玩, 茅塞頓開, 恍然如有所得, 此眞偶然之萬幸也. 因題曰≪偶得集≫以誌異云.

송씨는 모든 이들이 마음으로 수긍을 해야만 관리로 천거된다는 말도 덧붙였다. 제주화는 조선 관리의 전형방식이 도덕적이고 합리적인 사실에 대해 깊은 감명을 받았다.

앞에서 언급했듯이 제주화는 《광여기》〈朝鮮國〉 편목을 통해 조선에 관한 사전 정보를 입수했다. 《광여기》〈朝鮮國·풍속〉 조항에 "조선은 문자를 알고, 독서하기를 좋아하며 관리들이 엄숙한 용모와 장중한 태도를 갖추고 있다"고 했다.[28] 제주화는 송씨의 행문과 태도를 통해 이 조항의 기록이 정확하다는 사실을 알았다. 이와 동시에 《광여기》〈조선국〉 편목의 일부 내용이 당시 조선의 풍속을 정확히 기술하지 못했다는 사실도 알았다. 하루는 제주화가 송씨에게 《광여기》의 조선 혼인풍속 조항을 보여주자, 송씨는 이것이 크게 잘못되었다고 했다. 제주화는 이러한 오류가 예의의 나라 조선을 욕되게 한다고 여겼다.

이상 내용을 종합하면 제주화는 조선을 예의의 나라라고 꼽았다. 그는 조선 표류인들이 동일한 사회집단에 속한 구성원이거나 친족관계가 아님에도 불구하고, 모두 한결같이 예의에 맞는 행동을 하였다고 여겼다. 조선 표류인들은 표류하여 겨우 목숨만 건진 환경 속에서도 조선의 좋은 전통과 예의범절을 굳게 지키려고 노력하였다. 또 제주화는 비록 조선 표류인들이 임해에서 머물었던 시간이 짧지만, 이때 이들이 보여준 행동거지가 四維와 五常에 들어맞았다고 했다. 四維는 생활도덕의 기준이 되는 禮義廉恥를 말하고, 五常은 인간사상의 근본이 되는 仁義禮智信을 지칭한다. 따라서 예의에 있어서는 조선이 중국보다 낫다고 여겼다.

천녕사 주지승 해인은 〈고려풍속기〉 발문에서 제주화가 우인들과 함께 조선 표류인들을 만나 조선의 아름다운 풍속을 관찰했고, 또한 〈고려풍속

---

28 《廣興記》 권24 〈外譯·朝鮮國〉 중 〈風俗〉 :「知文字, 喜讀書, 官吏嫻威儀.」

기〉의 내용이 조금이라도 가식이 없다는 사실을 밝혔다. 또 주지승 해인은 송씨와 ≪수교록≫을 통해 제주화의 문장과 가르침이 조선에까지 미쳤다고 말했다. 侯嘉繙은 발문에서 지금 사람으로 하여금 上古 시대의 인심과 풍속을 회상하게 하고, 제주화가 일찍이 해외 국가에 마음을 두고 있다가 뜻밖에 조선 표류인들이 찾아와서 하늘의 연분을 맺게 되었다는 사실을 기술했다.[29]

6. 마무리

東方禮義之國 — 동방의 예의를 지키는 나라라는 뜻으로 예로부터 중국이나 다른 국가에서 우리나라의 미풍을 칭송한 말이다. 청 齊周華의 〈고려풍속기〉는 바로 이러한 실체를 증명해주는 좋은 문장이다. 〈고려풍속기〉는 제주화의 문집인 ≪名山藏副本≫에 수록되어있다. 청 건륭연간 원각본 ≪명산장부본≫은 현재 임해시박물관에 孤本으로 소장되어있다.

1741년(영조 17 ; 건륭 6) 2월 9일 제주도 사람 20명(나주 상인 1명, 불명자 1명 포함)이 말안장, 해조류 등을 싣고 제주해협을 건너 육지로 가다가 거센 풍랑을 만나 표류했다. 그 후 바람에 의해 중국 해역을 떠돌아다니다가 3월 21일에 절강 태주부 臨海縣에 도달했다. 이들은 제주사람을 기피한다는 소문이 있는 유구국에 표착될 것을 우려하여 전라도 영암군 所安島(현 완도군 소안면) 사람으로 출신지역을 숨겼다. 또 흉년이 들어 곡식을 구하려고 육지에 간다고 항해 목적을 숨겼다. 얼마 후 태주 관부는 조선 표류민들을 임해로 이송시켰다. 조선 표류민들은 4월에서 6월까지

---

29 후가번은 제주화의 表兄이다. 그의 자는 元經이고, 호는 夷門이며, 임해 사람이다. 그는 시문을 신속하게 지어 당시 '浙中人才第一'이라는 별칭을 얻었다.

天寧寺에 머물면서 청나라 조정의 훈령을 기다렸다. 그 후 이들은 항주, 북경을 거쳐 한반도로 귀환했다.

제주화는 조선인이 표류했다는 소식을 접하고 우인들과 함께 임해 천녕사로 찾아가 조선 표류인과 직접 필담하고, 또한 그 자신과 주변 인물들이 조선 표류인들을 세밀하게 관찰한 결과를 〈고려풍속기〉로 남겼다. 제주화는 장유유서, 형벌, 법도, 문장, 혼인, 관리 천거 등 여러 방면에서 조선 표류인들이 보여준 사례를 통해 조선이 예의가 바른 문명국이라는 사실을 알게 되었다. 조선 표류인들은 비록 서로 신분이 다르고 이국땅에 표류해온 사람들이지만, 모두 한결같이 예의 있는 행동을 보여주어 제주화를 비롯한 중국인들에게 깊은 감동을 선사하였다. 그는 예의에 있어 조선이 중국보다 낫다는 말을 남겼다.

제주화는 명 陸應暘이 편찬한 ≪廣興記≫ 중 조선 풍속이 일부 잘못 기술되었다는 사실을 밝혔다. 이러한 오류가 예의의 나라 조선을 욕되게 한다고 여기고, 또 조선의 좋은 평판을 멀리 세우는 것이 자신의 도리라고 여겼다. 여기에서 우리나라가 예로부터 왜 동방예의지국이라는 말을 듣게 되었는지 다시 한 번 확인할 수 있다. 따라서 우리는 우리나라가 예로부터 가지고 있는 좋은 영예를 앞으로 계속 발전시키는 데 더욱 많은 노력을 경주할 필요가 있다. [燁爀之樂室]

7. 〈高麗風俗記〉 전문과 해석

앞서 논한 바와 같이 〈고려풍속기〉는 ≪명산장부본≫ 권하에 기술되어 있다. ≪명산장부본≫은 청 건륭연간 원각본, 민국 장시인본, 상해고적출판사본 등 3종이 있다. 민국 장시인본과 상해고적출판사인본은 글자 오류가 많아 선본이 되지 못한다. 본 부록에서는 임해시박물관에 소장된 원각본 〈고려풍속기〉를 대본으로 삼았다.

〈고려풍속기〉 본문 부분

天台 獨孤損 跛仙

高麗國, 在遼東東北, 女直之南, 卽古朝鮮, 箕子所封地也. 晉末陷入高麗, 隋
煬帝征之不服, 彼此疲斃. 至明洪武詔封高麗國王, 賜以金印, 歲時入貢. 後復
更爲朝鮮, 相沿至今, 朝貢尤謹. 《廣輿記》載其男女羣聚, 相悅卽婚, 非也.
至云知文字, 喜讀書, 官吏嫻威儀, 良然.

乾隆辛酉夏, 其國之全羅道有衆二十餘, 同舟航海易米. 突遭颶風, 飄至山東,
又風折其桅而至福建, 又風至台州. 聞於有司, 館於天寧寺, 官膳之. 予特詣章
安觀焉.

其人面頗黑而肥, 首戴烏毡大帽, 式如草笠, 衣大袖. 飲食不用箸而用銅瓢, 柄
長可七八寸許, 飲食咸宜, 各席地而坐, 老者居上, 壯子次之, 少者旁立而服役.
衆食畢, 少者始食, 率以爲常, 雖患難, 其長幼不苟, 有如此者.

常命少者沽酒, 酒有度, 偶而酒淺, 衆疑其盜飲, 少者辯, 衆詰之, 辭果服, 乃自
眠受杖, 杖畢, 向老者揖, 再揖執杖者, 幷揖衆人, 名曰謝罪, 然後避入房中慟
焉. 寺僧問: "盜酒小事也, 何以卽責?" 伊云: 盜酒事小, 盜長者酒則爲不敬.
且文過强辯, 故責." 其刑罰不苟, 有如此者.

時天方暑, 衆猶春服. 有司製葛衣, 命吏分授, 衆悉受而藏之. 吏誠云: "不服,
則虛所賜矣. 毋乃不可乎?" 未幾, 因間有服. 僧云: "爾輩尚不服, 何也?" 伊
云: "未經面謝, 是以不敢." 僧又云: "何以衆中有服者?" 伊云: "此因吏促使然,
寔不知禮之鄉愚也." 越三日, 邑令至寺, 拈香讀律, 衆各陳衣服於前, 排班叩謝
而後服. 其服馭不苟, 有如此者.

內有宋生者, 云是秀才, 頗通文墨而斂藏. 適僧案上有予《需郊錄》一卷, 伊見
而喜, 察其意似欲丐而訥, 僧卽持贈, 伊喜甚. 遂使之朗誦以試其音. 則逈異難
省. 次日不見宋生, 僧瞰之, 見其閉戶展卷而運筆, 徐命沙彌竊而觀之, 卽所贈
《需郊錄》也. 題曰《偶得集》, 中有所序云: "予以暮春, 偶然飄海至台, 寄寓
天寧古寺, 得與台之高僧名士會, 且幷得《需郊錄》一卷. 潛心展玩, 茅塞頓
開, 恍然如有所得, 此眞偶然之萬幸也. 因題曰《偶得集》以誌異云." 觀此則
秀才不誣矣. 其行文不苟, 有如此者.

案有≪廣輿記≫, 予指其風俗相示. 伊見婚姻條, 擧手卽抹, 似甚不慊於懷. 予云: "然否?" 伊云: "大謬不然." 曰: "畢竟如何?" 曰: "亦由父母之命, 媒妁之言耳." 其婚姻不苟, 有如此者.

予問: "設官造士之典如何?" 曰: "鄕擧里選, 先品行而後文章, 必爲衆所信服者始可." 其擧賢不苟, 有如此者.

兩月餘, 奉旨由陸路遞送回籍. 沿途縣官給費, 伊必率衆於公庭外稽首而後行. 觀者如覩, 無不起敬. 其交際去就不苟, 有如此者.

竊思伊等, 偶爾同舟, 非父子·兄弟·伯叔·甥舅也. 又非同堂共業之朋友·師生也. 殊方淪落, 海角逃生, 非盛會宴安, 莊飾儀節時也, 且突如其來, 悠然而去, 遙遙萬里, 再見無期, 非圖後會有光, 故爲是大小矜持於夏日也, 乃造次顚沛, 四維畢張, 五常克篤, 寔爲中國所不如. 豈果箕子之敎未泯也, 抑實天性使然耶? 何其風俗之厚乃爾耶. 亞改≪廣輿≫, 無汚禮義之邦, 更爲遠樹風聲, 是亦君子之責也夫.

〈고려풍속기〉 중 海印 발문

高麗與中國, 語音不相通, 幸書同文也. 遂各執紙筆條對, 頗知其詳. 然觀其日用動靜, 無一毫苟且, 已群服其禮義矣. 巨山先生聞其風, 不遠百里相訪, 時與郡中少曾葉先生, 抹雲秦先生, 若翰蔣先生, 同盤桓於敝寺者五日. 其風俗之美, 無不周知. 誠如記中所云, 無虛詞也. 予曾以先生之≪需郊錄≫見贈, 而彼喜不自勝, 且卽能序. 予乃復爲一絶云: "海風送客泊南天, 患難堪矜禮義全. 爲贈≪需郊≫歸故國, 巨山文敎被朝鮮." 附記於此.

天寧寺僧海印

〈고려풍속기〉 중 侯嘉繙 발문

零星雜事, 難於貫串, 直倣≪儒行篇≫逐段分記, 便自相盡. 末後極意悠揚慨嘆, 令人追想上古之人心風俗不置. 巨老向有志於海外之國, 不覺高麗自來相就, 亦可謂天作之合矣.

愚表兄臨海侯嘉繙彝門

〈고려풍속기〉 본문 부분

고려국은 요동의 동북, 여진의 남쪽 지역에 있고, 즉 고조선이며 箕子의 封土이다. 晉나라 말엽에 고려(고구려)를 함락시켰다. 수 煬帝가 침공해도 이기지 못하고, 서로 피폐해져 멸망하였다. 명 洪武 연간에 이르러 고려국왕에 봉하고 金印을 주었다. 세시에 맞추어 사신이 들어왔다. 후에 다시 조선으로 바뀌어 지금까지 이르렀다. 사신을 보내는 것이 더욱 근신했다. 《廣興記》에서 "남녀들이 함께 모여 서로 좋아하면 즉시 혼인한다"고 기술했으나, 잘못되었다. "문자를 알고 독서하기를 좋아하며 관리들이 엄숙한 용모와 장중한 태도를 갖추었다"고 기술했는데, 올바르다.

건륭 신유년(1741) 여름에 조선국 전라도 2십여 명이 같은 배를 타고 쌀을 바꾸러 항해하다가 갑자기 세찬 바람을 만나 山東으로 표류했다. 또 바람에 돛대가 부려져서 복건으로 밀려갔다가, 다시 바람에 의해 台州에 도달했다. 유사에게 이들이 天寧寺에 머물고 있고, 관부에서 음식을 준다고 들었다. 내가 특별히 章安(臨海)으로 가서 관찰했다.

그 사람들의 얼굴은 자못 거무튀튀하고 통통하였다. 머리에 검은 모로 만든 큰 모자를 썼으며, 모양은 초립과 같았다. 소매가 커다란 옷을 입었다. 음식을 먹을 때 젓가락을 사용하지 않고 동으로 만든 숟가락을 사용했다. 숟가락 길이는 7, 8촌 정도이다. 음식은 함께 하며, 서로 자리를 가려 앉았다. 노인네는 윗자리에 앉고, 연장자는 다음에 앉았다. 연소자는 옆에서 서서 시중했다. 무리들이 식사를 마친 후 연소자가 비로소 식사를 했는데, 대략 일상화했다. 비록 환난을 당했어도 長幼 제도가 구차하지 않음이 이와 같았다. 일찍이 연소자에게 술을 받아오라고 명했다. 술은 정한 양이 있었는데, 우연히 술의 양이 줄어져 있었다. 무리들이 그가 몰래 마셨다고 의심하자, 연소자는 변명했다. 무리들이 이를 힐난하자, 끝내 승복하고 스스로 장형을 받기를 청했다. 장형을 마치자 노인네에게 읍을 하고, 다시 장을 집행한 자와 모두들에게 읍을 하고 나서 사죄를 하였다. 그런 후에 방으로 피해 통곡했다. 사찰의 스님이 묻기를 "술을 몰래 먹는 것은 조그만 사단인데, 어찌하여 질책했습니까?" 그들이 말하기를 "술을 몰래 먹는 것은 조그만 사단이지만 연장자의 술을 훔치는 것은 불경죄이고, 또한 강변을 했기에 질책했던 것입니다." 형벌이 구차하지 않음이 이와 같았다.

더운 시절이 되었으나 무리들은 여전히 봄옷을 입고 있었다. 유사가 葛衣를 만들어 관리에게 나누어주도록 했다. 무리들이 모두 옷을 받고 감추어 두었다. 관리들이 훈계하며 말하기를 "입지 않으면 하사한 바가 허사이오니 불가하지 않으냐?" 얼마 지나지 않아 간간이 입는 자가 있었다. 스님이 말하기를 "너희들은 어찌하여 입지 않습니까?" 그들이 말하기를 "뵙고 사례하지 않았기에 입을 수가 없습니다." 스님이 또 말하기를 "어찌하여 무리 중에 입는 자가 있습니까?" 그들이 말하기를 "이는 관리가 재촉하는 바람에 입었던 것이고, 실로 예를 모르는 시골뜨기입니다." 3일이 지나 읍령이 사찰에 와서 향을 피우고 경전을 독송했다. 무리들은 각자 의복을 앞에 진열해두고 줄에 맞추어 사례를 올린 후에 입었다. 의복과 거마 법도가 구차하지 않음이 이와 같았다.

무리 가운데 宋生이라는 수재가 있었는데, 자못 문장을 알고 있으나 감추고 있었다. 마침 스님 책상 위에 내 저서인 ≪需郊錄≫ 1권이 놓여있었다. 그가 이것을 보고 좋아했다. 스님이 이것을 갖고 싶어 하는 뜻을 알아채고 그에게 주니 심히 좋아했다. 스님이 그에게 낭독하게 하여 음을 알아보았으나, 음이 전혀 달라 알아듣기가 힘들었다. 다음날 송생이 보이지 않아 스님이 넌지시 살펴보니 그가 문을 닫고 책을 펼쳐 붓을 놀리고 있었다. 조금 있다가 사미승에게 명하여 살펴보니 바로 증정했던 ≪수교록≫이었다. ≪偶得集≫이라 제하고 서문을 적었다. "내가 늦은 봄에 우연히 바다에 표류했다가 台州에 도달하여 天寧古寺에 머물렀다. 태주 고승과 명사들과 만났고, 또한 ≪수교록≫ 1권을 얻었다. 마음을 가라앉히고 펼쳐보니 문득 도리를 깨달아 황홀히 얻은 바가 있었다. 이것은 진실로 우연 중의 萬幸이다. 그래서 ≪우득집≫이라고 제하고 기이함을 적는다." 이것을 보니 수재라는 것이 틀림이 없었다. 문장을 구사함에 구차하지 않음이 이와 같았다.

책상에 ≪廣輿記≫가 있어 내가 풍속 조목을 가리키니, 그가 혼인 조항을 보고 손으로 지우며 심히 기뻐하지 않는 것 같았다. 내가 말하기를 "그렇습니까? 그렇지 않습니까?" 그가 말하기를 "크게 틀렸습니다." 말하기를 "도대체 어떠합니까?" 말하기를 "또한 부모의 명과 중매의 말을 따를 뿐입니다." 혼인 제도가 구차하지 않음이 이와 같았다.

내가 묻기를 "관리를 뽑는 전례가 어떠합니까?" 말하기를 "향리에서 천거함에 있어 품행이 먼저이고 문장은 나중입니다. 반드시 무리들이 신복한 후에 가합니다." 현량 천거가 구차하지 않음이 이와 같았다.

두 달여 일만에 교지를 받들어 육로로 고국으로 체송하였다. 연로에 있는 현관이 비용을 지급하니, 이들은 필히 무리를 관청 앞에 이끌고 가서 인사를 드린 후에 떠났다. 이것을 보든 자들은 존경해마지 않았다. 교제와 거취가 구차하지 않음이 이와 같았다.

내가 이들을 살펴보니 우연히 같은 배를 탔지, 부자·형제·백숙·생질·외숙이 아니고, 또한 같은 곳에서 같은 업을 하는 친구나 사생이 아니었다. 이역을 떠돌다 머나먼 곳에서 목숨을 구한 것이지, 성대한 모임이나 연회에서 의절을 장엄하게 꾸미는 때가 아니었다. 갑자기 왔다가 유유히 떠났고, 머나먼 만 리로 다시 만날 기약이 없고 훗날에 빛내려는 의도도 아니었다. 그런고로 여름날에 크고 작은 자긍심을 떨쳤다. 다급한 시각에도 四維를 펼치고 五常을 돈독하게 함이 진실로 중국이 따라가지 못한 바이다. 과연 기자의 교화가 민멸되지 않았던 것일까? 아니면 천성이 그러함일까? 어찌하여 풍속의 후함이 이들에게 있단 말인가? 급히 ≪광여기≫를 수정하여 예의지방을 욕되지 않게 하고 다시 평판을 멀리 세우는 것이 이 또한 군자의 책무이다.

〈고려풍속기〉 중 海印 발문

고려와 중국은 언어가 서로 통하지 않으나 다행히도 글이 같았다. 각자 지필을 잡고 조목에 따라 응대하니 그 자세함을 알았다. 일상 동정을 살펴보니 조금도 구차함이 없고, 모두 예의에 따랐다. 巨山(제주화) 선생이 풍문을 듣고 백 리를 멀다하지 않고 방문했다. 이때 郡中 葉少曾, 秦抹雲, 蔣若翰 선생과 함께 폐사(천녕사)에서 5일 동안 머물렀다. 풍속의 아름다움을 주지하지 않음이 없고, 진실로 기술한 바와 같이 헛된 말이 없도다. 내가 선생의 ≪수교록≫를 증정하니, 그가 기뻐 어쩔 수 모르고 즉각 서문을 지었다. 내가 다시 절구 1수를 적는다. "해풍에 손님 보내어 남쪽 하늘에 머물고, 환난에 궁지를 가지며 예의를 다했도다. ≪수교록≫를 주어 고국에 돌아가니, 거산의 文敎가 조선을 덮는구나." 이에 부기한다.

天寧寺 僧 海印

〈고려풍속기〉 중 侯嘉繙 발문

자질구레하고 잡다한 일을 일관하게 꿰뚫기 어려워 ≪儒行篇≫을 본받아 조목에 따라 나누어 적으니 절로 합당하였다. 끝에 지극한 뜻을 펼치고 유양하게 감탄하니 사람으로 하여금 상고의 인심과 풍속이 바뀌지 않음을 다시 생각하게 했다. 거산 선생이 예전에 해외 국가에 뜻을 두고 있었는데, 생각지도 않게 고려에서 스스로 찾아오니 또한 하늘이 맺어준 결합이라 하겠다.

愚表兄 臨海 霽門 侯嘉繙

제 2 장

문순득 행적과 기록 검토
유구 필리핀에 표류한

1. 개론

1802년(순조 2) 1월 전라도 牛耳島에 사는 문순득은 선박을 타고 도서와 육지를 오가며 물품 교역을 하다가 세찬 풍랑에 의해 표류하여 유구국의 큰 섬(현 일본, 奄美大島)에 표착했다. 동년 10월에 유구국 사신선을 타고 중국 대륙을 향해 출발했으나, 또 다시 세찬 풍랑에 의해 표류하여 여송국의 西南馬宜(현 필리핀, Ilocos Salomague)에 표착했다. 그 후 일부 일행과 분리되어 여송국에 계속 머물렀다. 1803년(순조 3) 8월에 마카오 소속의 선박을 타고 마카오에 도착했다. 마카오에서 중국 내륙을 거쳐 북경(연경)으로 올라갔고, 다시 요동을 거쳐 압록강을 지나 고국에 돌아왔다. 1805년(순조 5) 1월에 고향 집에 돌아왔다.

1979년에 도서 민속 연구를 위해 우이도를 찾았던 崔德源이 문순득의 5대손 文彩玉의 집에서 ≪漂海始末≫을 찾아내어 외부에 처음 알려졌다.[1] 문순득 표류담의 존재는 출발이 상당히 늦게 밝혀졌지만, 국제적인 사건을 담은 표류내용 덕북에 많은 국내외 학자들이 참여하여 후속 연구가 활발하게 진행되었다.[2] 특히 KBS 역사스페셜에서 〈조선시대 홍어장수

---

1 정대하, 〈이 사람/전남도 문화재 된 문집 '유암총서' 발견자 최덕원씨/"200년전 표류기, 휴지로 쓸 뻔 했죠"〉, 한겨레신문, 2010.1.7.

2 문순득 표류담과 관련된 주요 논저물만 적어보면 다음과 같다.
崔德源, 〈文淳得의 漂海錄 : 琉球 및 呂宋 漂流記〉, ≪(목포해양전문대학)논문집≫ 14집, 목포해양전문대학, 1980.
多和田眞一郎, ≪琉球・呂宋漂海錄の硏究 ; 二百年前の琉球・呂宋の民俗・言語≫, 武藏野書院, 東京, 1994.6.
丁若銓, 李綱會, ≪柳菴叢書≫, 新安文化院, 木浦, 2005.12.
劉序楓, 〈『漂海錄』の世界—1802年に琉球・呂宋に漂着した朝鮮人の歸國事例を中心に〉, ≪8-17世紀の東アジア地域における人・物・情報の交流—海域と港市の形成,民族・地域間の相互認識を中心に≫, 東京大學大學院人文社會系硏究科, 東京, 2004.
-----, 〈淸代檔案與環東亞海域的海難事件硏究〉, ≪第二屆淸代檔案國際學術硏討會≫,

표류기, 세상을 바꾸다〉라는 다큐멘터리가 방영된 이후 한국인 사이에서 인물 문순득에 대한 인지도가 꽤나 높아졌다.[3] 이 과정에서 문순득 표류담을 종합적으로 연구한 崔誠桓과 新安文化院의 노력이 ≪표해시말≫의 진가를 세상에 널리 알리는 촉매제 역할을 하였다.

한중 문화교류에 관심을 가진 필자에게 문순득 표류담은 매우 좋은 테마이다. 몇 년 전 ≪표해시말≫을 열독한 이후부터 문순득의 행적과 기록에 관해 관심을 가지고 국내외에서 이와 관련된 자료들을 수집했다. 이글을 통하여 그간의 결과물을 학계에 내어놓을까 한다. 본 문장에서는 문순득의 표류 행적과 기록 가운데 선행학자들이 다루지 않았거나 미진했던 몇 가지 사항, 즉 ≪표해시말≫의 편찬에 활용했던 저본 ≪路程記≫, 현존본 ≪표해시말≫ 외 다른 판본의 존재, ≪표해시말≫에 적힌 여정의 오류 문제, 문순득의 개명 문제, 〈漂流舟子歌〉에 적힌 지명 문제, 문순득 표류가 국제적으로 알려진 사례 등을 중심으로 내용을 전개하려고 한다.

2006 ; ≪故宮學術季刊≫, 23卷 3期, 2006.3.

金京玉, 〈19세기 초 문순득의 표류담을 통해 본 선박건조술〉, ≪역사민속학≫, 24호, 한국역사민속학회, 2007.6.

柳向春, 汪如東整理, 〈飄海始末〉, ≪域外漢籍研究集刊≫, 5집, 中華書局, 北京, 2009.5.

崔誠桓, 〈조선후기 문순득의 표류와 세계인식〉, 목포대학교 한국지방사학과 박사논문, 2010.2.

——, 〈19세기 초 문순득의 표류경험과 그 영향〉, ≪지방사와 지방문화≫, 13권 1호, 역사문화학회, 2010.5.

서미경, ≪홍어장수 문순득, 조선을 깨우다≫, 북스토리, 부천, 2010.12.

3 KBS 1TV 역사스페셜, 〈조선시대 홍어장수 표류기, 세상을 바꾸다〉, 2009.8.8.

2. ≪漂海始末≫의 저본 ≪路程記≫

문순득의 표류담을 담은 ≪표해시말≫은 ≪柳菴叢書≫의 첫 부분에 수록되어있다. ≪유암총서≫는 강진의 실학자 李綱會가 문순득의 구술에다 관련 자료를 보태어 편찬한 책자이다. 이 책자는 얼마 전까지 전남 新安郡 都草面 牛耳島里 233번지에 살고 있는 후손 문채옥이 간직하고 있다가, 최근 신안군에 기증하였다.

현존 유일본인 신안군소장본 ≪표해시말≫을 보면 첫 장 제1행의 상단에는 "漂海始末"이라는 제목이 적혀있고, 제2행 하단에는 글자 4자가 빠져 "牛耳■■■■述"이라고 되어있다. 훗날 누군가에 의해 지워졌던 부분에는 구술자 성명과 구술을 말하는 "文淳得口"라는 글자가 들어가 있던 것으로 보인다.[4] 이러한 사실은 이강회의 ≪雲谷船說≫에서 확인할 수 있다.

> 巽菴 丁公이 이곳 바닷가로 유배와 있으면서 (文)淳得의 구술을 받아 적어 ≪漂海錄≫ 1권을 지었다. 譯話, 土産, 風俗, 宮室을 상세하게 모아 분류하고, 또 船制에도 죄다 갖추어 놓았다. 그러나 문순득이 말하기를 "당시 정공이 기거가 불안하여 玆山으로 옮겨 가려하였던 까닭에 그 대강만 취합했을 뿐이오. 세세하고 정교한 것을 다 알려주지 못하였다."[5]

巽菴 丁公은 丁若銓을 지칭한다. 정약전은 辛酉邪獄으로 우이도에 유배 생활을 하고 있었다. 문순득으로부터 표류담을 듣고 천하의 기이한 일이자 외국 사정을 파악할 수 있는 좋은 자료라고 생각하여 ≪표해록≫,

---

4 崔誠桓, 〈조선후기 문순득의 표류와 세계인식〉, 앞의 서지, p.22.
5 ≪雲谷船說≫:「巽菴丁公謫在此海, 取淳得口授, 作≪漂海錄≫一卷, 其譯話・土産・風俗・宮室詳細彙分, 又於船制亦極該備. 然文之言曰: "時丁公寄居不安, 將徙玆山, 故撮其大綱而耳. 細細精巧, 不得盡告云爾."」(≪柳菴叢書≫, 앞의 서지, 원문 p.46)

즉 ≪표해시말≫을 편찬했다. 다만 이때 정약전이 유배지를 우이도에서 흑산도로 옮겨야 하는 바람에 그 대략적인 사항만 취합하고 자세히 정리하지 못했다. 얼마 후 우이도로 들어온 이강회는 문순득으로부터 그간 사정과 외국 선박에 관한 이야기를 듣고 ≪운곡선설≫을 편찬했다. ≪운곡선설≫이 문순득이 구술하고 이강회가 붓으로 옮긴 합작품이라면,[6] ≪표해시말≫은 문순득이 구술하고 정약전이 붓으로 옮긴 합작품이다.

그렇다면 문순득이 정약전에게 어떤 방식으로 자신의 표류 경험담을 전달했을까? ≪표해시말≫을 문순득이 구술하고 정약전이 붓으로 옮겼다는 점만 강조하다보면 언뜻 문순득이 지난 기억을 되살려 표류 경험담을 구술했다고 보기 쉽다. 그러나 ≪표해시말≫에 적힌 내용이 너무나 소상하기 때문에 단순히 문순득이 기억한 것에만 의지해 책자를 편찬했다고 보기 힘들다. 그래서인지 선행학자들은 이를 의아하게 여겼다. 문순득이 문자를 모른다면 어찌 수년 간 일어났던 표류 일지와 내용을 생생히 기억해낼 수 있었을까? 또 문순득이 표류 시절에 무엇인가 기록해온 것들이 있지 않았을까?[7]

실상 문순득은 자신의 표류 과정을 담은 ≪路程記≫를 가지고 있었다. 이 사실은 元在明의 사행일기인 ≪芝汀燕記≫에서 확인할 수 있다. ≪지정연기≫ 중 1804년(순조 4) 11월 26일조에서 :

삼사가 책문 바깥 막차에서 점심을 지어 먹었다. 皇曆賚咨官 洪處純이 책문에서 나와 사행들을 알현하고 저쪽의 소식을 대략 알려주었다. 홍처순이 데

---

6 ≪雲谷船說≫:「是書也, 出之文言, 成之吾筆.」(≪유암총서≫, 앞의 서지, 원문 p.73)
7 崔德源, 〈文淳得의 漂海錄 : 琉球 및 呂宋 漂流記〉, 앞의 서지, p.3.
  崔誠桓, 〈『유암총서』의 내용과 '문순득' 재조명〉, ≪유암총서≫, 앞의 서지, pp.17~18.

려온 전라도 나주 표류민 文順德 등 두 사람이 또한 왔다. 그 사정을 물어보았다. 두 사람은 모두 20여 살이다. 신유년 정월에 표류하여 유구국에 도착했다. 金陵(康津)에서 육지를 떠나 여송, 광동, 산동을 두루 전전하다가 북경에 도달했다. 몇 달 머문 후 고국으로 되돌아왔다. 우리들을 보고 눈물을 흘리며 지난 고초를 얘기했다. 본명은 順得이며, 금릉 사람이다. 順德으로 바꾸었다고 한다. 文順德은 문자를 조금 알았다. 또 보따리 속에 ≪路程記≫ 1책이 있는데, 그 장관에 사람들로 하여금 감탄하게 했다.[8]

원재명은 이번 동지 겸 사은사의 서장관이다. 압록강 건너편 책문(현 요동 봉황 변문진)에서 북경에서 표류민을 데리고 귀국하는 皇曆賚咨官 洪處純을 만나 중국에서 일어났던 이런저런 이야기를 들었다. ≪표해시말≫에 따르면 1804년(순조 4) 9월 28일에 자신들을 데려갈 황력재자관이 북경에 도착했다고 했는데,[9] 황력재자관이 바로 홍처순이다. 청나라로부터 황력과 자문을 받아오는 업무를 맡는 황력재자관 홍처순은 때마침 북경에 도달한 표류민 문순득과 김옥문을 호송해가는 업무를 더 맡았다. 11월 4일에 북경을 출발하여 24일에 책문을 지났다.

압록강을 목전에 둔 책문에서 문순득은 북경으로 향하던 원재명을 만났다. 기나긴 고생 끝에 곧 고국으로 돌아가게 되었다는 북받친 감정이 일어났는지 하염없는 눈물을 흘리며 지난 표류 과정에서 겪었던 온갖 고초를 토로했다. 원재명은 문순득이 휴대해 온 ≪노정기≫를 읽어보니 그

---

8 ≪芝汀燕記≫ 1804년 11월 26일조: 「三使止柵門外幕次中火. 皇曆賚咨官洪處純, 自柵內來謁使行, 略言彼中消息, 其率來全羅道羅州漂民文順德等二人亦來, 現問其由, 二人年皆二十餘, 辛酉正月漂風入琉球國, 由金陵出陸, 歷遍呂宋 · 廣東 · 山東, 轉至北京, 留數月, 還出故國, 見我人涕淚, 言苦狀, 本名順得, 金陵人, 改以順德云. 順德粗解文字, 囊中又有≪路程記≫一本, 其壯觀令人望洋也.」(≪燕行錄選集補遺≫, 大東文化研究院, 서울, 2008.2, 冊中 p.110) 자료 정보는 金榮鎭으로부터 제공받았음.
9 ≪표해시말≫: 「九月二十八日, 我國皇曆賚咨官到京.」(≪유암총서≫, 앞의 서지, 원문 p.15)

장관에 크게 탄복하였다. 당시 조선 지식인의 입장에서 본다면 《노정기》는 매우 소중한 자료였다. 책자에 기술된 여러 해외 지역은 현실적으로 다녀오기가 불가능한 곳이고, 심지어 그 지역의 기초 정보조차도 쉽게 얻을 수 없었다.

끝으로 문순득의 《노정기》을 통해 문순득의 한문 능력과 정약전의 《표해시말》의 관계에 대해 알아본다. 이강회는 일전에 장사를 업으로 하는 문순득이 비록 사람됨이 지혜롭고 재간이 있으나 문자를 알지 못한다며 문순득의 한문 능력을 저평가했다.[10] 선행학자는 이강회의 기록에 대해 다소 회의적인 견해, 즉 문순득이 문장이 없다는 말이지 결코 문자를 모르는 것은 아닐 것이라며 의구심을 품었다.[11] 그리고 원재명의 기록을 통해 문순득이 한자를 조금 안다는 사실이 분명하게 드러났다.

문순득의 《노정기》가 오늘날까지 전해오지 않아 그 책자 속에 담겨 있는 내용을 구체적으로 알 수는 없다. 하지만 책자 속에는 책명에서 보듯이 문순득이 체험한 여정에 대해 자세히 적혀있었을 것이라 추정된다. 현존본 《표해시말》을 보면 지난 수년 동안의 여정을 마치 얼마 전에 돌아다닌 것처럼 생생하게 기술하고 있다. 예를 들면 현존본 《표해시말》에는 몇 년이 지난 후에 사람의 기억만으로 떠올리기에는 어려운 날짜, 지명, 거리, 승선자수 등에 대한 기록이 소상하게 기술되어있다. 이들 기록을 유구, 마카오, 중국 등지에서 나온 공문서과 대조해보면 얼마나 정확한지 확인할 수 있다. 따라서 정약전이 《표해시말》을 편찬할 때 문순득의 《노정기》를 기초자료로 삼았으며, 문순득이 구술한 내용을 보완하여 작성했다는 것을 추정할 수 있다.

---

10 《雲谷船說》:「淳得業商者也, 雖無文字, 爲人慧能.」(《유암총서》, 앞의 서지, 원문 p.46)
11 崔德源, 〈文淳得의 漂海錄 : 琉球 및 呂宋 漂流記〉, 앞의 서지, p.3.

3. 문순득의 개명 문제

상기 문장에서 원재명은 金陵 사람 문순득의 본명이 文順得인데, 文順德으로 바꾸었다고 했다. 金陵은 康津의 옛 이름이다. 만약 원재명의 기록대로 한다면 1804년(순조 4) 11월 문순득은 원재명을 만나기 이전에 본명 文順得에서 文順德으로 개명했어야 한다.[12] 그러나 원재명이 언급한 문순득의 개명 문제는 좀 더 신중하게 검토할 필요가 있다.

각종 문헌에 적힌 문순득의 한자 이름은 文淳得, 文順得, 文順德 등 모두 3개가 있다. ≪표해시말≫, ≪經世遺表≫, ≪南平文氏大同譜≫에는 문순득의 한자 이름을 文淳得이라고 적고 있다. 이들 문헌 가운데 문순득 자신이 직접 참여한 ≪표해시말≫은 자료의 신뢰성이 매우 높다. 정약전이 우이도에서 ≪표해시말≫을 편찬한 시점은 1805년(순조 5)부터 1806년(순조 6) 사이로 추정된다. 문순득이 우이도로 귀환한 시점은 1805년(순조 5)이고, 정약전이 흑산도로 이주한 이후 沙村書室을 연 시점은 1807년(순조 7)이다. 따라서 늦어도 1806년(순조 6) 이후에는 문순득이 자기 집안에서 文淳得이라는 한자 이름을 사용했음이 분명하다. 아쉽게도 ≪표해시말≫의 집필 시기가 원재명이 문순득을 만난 이후였기 때문에 문순득의 본명이 文淳得인지 아니면 훗날 개명했던 것인지는 알 수 없다.

文順得이라는 한자 이름을 사용한 문헌은 꽤나 많이 보인다. 1804년(순조 1) 1월에 李海應은 문순득과 함께 표류한 文好謙 등을 만나 〈漂流舟子歌〉를 지었는데, 여기에 문순득의 한자 이름을 文順得이라고 적었다. 1803년(가경 8) 마카오, 1804년(가경 9) 香山縣에서 처리한 각종 공문서에도 文順得이라고 적었다. 또 문순득이 조선으로 귀환한 이후에 나온 조선 관공서 문헌(≪純祖實錄≫, ≪日省錄≫ 등)에도 한자 이름을 文順得이라

---

12 金榮鎭, 〈≪芝汀燕記≫解題〉, ≪燕行錄選集補遺≫, 앞의 서지, 冊中 p.9.

마카오 이름이 유래된 媽閣(마각)
(박현규 촬영)

고 적고 있다. 따라서 文順得이라는 한자 이름은 표류 당시에 이미 시용되었고, 귀국한 이후에도 조선 관공서에서 계속 사용되었다.

그렇다면 文順德이라는 한자 이름은 어디에서 나왔는가? 1803년(가경 8) 7월에 閩浙總督 玉德과 福建巡撫 李殿圖가 올린 〈閩浙總督玉德等奏琉球使臣護送內地遭風商人暨朝鮮國難民到閩摺〉에 조선인 표류인 文順德이라는 이름이 처음 등장한다.[13] 여기에 등장하는 文順德은 모두 문순

---

13 〈閩浙總督玉德等奏琉球使臣護送內地遭風商人暨朝鮮國難民到閩摺〉, ≪清代中流關係檔案選編≫, 中華書局, 北京, 1993.4, pp.351~353. 유구국과 福建 지방관 사이에 주고받았던 외교 문서를 수록한 ≪歷代寶案≫ 중 유구국 세자가 1803년(가경 8) 12월 19일에 작성한 〈署福建等處承宣布政使司爲欽遵奉旨解送難人事〉에도 閩浙總督 玉德과 福建巡撫 李殿圖가 올린 주접의 전문이 수록되어있다.

득의 작은 아버지이자 문순득과 헤어진 후에 복건 廈門에 도착한 文好謙을 잘못 적은 것이다. 선행학자의 지적도 있듯이 유구, 복건의 공문서에 등장하는 문순득 일행의 이름은 오류가 많고 뒤죽박죽 섞여 있어 매우 혼란스럽다.[14] 이것은 유구국에서 문순득 일행을 문정할 때 한자 이름을 文順德이라고 잘못 적었던 데에서 나왔다. 그 후 잘못된 정보는 유구국 통사 鄭世俊이 올린 공문, 閩浙總督 玉德과 福建巡撫 李殿圖가 올린 주접으로 계속 이어지게 되었다.

표류인을 담당하는 청나라 예부는 복건에서 文順德이라고 적은 공문, 향산현에서 文順得이라고 적은 공문을 각각 받아보았다. 하지만 그들은 두 공문을 받아본 시점이 몇 달 간격이 있어 文順德과 文順得이 동일한 인물이라는 사실을 몰랐다. 한편 조선 조정도 청나라로부터 먼저 도착한 문호겸 일행에 관한 공문을 전달받았다. 조선 조정의 외교 문헌인 ≪同文彙考≫와 ≪通文館志≫에는 문호겸 일행에 관한 공문과 사건 내역이 적혀있는데, 여기에도 문호겸을 文順德으로 잘못 기재하였다. 이것은 조선 대외 기관에서 閩浙總督 玉德과 福建巡撫 李殿圖가 올린 주접을 기초로 만든 청나라 예부의 자문을 그대로 옮겨놓는 바람에 일어난 현상으로 보인다.

조선 조정은 청나라 예부로부터 표류민 文順得과 문호겸(실은 金玉紋)이 북경에 도달했다는 공문을 받고,[15] 곧이어 황력과 자문을 받아오기 위해 북경으로 떠나는 황력재자관 홍처순에게 표류민 文順得과 문호겸(실은 김문옥)을 호송하라는 임무를 맡겼다. 대청 외교의 최일선에서 활동하는 황력재자관 홍처순은 조선과 청나라 사이에 주고받았던 공문을 누구보다도 빨리 접하고, 또한 직전에 일어났던 문호겸의 호송 공문에 대해 소상

---

14 崔誠桓, 〈조선후기 문순득의 표류와 세계인식〉, 앞의 서지, pp.53~55.
15 ≪同文彙考≫ 原續 〈漂民我國人〉 중 〈甲子禮部知會琉球漂人出送咨〉(探求堂, 서울, 1978.12, p.3539)

히 알고 있었을 것이다. 북경에 도달한 홍처순은 자신이 데리고 갈 표류민을 문정하면서 지난번에 호송한 文順德(문호겸의 오기)과 이번에 호송할 文順得이 동일인이라는 사실을 알았을 것이다. 다만, 이때 홍처순은 文順得이 초명이고, 文順德이 개명한 이름이라고 잘못 이해했을 가능성이 있다.

얼마 후 홍처순은 책문에서 원재명을 만나 중국에서 일어났던 각종 사항을 보고하였다. 여기에는 文順德과 文順得의 관계도 포함되었다. 원재명은 홍처순의 말을 듣고 자신의 연행일기에 문순득의 개명 문제를 언급한 것이다. 그러므로 원재명이 언급한 개명건은 홍처순으로부터 전달받은 잘못된 정보에 의해 기술된 것으로 추정된다.

홍처순이 호송해온 또 한 명의 표류인은 金玉紋이다. 김옥문의 이름도 문헌에 따라 金白文 또는 金玉文이라고 달리 적고 있다. 원재명은 문순득과 김옥문의 나이를 20여 살이라고 했다. ≪남평문씨대동보≫에 의하면 문순득은 1777년(正廟 丁酉)에 태어났다.[16] 문순득이 원재명을 만난 연도는 1804년(순조 4)이다. 이때 문순득의 나이가 28세이므로 원재명의 기록이 정확하다고 하겠다. ≪표해시말≫에는 김옥문을 '卅童'이라고 했다. 원재명의 기록으로 미루어본다면 김옥문이 표류할 당시의 나이는 10대 후반이었고, 그 후 3년이 지나 원재명을 만났을 때는 20세를 갓 넘은 것으로 생각된다.

4. ≪漂海始末≫과 다른 판본의 존재 가능성

1801년(순조 1) 8월에 여송국 표류인 5명이 제주도에 표착하는 사건이

---

16 ≪南平文氏大同譜≫ 권8 〈敬肅公康津派〉 : 「淳得, 字夫初(天初의 오기), 正廟丁酉生, 丁未四月二十七日卒.」(南平文氏大宗會, 서울, 1995, p.591) 영인 자료는 崔誠桓으로부터 제공받았음.

발생했다. 당시 제주관아는 여송국 표류인과 언어불통으로 인하여 그들이 어느 나라 사람인지를 알아내지 못했다. 동년 10월에 조선 조정은 移咨官으로 하여금 여송국 표류인을 호송하여 청나라 盛京으로 데리고 갔으나, 이듬해 성경 禮部는 그들이 어느 사람인지 알 수 없다며 받아주지 않았다. 그래서 부득불 다시 이들을 데리고 와서 표착지인 제주도로 보냈다.

1807년(순조 7)에 유구국 선박이 제주도에 표착하는 일이 발생했다. 제주목사 韓鼎運이 유구국 사람들에게 표류 과정을 문정할 때 제주관아에 머물고 있던 여송국 표류인이 유구국 사람들을 보고 소리를 질러댔다. 처음에는 유구국 사람들이 멍하게 있다가 조금 후에 水梢 宮平이 여송국 표류인이 여송국 사람이라는 사실을 인지하였다. 여송국 표류인은 '莫可外'라는 말에 격한 소리와 행동을 보이며 눈물을 비처럼 흘렸다. 일전에 여송국 표류인이 문정을 받을 때 언제나 '莫可外'라 일컬으며 멀리 동남쪽을 가리키곤 했다.

≪일성록≫에서 여송국의 官音이라고 모호하게 풀이한 莫可外는 포르투갈 사람이 집단 거주하고 있는 마카오(Maucu)를 지칭한다. 이러한 사실은 광동 남해에서 안남인(베트남인)과 의주에서 통사를 통해 여송국 표류인이 제주도에 표착했던 사실을 안 문순득의 기록에서 확인할 수 있다. 문순득은 여송국 표류인이 마카오를 말할 때 '馬哥外'라고 칭한다고 했다.[17] 丁若鏞과 李睹도 여송인이 말하는 '馬哥隈'가 마카오인 사실을 알고 있었다.[18] 외래 지명을 본국어로 옮길 때 왕왕 동일 지명이 각각 다른 번역

---

17 ≪표해시말≫ : 「其人常言광동마카외云, 而呂宋人呼廣東則從華語, 澳門則稱馬哥外.」 (≪유암총서≫, 앞의 서지, 원문 p.11)
18 ≪事大考例≫ 권14 〈海防考〉 : 「略譯其方言, 所謂馬哥隈者, 廣東省香山縣門也. 縣門, 爲南番諸國都會之地. 其意蓋云若到縣門, 可歸其國也.」(≪茶山學團文獻集成≫, 동아시아學術院 大東文化硏究院, 서울, 2008.3, 책9, p.73)

자에 의해 표기가 달라지는 경우가 있다. 마카오도 불러준 발음을 한자어로 옮기면서 각각 莫可外, 馬哥外, 馬哥隈로 달리 적었다. 그리고 여송국 표류인은 문순득의 기록에 따라 안남인과 더불어 선박을 타고 마카오를 드나들며 장사를 하는 뱃사람 또는 교역 관계인으로 추정된다.[19]

1809년(순조 9) 6월 26일에 조선 조정은 全羅監司 李冕膺이 올린 치계에 따라 여송국 표류인을 청나라를 통해 본국으로 호송시키는 조치를 내렸다. ≪일성록≫에는 이날 전라감사 이면응이 올린 치계의 전문이 수록되어있다. 그 중 문순득의 표류담과 관련된 부분만 옮겨본다.

> 전 (제주)목사 韓鼎運은 — 임술년 나주목 흑산도 문순득 6명이 여송국에 표착했는데, 그것을 적어놓은 ≪표해록≫을 그대로 믿기가 어려워 나주목에 글을 적어 이첩했더니 해당 목에서 회첩이 왔다. 문순득 등이 신유년 12월에 함께 배를 타고 대흑산도에 가다가 서북풍을 만나 표류하여 다음해 정월에 비로소 한 곳에 표착했는데, 바로 유국국 동북 大島이다. 4월에 그 나라 왕성 白村(泊村의 오기)에 이송되었는데, 大島에서 백촌까지는 수로로 1천 5백리이다. 5, 6개월 머물다가 복건 사람 32명이 또 그 나라에 표착했다. 한 대선에 두 나라 표류인을 함께 태워가다가 10월에 역풍을 만나 대양으로 표류하여 거의 죽을 뻔했다. 한 달 만에 한 커다란 촌락에 도착하여 배를 보내어 앞 바다로 나갔으나, 촌락 사람들이 유심히 살펴보고 의구심이 들었는지 맞이할 뜻이 없었다. 10여일을 머물다가 수십 년 전에 표착한 중국 상인이 측연하게 여기고 와서 구해주니 비로소 여송국 西南馬宜村임을 알았다. 또 배를 타고 그 나라 一咾呢 지방에 갔으나 순풍을 얻지 못해 체류하였다. 계해 가을에 발선하여 광동성 향산현 마카오에 도달하여 북경을 통해 고향땅으로 살아 돌아왔다. 여송의 풍속은 모두 은전을 사용하고, 일 년에 벼를 이모작을 했다. 겨울에 眞苽(참외), 西苽(수박), 竹筍이 나오고 백화가 난발하며 서

---

19 ≪표해시말≫ : 「(안남인)嘉慶六年[辛酉], 　與澳門來往呂宋人耦而商.」(≪유암총서≫, 앞의 서지, 원문 p.10)

리나 이슬이 내리지 않는다. 타국 사람이라도 시장을 자유롭게 드나들며 장
사하는 것을 금하지 않았다. 남녀의 얼굴색이 검푸른 자는 자녀 또한 검푸르
고, 환하고 흰 자는 자녀 또한 환하고 희다. 글자는 모두 빙빙 둘러가며 옆으
로 써 해석할 수가 없었다. 모자 모양은 우리나라 平涼子(패량이)와 같으나
테두리가 좁고 머리 부분이 아주 크며 갈대와 대나무로 가늘게 쪼개어 짰다.
위아래 복장은 모두 홑옷으로 단추로 열고 채웠다.[20]

  앞서 언급했듯이 제주목사 韓鼎運은 여송국 표류인의 국적을 알아내기
위해 여러 방도를 강구했다. 한번은 문순득 일행이 여송국에 표착했던
정보를 듣고 문순득이 구술한 책자, 즉 ≪표해록≫(≪표해시말≫을 지칭
함)을 찾아보았다. 그런데 무슨 이유인지는 모르겠으나 ≪표해록≫의 기
록을 다 신뢰할 수 없다며 문순득의 거주지를 관할하는 나주목에 이첩시
켜 사실 관계를 확인해달라고 요청했다. 제주목사의 요청을 받은 나주목
은 문순득이 여송국으로 표류했던 과정과 여송국의 풍속에 대한 정보를
적어 제주목으로 보냈다. 나주목 공문을 전해 받은 제주목은 여송국 표류
인이 여송국 사람임을 확신했다. 여송국 사람의 모습이 여송국 표류인의
모습과 비슷하고, 특히 ≪표해록≫에 기술된 여송국의 언어로 문답해보

---

20 ≪日省錄≫, 순조 9년 6월 26일조:「前牧使韓鼎運, --- 壬戌年羅州牧黑山島文順得
六名, 漂入呂宋國, 其謄傳漂海錄, 難以準信, 故措辭移關於羅州牧, 則該牧回牒以爲
文順得等辛酉十二月同船往大黑山, 遇西北風漂流, 翌年正月, 始到一處, 乃琉球國東
北大島也. 四月轉到其國王城白村, 自大島距白村水路一千五百里, 留連五六朔, 福建
省人三十二名, 又漂到其國. 擇一大船, 竝載兩國漂人, 十月行船遇逆風, 入大海, 幾
死, 閱月得抵一大村, 泛舟前洋, 其村人熟視, 疑惑無延接之意, 留十餘日, 中國商買
數十年前漂留者, 惻然來救, 始知爲呂宋國西南馬宜村, 又行船到該一咾呃地方, 未
得順風滯留, 癸亥秋, 發船到廣東省香山縣澳門地方, 轉向北京生還故土. 呂宋風俗皆
用銀錢, 一年再稻, 冬有眞苽・西苽・竹筍, 方長百花爛開, 霜露不下. 他國人不爲防
禁市上往來買賣, 男女面色靑黑者, 子女亦靑黑; 鮮白者, 子女亦鮮白, 寫字皆周環橫
寫, 無以解釋. 冠狀如我國平涼子, 而邊狹頭大多, 以蘆竹細織. 上下服皆單, 而以團
樞開鎖.」(규장각 한국연구원 사이트본)

니 절절이 들어맞았다. 이때 여송국 표류인은 자신들이 알아듣는 말을 들고 미친 듯이 울기도 하고 외치기도 하며 바보처럼 정신을 못 차렸다.[21]

당시 문순득의 ≪표해시말≫은 전라도 소속의 관청을 중심으로 꽤나 알려졌던 것으로 보인다. 제주목사 한정운이 ≪표해록≫을 보았다고 했고, 나주목에서 문순득 일행의 표류담을 자세히 기술했다. 그런데 여기에 재미있는 현상이 하나 있다. 나주목의 회첩에 기술된 문순득 표류담을 살펴보면 전반적으로 현존본 ≪표해시말≫에 적힌 내용과 부합되나, 일부 ≪표해시말≫에서 찾아볼 수 없거나 차이를 보이는 내용이 있다. 이것들을 정리해보면 다음과 같다.

첫째, 나주목 회첩에는 여송국에서 겨울에 참외, 수박, 죽순이 생산된다고 했다. ≪표해시말≫에는 11월에 百果百菜가 초가을처럼 생산된다는 기록은 있으나, 겨울에 참외, 수박, 죽순이 생산된다는 기록을 찾을 수 없다.

둘째, 나주목 회첩에는 여송국은 타국 사람이라도 시장에 자유롭게 드나들며 장사를 하는 것을 방비하지 않는다고 했다. ≪표해시말≫에는 문순득이 끈을 꼬아 연을 만들어 팔아서 담뱃값과 술값으로 쓰고, 김옥문이 날마다 땔나무를 베어 팔았다는 기록은 있으나, 타국 사람이 시장에 자유롭게 드나들며 장사하는 것을 방비하지 않는다는 기록을 찾아볼 수 없다.

셋째, 나주목 회첩에는 여송국에서 남녀의 얼굴색이 검푸른 자(원주민 계통 사람으로 추정됨)들은 자녀들도 검푸르고, 얼굴색이 흰 자(백인 계통 사람으로 추정됨)들은 자녀들도 희다고 했다. ≪표해시말≫에는 이와 관련된 기록을 찾아볼 수 없다.

넷째, 나주목 회첩에는 문순득 일행이 탄 호송선이 여송국 西南馬宜에 도착했을 때 주민들이 받아들이지 않았으나, 수십 년 전에 표착한 중국

---

21 ≪순조실록≫, 9년 6월 26일(을묘)조 참조.(규장각 한국연구원사이트본)

상인으로부터 도움을 받았다고 했다. ≪표해시말≫에는 西南馬宜에서 물을 길어오기 위해 육지로 올라간 유구인, 華人 15명 중 6명이 여송국 사람들에게 붙잡혔다고 했다.

나주목이 회첩한 내용이 현존본 ≪표해시말≫과 차이를 보이는 이유에 대해 크게 두 가지로 풀이할 수 있다. 하나는 당시 나주목에서 현존본 ≪표해시말≫과 다른 판본을 소장하고 있었던 경우이고, 다른 하나는 나주목이 문순득이 구술한 바를 채집하여 따로 책자를 만들었던 경우이다. 현재 사료 부족으로 인하여 더 이상 밝히기가 힘들지만, 최소한 당시 나주목에는 현존본 ≪표해시말≫과 조금 다른 또 하나의 판본이 있었음이 분명하다. 그리고 이강회 필사본인 현존본, 나주목이 기술한 판본 외에 정약전이 직접 서술한 원본에 있다. 앞으로 이와 관련된 자료가 계속 출현하기를 기대한다.

5. 李海應 〈漂流舟子歌〉의 지명 문제

1803년(순조 3) 2월에 여송국에 표착한 호송선의 일행은 중국 대륙으로 출항하는 시기에 대해 의견이 맞지 않아 내부 분쟁이 일어났다. 유구국 사람들은 체류 비용의 증가로 인하여 출항 시기를 앞당기기를 원했고, 복건 표류인들은 항해 안전 문제를 들며 출항 시기를 뒤로 미루기를 원했다. 10여일 분쟁을 겪은 유구국 사람들은 3월 16일에 복건인 5명(石淑, 徐兆, 徐里, 石雲, 徐財)과 조선인 4명(文好謙, 李白根, 朴無碃, 李中原 ; 아래에서 문호겸 일행으로 약칭함)만을 호송선에 태우고 여송국을 떠났다. 나머지 복건인 27명과 조선인 2명(문순득, 김옥문)은 여송국에 남게 되었다. 여기에 관한 내용은 ≪표해시말≫에 자세히 수록되어있다.

이해 3월 26일에 유구국 호송선은 복건 厦門에 무사히 도착했고, 6월

9일에 병선의 호송을 받으며 하문을 출발하여 17일에 복건 관아가 있는 福州에 도달했다. 여기에 관한 기록은 1803년(가경 8년) 7월 13일에 閩浙總督 玉德과 福建巡撫 李殿圖가 올린 〈閩浙總督玉德等奏琉球使臣護送內地遭風商人暨朝鮮國難民到閩摺〉에 자세히 수록되어있다.[22] 다만 이 접본에 언급된 조선 표류인들의 성명에 대해 많은 혼란이 있어 수정할 필요가 있다.[23] 같은 해 12월 4일에 북경에 도달한 문호겸 일행은 자신들을 데리고 갈 본국의 사절을 기다렸다. 1804년(순조 4) 1월 5일에 동지사 서장관으로 북경에 머물고 있던 李海應은 문호겸 일행을 불러 표류 과정을 문정하고 이들이 천하를 훌륭히 구경했지만, 무식한 탓에 만분의 일도 기록하지 못했다는 취지를 담은 〈漂流舟子歌〉를 지었다. 〈표류주자가〉 중 문호겸 일행이 여송국에 표착한 이후부터 북경에 도달하기까지의 여정만 옮겨본다.

> 10월 초에 燕京進貢使를 따라서 배를 출발시켰는데, 10여 일 만에 또 바람을 만나 표류, 진공선 2척은 어디로 갔는지 보이지 않았다. 이리 밀리고 저리 밀리고 하던 끝에 어느 한 곳에 정박했더니, 언덕 위에 흰옷 입은 사람이 있다가 멀리 바라보더니 곧 달려왔다. 배에 같이 탔던 사람들은 이제야 살아날 길이 있구나하고는 그를 따라간 자가 많았다. 그런데, 한밤중에 한 사람이 급히 돌아와 울면서 우리 무리들 태반이 그들에게 피해를 당하여 도망쳐 왔다고 말했다. 드디어 그와 함께 바삐 배를 옮겨 바다 가운데 닻을 내렸으니, 정박할 곳을 알지 못했다. 이처럼 되풀이한 지 4일째 되던 어느 날, 갑자기 바다를 가로질러 달려온 자그마한 배가 있었으니, 바로 蘇州 사람으로서 商業을 하기 위해 이곳에 온 자들이었다. 이때부터 그들의 힘을 입어 房屋에 安接되고, 또 쌀을 무역하면서 서로 돕게 되었다. 이 지방이 어느

---

22 〈閩浙總督玉德等奏琉球使臣護送內地遭風商人暨朝鮮國難民到閩摺〉, ≪淸代中流關係檔案選編≫, 앞의 서지, pp.351~353.
23 崔誠桓, 〈조선후기 문순득의 표류와 세계인식〉, 앞의 서지, p.33, 54~55.

지방이냐고 물었더니, 日鹿國이라고 하였다. 얼마 후 또 길을 떠나 15일 만
에 沙分地에 닿았으니, 이날은 바로 3월 小晦였다. 또 석 달을 가서 소주에
닿았다. 여기서부터는 배에서 내려 육지로 갔는데 관가에서 供饋해 준 것이
아주 좋았다. 10월 3일 소주에서 출발, 12월 4일 연경에 닿았더니, 禮部에서
의식을 공급하고 節使가 올 때를 기다리게 했다.[24]

〈표류주자가〉에 기술된 일부 외국 지명은 문호겸 일행이 발음한 것을
한자어로 옮긴 것이라 새로운 지명으로 보이는데, 기실 ≪표해시말≫ 등
관련 문헌에 등장하는 지명과 동일하다. 유구국 호송선이 중국 상인들의
도움을 받은 日鹿國은 ≪표해시말≫ 등 관련 문헌에 등장하는 일로미(一
咾呢, 一咾哦)와 동일한 지명으로 한자 표기만 달리 적은 것이며, 오늘날
필리핀 Ilocos Sur 지역이다.[25] 또 유구국 호송선이 중국 대륙에 도착한
沙分地는 문호겸 일행이 도착한 복건 厦門을 지칭한다.[26]
　　당시 여송국에는 교역에 종사하는 중국인들이 많이 드나들었고, 중국
인들 가운데 일부는 장기간 머물면서 정착하는 경우도 있다. 〈표류주자
가〉에 나오는 소주 사람은 여송국을 드나들며 무역업에 종사하는 상인이

24　≪薊山紀程≫ 1804년 1월 5일조 〈漂流舟子歌〉: 「至十月初, 同隨燕京進貢使發船.
　　十餘日, 又遇風漂流, 貢使二船, 忽焉不見矣. 滂盡之際, 泊到一處, 岸上有白衣者, 遠
　　望旋走, 同舟人謂其有生路, 多跟隨而去者. 夜深, 一人忙忙急還, 泣曰, 我們太半被所
　　害, 故我則逃命而來, 遂與忙忙移舟, 下碇於洋中, 不知所泊, 如是者四日. 忽有小艇
　　橫來, 乃蘇州人做商業於此者也. 自此遂賴而安接房屋, 且貿米相資. 問此地何處, 則
　　乃日鹿國云. 於是又發船, 十五日, 而抵沙分地, 是三月小晦也. 又三朔而行, 抵蘇州,
　　自此下舟從陸, 官人供饋極穩便. 十月三日, 自蘇州發, 十二月四日, 抵燕京, 自禮部
　　給衣饋食, 以待節使之行.」(≪(國譯)燕行錄選集≫, 民族文化推進會, 서울, 1976.12,
　　책8 원문 p.67)
25　崔誠桓, 〈조선후기 문순득의 표류와 세계인식〉, 앞의 서지, p.110.
26　〈漂流舟子歌〉에는 문호겸 일행이 沙分地(厦門)에 도착한 시기를 3월 小晦, 작은
　　그믐날이라고 했는데, 〈閩浙總督玉德等奏琉球使臣護送內地遭風商人暨朝鮮國難民
　　到閩摺〉에는 3월 26일로 조금 차이가 있다.

었다. 또 ≪표해시말≫에 의하면 일로미에 복건 사람 수십 호가 살고 있고, 末利羅(현 마닐라)에 복건 사람 3천호가 살고 있었다고 한다. 이러한 사실은 청 가경 연간에 중국인의 해외 이민사, 특히 청·여송국 교류사를 연구하는데 있어 매우 귀중한 자료이다.

문호겸 일행이 하문에 도착한 이후 복건 관아가 있는 복주로 이송되었다. 한동안 복주에서 체류하다가 청나라 조정의 명을 받아 본국으로 귀환하기 위해 소주를 거쳐 북경으로 이송되었다. 복건 바닷가에 있는 복주 지역과 장강 유역에 있는 소주 사이에는 선박들이 운행되고 있었다. 문호겸 일행도 두 지역을 운행하는 선박을 타고 소주로 들어갔다.

소주에서 북경까지 들어가는 교통은 크게 육로와 내수로가 있다. 수나라 때 개통된 京杭大運河는 절동 항주에서 蘇南 소주, 揚州, 蘇北 淮陰 등지를 거쳐 북경까지 연결되는 내수로이다. 특히 항주에서 소북 지역까지는 자연 수로를 이용한 운하여서 오늘날에도 많은 선박들이 운행하고 있다. 여행자의 입장에서 보면 선박을 이용하는 내수로가 걸어서 가야하는 육로보다 더 편리하기 때문에 수나라 때 운하가 개통된 이후 많은 이들이 내수로를 선호하였다. 〈표류주자가〉에서 문호겸 일행이 소주 이후부터 선박에서 내려 육로로 갔다고 하였다. 하지만 당시 교통 여건으로 보아 소주에서 다시 내수로 선박으로 갈아타고 소북 지역까지 올라가지 않았나 생각된다. 얼마 후 마카오로 도착한 문순득도 북경으로 올라갈 때 경항대운하의 한 구간인 양주에서 소북 지역까지는 내수로 선박을 이용했다.

6. 문순득이 귀환한 중국 노정의 오기 문제

문호겸 일행과 분리된 문순득 일행(문순득과 김옥문)은 여송국에서 복건 蔡先生을 비롯한 주변의 도움을 받거나 끈을 만들고 땔감을 팔며 살아가다가 중국을 통해 귀국할 기회를 찾았다. 〈高麗難民文順得等爲備述在海遭風飄迫事呈淸朝官員稟〉의 기록에 따르면 1803년(순조 3) 3월 26일에 문순득 일행은 여송국왕을 만났고, 9월 2일에 마카오로 떠나는 선박으로 보내졌다. 9월 2일에 마카오 선적(제11선)을 타고 여송국을 출발하여 10일에 마카오에 도착했다.[27] 마카오 소재 포르트갈 관청은 조선 표류인 문순득 일행이 마카오에 도착한 사실을 광동 향산현에 알렸고, 향산현의 관리들은 포르트갈 理事官(委黎多, 嘮嘮哆)과 긴밀하게 연락하며 문순득 일행의 처리 문제에 부심했다. 이때 이들 기관이 주고받았던 공문서가 ≪葡萄牙東波塔檔案館藏淸代澳門中文檔案彙編≫에 수록되어있다.[28] 葡萄牙 東波塔檔案館은 현 포르트갈 리스본에 소재한 국가공문서관인 Arquivos Nacionais da Torre do Tombo를 지칭한다.

당초 향산현 관리들은 표류인 문순득 일행을 해로를 통해 본국으로 보낼 생각이었으나, 마카오나 광동에서 한반도로 들어가는 선박편이 없었다. 그래서 부득불 북경으로 호송시켜 조선에서 온 사절에게 이관시키는 방도를 취했다. ≪표해시말≫에는 문순득 일행이 중국 대륙을 가로질러 북경으로 호송되는 노정이 자세히 적혀있다. 이것을 정리해보면 다음과 같다.

> (1803년) 12월 7일 마카오를 떠나 향산현에 도달했다.
> 12월 11일 향산현에서 배를 타고 광동부에 닿았다.

---

27 ≪표해시말≫에는 8월 28일에 여송국에서 발선하여 9월 9일에 마카오에 도착했다고 했다.
28 ≪葡萄牙東波塔檔案館藏淸代澳門中文檔案彙編≫ 중 〈高麗難民文順得等爲備述在海遭風飄迫事呈淸朝官員稟〉, 〈香山縣丞吳兆晉爲將高麗難民文順得等小心管束聽候憲檄事下理事官諭〉, 〈香山縣丞吳兆晉爲將高麗難民文順得等小心管束聽候憲檄事下理事官諭〉, 〈香山知縣金毓奇爲護送高麗難民文順得等上省回國事理事官諭〉(澳門基金會, 澳門, 1999.11, pp.638~640)

12월 13일 남해현에 머물렀다.

(1804년) 3월 17일 배를 타고 南雄府 保昌縣에 이르렀다.

4월 5일 가마를 타고 梅嶺을 넘어 南安府에 도달했다.

4월 6일 배를 타고 康州府에 닿아 滕王閣에 올랐다.

4월 9일 배를 타고 江西府에 닿았다.

4월 20일 배를 타고 上元縣 金陵(南京)에 닿았다.

4월 21일 큰 강을 건너 蕪湖縣에서 묵었다.

4월 22일 배를 타고 楊州府에서 묵었다.

4월 23일 배를 타고 三甫를 지났다.

4월 26일 육로로 沙島를 건너 淮陰館에서 묵었다.

4월 27일 수레를 타고 산동계에 들어갔다.

5월 19일 황성 북경에 닿았다.

남창 등왕각(박현규 촬영)

≪표해시말≫에 기술된 마카오에서 南安府까지의 여정은 정확하게 기술된 것으로 보인다. 南海에서 배를 타고 珠江과 北江을 통해 南雄 保昌縣까지 갈 수 있고, 보창현부터 남안부까지는 광동과 강서를 가로지르는 높은 재인 梅嶺을 넘어야한다. 보창현은 남웅부의 치소가 있는 곳이고, 남안부는 오늘날 강서 贛州 소속 大余縣이다.

그런데 ≪표해시말≫에 기술된 장강과 그 유역의 여정은 오류가 꽤나 많다. ≪표해시말≫의 기록에 따르면 남안부에서 배를 타고 康州府에 닿아 滕王閣에 올랐다고 했다. 강주는 당나라 때 생긴 지명으로 송나라 때 德慶府로 바뀌었고, 오늘날 광동 중부 西江에 위치한 德慶縣이다. 광동에서 북경으로 향하는 문순득의 여정으로 보아 광동에서 강서로 들어왔다가 강서에서 다시 광동으로 내려갔다는 것은 분명히 잘못되었다. 당시 남안부에서 장강으로 들어가는 내수로 노정을 보면 남안부를 가로지르는 章水에서 선박을 타고 내려가면 贛江을 만나고, 또 贛江을 따라 한참 내려가면 南昌府가 나온다.

또 문순득이 올랐던 등왕각의 소재지를 규명해보면 ≪표해시말≫의 기록이 잘못되었다는 사실이 더욱 명백해진다. 등왕각은 당시 남창부, 오늘날 남창시 서북쪽 贛江 강변에 자리하고 있다. 653년(당 永徽 4)에 처음 세워진 이래 당 王勃의 〈滕王閣序〉를 비롯하여 많은 문인들이 주옥같은 시문을 지어 강남 3대 유명한 누각 중의 하나로 널리 알려졌다. 등왕각은 그동안 수십 차례 보수와 중건으로 많은 변화를 겪었다. 1788년(건륭 53)에 누각이 무너지자 이듬해 江西巡撫 何裕成이 중건했다. 하지만 그 후 제때 보수를 행하지 않고 관리 소홀로 인하여 서까래가 무너지고 단청이 박락되었다. ≪표해시말≫에 등왕각의 모습이 파옥 3, 4칸으로 몹시 쓸쓸하다고 한 기술은 정확한 표현이었다. 문순득이 지나갔던 다음 해인 1805년(가경 10)에 江西巡撫 秦承恩이 등왕각을 다시 한 번 중수했다. 현재 누각은 1985년에 착공하여 1989년에 완공된 것이다. 따라서 ≪표해시말≫의 강주부 등왕각은 남창부 등왕각의 오류로 보인다.

≪표해시말≫의 기록에 따르면 江西府에서 출발하여 南京 → 上元縣 金陵 → 蕪湖를 차례로 지나 楊州에 도달했다고 했다. 그런데 여기에 문제점이 있다. 우선 江西府는 九江府의 오류로 보인다. 남창부 등왕각에서 조금만 내려가면 장강 남변에 자리한 커다란 내수호인 鄱陽湖가 나오고, 파양호 북쪽 장강과 맞닿은 곳이 구강부이다. 내수로 교통의 중심지인 구강부는 예나 지금이나 장강을 오르내리거나 강서로 들어가는 항구가 설치되어있다.

또 장강의 흐름에 따라 선박을 운행한다면 九江 → 蕪湖 → 上元 → 南京 → 揚州의 순으로 내려가는 것이 정상이다. 남경은 오늘날 강소성 성도로 장강 하류에 소재한 항구 도시이다. 상원현은 당나라 때 설치된 남경 건너편에 자리한 행정 지명으로 오늘날 남경 江寧을 지칭한다. 금릉은 남경의 옛 명칭이다. 蕪湖는 장강 하류 안휘성 경내에 자리한 항구 도시이다. 楊州는 揚州의 오류이며, 강소 남부 장강 북쪽에 자리한 운하 도시이다.

그런데 ≪표해시말≫에 적힌 문순득의 여정을 살펴보면 장강 하류로 내려갔다가 다시 장강을 거슬러 올라가고 있어 비합리적이다. 다시 말하자면 강서(구강의 오류)에서 장강의 흐름에 따라 강소 남경까지 내려갔다가 다시 장강을 거슬러 한참 올라가 안휘 무호에 도달했고, 또 무호에서 다시 장강의 흐름에 따라 남경을 지나 양주로 들어갔다는 문제점을 안고 있다. 따라서 ≪표해시말≫에 기술된 장강 유역의 일부 지명이 오류가 있음이 분명하다.

≪표해시말≫에서 상원 금릉에서 큰 강을 건너 배로 20리를 가면 무호가 나오고, 무호에는 板橋가 설치된 漕渠가 있다고 했다. 만약 상원 금릉(남경)에서 출발한 것이 정확하다면, 무호는 儀征이나 瓜州일 가능성이

있다. 의정이나 과주는 남경으로부터 옛 선박으
로 반나절 거리에 떨어진 장강 하류에 위치하고
있다. 또 의정이나 과주에는 양주로 들어가는 운
하가 연결되어있다. 특히 과주는 경항대운하의
길목답게 장강을 건너가거나 양주로 들어가는 선
박들이 즐비하게 정박된 古渡가 설치되어있다.
　끝으로 ≪표해시말≫에서 나오는 일부 유적지
에 대해 고찰해본다. ≪표해시말≫에서 문순득
이 보았던 〈燕自己碑〉는 남경시 북쪽 觀音門 바
깥에 소재한 〈燕子磯碑〉의 오류가 아닌가 생각
된다. 제비가 나는 형상에서 지명을 따온 燕子磯
는 장강 강변에 소재한 해발 36m의 조그만 산으
로 정상에서 장강을 바라보는 경치가 몹시 뛰어
나 금릉 48경 중의 하나로 꼽히고 있다. 강남 순

남경 연자기비
(박현규 촬영)

례에 나선 청 강희제와 건륭제는 모두 연자기에서 숙박했다. 특히 건륭제
는 연자기의 아름다운 경관에 감동하여 친필로 燕子磯라고 쓴 비석을 남
겼다. '子磯'와 '自己'의 한어 발음은 상통한다.

7. 마무리

　전라도 牛耳島 사람 문순득 일행은 1802년(순조 2) 1월에 표류하여 유
구, 여송, 마카오, 중국 대륙 등을 경유하여 1805년(순조 5) 1월에 고향에
되돌아왔다. 문순득 표류 사건은 한마디로 국제적인 사건이었다. 당시 동
북아시아와 동남아시아 등 여러 국가(마카오를 관장한 포르트갈 포함)는
모두 문순득 표류 사건을 처리하는데 많은 노력을 경주했고, 오늘날에도

해당 국가에 이와 관련된 기록물이 꽤 남아있다. 훗날 제주도에 표착한 유구국 통사의 말에서 보듯이 국제적 사건인 문순득 표류 사건은 당시 많은 사람들이 널리 인지하고 있었다.

각종 문헌에 적힌 문순득의 한자 이름은 文淳得, 文順得, 文順德 등 모두 3개가 있다. 文淳得이라는 이름은 자신이 구술한 ≪漂海始末≫에 출현한 점으로 보아 최소한 자기 집안에서 사용했던 것으로 보인다. 文順得이라는 이름은 마카오 도착 이후의 각종 공문서와 조선 관아에서 계속 사용되었다. 文順德이라는 이름은 元在明이 본명 文順得에서 바뀐 것이라고 했지만, 그 출처가 유구국 기록 또는 유구국 통사의 입에서 처음 나왔고 다른 일행의 이름도 많이 틀린 점으로 보아 어딘가 착오가 있었을 가능성이 높다.

≪표해시말≫은 문순득이 구술하고 丁若銓이 붓으로 옮긴 기록물이다. 책문에서 문순득을 만난 원재명의 말에 따르면 문순득은 글자를 조금 알았고, 보따리에는 표류 과정을 담은 ≪路程記≫를 소지하고 있었다. 문순득의 ≪노정기≫는 훗날 정약전이 ≪표해시말≫을 편찬할 때 기초 자료로 활용했을 것으로 추정된다. 나주목이 제주목에게 보낸 회첩에 기술된 문순득 표류담은 전반적으로 현존본 ≪표해시말≫과 일치하지만, 일부 사항에 있어 현존본 ≪표해시말≫에서 찾아볼 수 없거나 차이를 보이는 부분이 있다. 당시 나주목은 현존본 ≪표해시말≫과 내용이 조금 다른 또 하나의 판본을 소장하고 있었음이 분명하다. ≪표해시말≫에 기술된 문순득의 전체 여정은 다른 관련 문헌에서 확인할 수 있을 정도로 정확하게 기술되었지만, 장강과 그 유역의 여정 부분은 지명이 잘못되거나 앞뒤가 뒤섞여 있어 오류가 자못 많다.

문순득이 표류한 경험담은 훗날 조선 조정에 전통적으로 교류를 맺은 주변 국가 외에 인적 왕래가 힘든 다른 국가의 정보를 제공해주었다. 제주도에 표착한 여송국 표류인 송환을 원만하게 처리하는데 도움을 주었다. 또한 실학자에게 해양 문화와 세계 인식을 촉발시켜 시야를 크게 넓혀주어 실사구시와 조선의 해외학 구축에 큰 영향을 끼쳤다. 그리고 조선의 대유구, 여송국, 마카오(포르트갈 포함) 교류사, 유구국의 풍토와 민속, 중국의 대여송국 이민사 등을 연구하는데 있어 귀중한 자료이다. 앞으로 국내외 학계에서 문순득의 표류담을 활용할 것으로 보여 표류담의 가치가 더욱 크질 것으로 보인다. [燁爀之樂室]

제3장

조선 제주도에 표착한 潮州 출항선 기록 검토

1. 개론

바다는 평상시 잔잔한 해면이 광활하게 펼쳐져 있어 마치 어머니의 넓은 가슴처럼 포근한 느낌을 준다. 하지만 날씨가 험해져 세찬 바람이 불면 거센 파도가 일어나 해면이 크게 출렁이며 성난 마귀처럼 변한다. 평생 바다를 업으로 살고 있는 뱃사람들도 바다의 가변성에 대해 잘 알고 항시 대비를 하지만, 급작스러운 기상 변화와 선박 고장으로 어쩔 수 없이 조난을 당하곤 한다. 이때 뱃사람들은 운명이라는 거역할 수 없는 힘에 의해 험한 파도 속으로 떠밀려가 물에 빠져 죽는다. 하지만 더러 운이 아주 좋아 구조되거나 땅에 닿아 용케 생환해오곤 한다. 생환자 중에는 드물게 먼 외국의 땅에 닿는 경우가 있다.

동아시아 국가들은 예로부터 외국 표류인을 구휼하고 본국으로 송환시키는 체제가 정비되어있었다. 해외 표류기록물은 표류인의 국가와 표착 국가의 각종 사정을 알아보는 중요한 자료이다. 오늘날 국내 학자들은 표류인 연구를 상당히 활발하게 전개하고 있다. 하지만 이는 주로 일본과의 표류 관계 연구이고, 중국과의 표류 관계 연구는 비교적 적은 편이다.

중국 대륙의 동쪽은 거대한 태평양을 맞이하고 있고, 1.8만km의 해안선과 6천 5백여 개의 섬을 가지고 있다. 이러한 지리적 여건은 중국인들로 하여금 끊임없이 바다와의 상관성을 갖게 했다. 특히 연해안 지역민들을 바다로 진출시켜 각종 해양 활동을 전개하도록 했다. 광동 潮州과 南澳, 복건 漳州와 泉州, 절강 寧波와 普陀는 각각 대륙 중부와 남부 연해안 지역에 자리하고 있다. 이들 지역은 예로부터 해상 활동의 중심지로 널리 알려졌고, 지역민들은 활발한 해상 활동을 전개하여 찬란한 해양 역사와 문화를 창출해왔다.

1688년(조선 숙종 14 : 청 강희 27)에 潮州 출항선이 항해를 하다가 악천후로 한반도 제주도 연해안에 표착하는 사건이 발생했다. 상선에는 주로

粵東과 閩南, 즉 남방 상인과 수부들이 타고 있었다. 역관 출신 金指南은 남방 표류인들이 표류한 사정을 알아보고 조정에 보고할 〈手本〉을 작성했다. 조선 비변사는 남방 표류인들을 청나라로 이송시켰다. 이 글에서는 1688년에 일어난 표류 사건을 중점으로 김지남 〈수본〉, 《承政院日記》, 《備邊司謄錄》을 활용하여 조주 출항선의 구성원과 항해일정, 중국 해역정세와 물품교역 과정, 제주도 표착 내용과 심문 과정, 본국으로 송환시키는 과정 등을 심층 분석해 본다.

2. 潮州 출항선과 표류인의 기록 출처

1688년(숙종 14)에 제주도에 표착한 潮州 출항선의 표류인에 관한 기록은 김지남의 《東槎日錄》, 조선 조정의 《承政院日記》와 《備邊司謄錄》에 수록되어있다.

여기에서 먼저 김지남의 약력부터 살펴본다. 자는 季明, 호는 廣川, 본관은 牛峰이다. 1654년(효종 5)년에 戶曹算士 金汝義의 아들로 태어났다. 1672년(현종 13)에 역과에 급제하여 한어역관이 되었다. 1682년(숙종 8)에 역관으로 청나라와 일본을 다녀오는 등 대외관계의 최일선에서 활약했다. 1714년(숙종 40)에 아들 金慶門과 함께 역관 제도의 연혁, 대외관계 제도 등을 체계화한 《通門館志》를 편찬했다. 1718년(숙종 44)에 별세했다. 아들 5명도 모두 한어역관으로 활동했다.

《동사일록》은 김지남이 1682년(숙종 8)에 押物通事로서 일본을 다녀오면서 관찰한 사행일기이다. 필사본 1책이다. 이 책자는 고려 말부터 조선시대까지 일본을 왕래했던 통신사들의 사행록을 모아 편집한 총서 《海行摠載》에 수록되어있다. 현재 국립중앙도서관에 조선말기필사본 《해행총재》가 소장되어있다. 1914년 朝鮮古書刊行會에서 조선말기필사본을 신식활자로 간행했다. 1975년 民族文化推進會에서 각각 국역본과 영인본을 내놓았다. 《동사일록》은 일본 사행을 가는 기간과 되돌아오는 기간에 따라 〈東槎錄〉과 〈回槎錄〉으로 나누어놓았다. 〈회사록〉 끝 부분에 일본 사행록과 성격이 다른 청나라 표류인을 問情한 기록문인 〈戊辰九月初四日濟州漂漢人處問情手本〉이 첨부되어있다. 〈戊辰九月初四日濟州漂漢人處問情手本〉은 1688년(숙종 14) 9월 5일에 작성되었다. 현존본 김지남 〈수본〉은 글자 오기가 다소 많은 편이다.

《승정원일기》는 조선초기부터 승정원에서 처리한 왕명출납과 제반 행정을 담은 일기책이다. 승정원은 1894년(고종 3) 이후 承宣院·宮內府·秘書監·秘書院 등 여러 이름으로 바뀌었다. 인조 이전의 책자는 여러 차례 병화로 소실되었다. 오늘날 전해오는 책자는 1623년(인조 1)부터 1910년(隆熙 4)까지 288년간의 일기이다. 현재 규장각에 《승정원일기》 원본이 소장되어있다. 1999년에 국보 303호로 지정되었다. 이 책자 중 숙종 14년 7월 30일(경자)조, 9월 6일(을해)조, 15일(갑신)조, 19일(무자)조, 20일(기축)조, 22일(신묘)조에 각각 1688년(숙종 14) 제주도에 표착한 조주 출방선의 표류인을 처리한 기록들이 수록되어있다.

《비변사등록》은 1617년(광해군 9)부터 1865년(고종 2)까지 조정의 국가최고 의결기관인 비변사가 처리한 사건을 기록한 책자이다. 1865년(고종 2)부터 1892년(고종 29)까지 의정부가 비변사 업무를 대신하여 《議政府謄錄》을 남겼다. 규장각에 전해오는 《비변사등록》은 빠진 부분이 꽤나 있다. 1973년에 국보 152-1호로 지정되었다. 이 책자에 기술된 조주출항선 제반기록은 《승정원일기》와 일치하고, 다만 9월 20일(기축)에 비변사에서 표류인을 다시 심문한 별단(〈濟州漂漢人問情別單〉)이 첨가되어있다. 별단 내용은 김지남의 〈수본〉과 별반 차이가 없다.

3. 潮州 출항선의 구성원과 항해 일정

본격적인 논의에 앞서 조주 출항성의 항운 일정과 표류 과정, 조선 조정에서 표류인을 처리한 과정을 날짜별로 정리해본다.

1687년(숙종 13년 ; 강희 26년) 봄	고향을 떠나 普陀島 조선소 도착.
1688년(숙종 14년 ; 강희 27년) 3월 3일	영파부에서 새로 건조한 선박을 출항.
3월 23일	조주 烏丁(鷗汀)港 도착. 곧이어 화물을 선적함.
6월 4일	남오 출발.
6월 10일	보타에 도착하여 寧波府 아문으로부터 문첩을 취득.
6월 16일	보타에서 출발하여 南京, 蘇州 등지로 향함.
6월 18일	악천후로 조난을 당함.
6월 말경	제주도 해안에 표착함.
7월 30일	비변사가 표류인을 한양과 北京으로 호송할 역관을 정해줄 것을 보고함.
9월 3일	표류인이 海南 於蘭鎭으로 이송해오자 역관 김지남이 나가 맞이함.
9월 4일	김지남은 표류인을 해남 관사로 이송하고 표류 사정을 탐문함.
9월 6일	비변사가 청나라 북경으로 자문을 보낼 것을 보고함.
9월 19일	비변사가 표류인을 한양 南別宮에 머물고 함. 표류 사정을 다시 문정할 것을 보고함.
9월 20일	비변사가 표류인을 이송할 비용을 조정에 청구함.
9월 22일	표류인은 한양에서 출발하여 청나라 鳳凰城으로 향함.

김지남의 〈수본〉에는 제주도에 표류한 조주 출항선에 탄 상인과 수부들의 명단이 기술되어있다. 조주 출항선에는 총 63명이 타고 있었다. 제주도 연해안에 표착하기 직전에 배가 파손되는 바람에 15명만 살아나고,

나머지 48명은 익사했다. 표류 상선에 탄 사람들을 지역·신분별로 나누면 다음 도표와 같다.

		潮州	南澳	漳州	泉州	廈門	福州	寧波	불명
생존자	상인	2	0	1	2	0	0	0	0
	선원	5	1	2	0	0	2	0	0
익사자		16	1	8	14	1	2	5	1
총계		23	2	11	16	1	4	5	1

승선자의 출신 지역별로 살펴보면 潮州 사람이 23명으로 가장 많으며, 전체 인원수 중 36.5%를 차지한다. 다음으로 泉州 사람이 16명으로 25.4%, 漳州 사람이 11명으로 17.5%를 각각 차지한다. 생존자 가운데 수부 출신은 조주 사람이 5명으로 가장 많고, 장주 사람과 福州 사람이 각각 2명이다. 익사자 가운데는 조주 사람이 16명으로 가장 많고, 다음으로 천주 사람이 14명, 장주 사람이 8명 순이다. 김지남의 〈수본〉에는 익사자의 신분에 대해 밝히지 않았지만, 생존자의 기록으로 계상해보면 상당수가 수부이고, 일부가 상인일 것으로 추정된다.

南澳는 옛 조주부와 장주부가 각각 분할 관할했던 海島이나, 민국 이후 광동성으로 편입되었다. ≪비변사등록≫〈제주표한인문정별단〉에는 船戶 楊登興의 출신을 남오와 조주가 번갈아 적고 있는데, 이것은 당시 남오 지역을 관리하는 관아 체제의 특수성을 대변해주고 있다. 조주와 남오, 즉 粤東 지역인은 총 25명으로 전체의 29.7%를 차지한다. 천주, 장주, 廈門은 閩南 지역에 속한다.[1] 민남 지역민은 총 32명으로 전체의 50.8%를

---

1 현존본 김지남의 〈수본〉에는 익사자 黃氏를 下門 사람으로 적었으나, 下門은 廈門의 오기이다.

차지한다. 월동 지역과 민남 지역의 사람을 합치면 총 53명으로 전체 인원 수의 84.1%를 차지한다.

양등흥은 43세로 남오섬 출신이다. ≪비변사등록≫〈제주표한인문정별 단〉에 의하면 양등흥이 24세, 즉 1669년(강희 8년)에 許摠督을 따라 북경 을 왕래한 적이 있다고 했다. 양등흥은 일찍부터 중국 남북을 오가며 연해 안 뱃길을 잘 아는 수부이다. 기타 수부들도 조주, 천주, 장주 사람들로 주로 구성된 것으로 보인다. 財主 沈電如는 50세로 장주 사람이고, 財付 陳梓는 31세로 천주 사람이며, 財付 劉鳳은 30세로 조주 사람이다. 이들 세 사람은 사리를 이해하고 글자를 알아 김지남과 표류 사정을 얘기할 적에 모든 응대를 맡았다. 沈電如는 집에 팔순 부모가 있었다. 객상 曹泰 (≪비변사등록≫에는 曹太라고 적음)는 30세로 조주 사람이고, 객상 薛爲 政은 31세로 천주 사람이다. 영파 사람 5명은 절강 보타에서 태워 강소 소주 등지로 향하는 객상일 가능성이 높다. 상인 출신도 선원 출신의 구성 원이나 재주·재부의 출신처럼 조주, 천주, 장주 사람으로 주로 구성되었 을 것으로 추측된다.

조주 출항선은 제주도에 표류하기 반년 전에 보타도 소재 조선소에서 새로 건조된 선박이다. 보타는 영파 동쪽 바다에 위치한 舟山群島의 한 섬이다. 오늘날 행정구획으로 절강 舟山市 普陀區에 속한다. 주산군도는 절강 최대의 어업기지답게 沈家門, 岱山 등 여러 항구를 가지고 있다. 이곳에는 선박을 건조하는 소규모 조선소가 여러 곳 있는데, 그 중에 아직 까지 전통 방식으로 고선박을 건조하는 조선소가 남아있다.

보타도는 해상 교통의 요지이다. 보타도는 영파 앞 바다의 길목에 자리 하고 있어 대륙 남북이나 외국으로 가는 배들이 자주 드나들었다. 또 보타 도는 관세음신앙의 본거지이다. 뱃사람들은 관세음보살이 영험한 능력으 로 선박의 항해 안전을 도모한다고 믿고 있어 보타도를 지날 때마다 반드

산두 구정가도 騰輝塔
(박현규 촬영)

시 관세음보살상으로 나가 향불을 올리곤 했다.[2] 실례로 보타도에 신라선 박들이 자주 좌초했다는 新羅礁와 고려선박이 드나들었던 高麗道頭가 남아있다. 또 일본화상 慧鍔이 신라상인과 함께 관세음보살상을 모시고 일본으로 가려고 하다가 관세음보살상을 내려놓은 不肯去觀音院이 있다.[3] 조

---

2 張津 등 ≪(乾道)四明圖經≫ 권7 〈昌國縣・山〉:「梅岑山, 在縣東二百七十里, 四面環海. 高麗・日本・新羅・渤海諸國, 皆由此取道, 守候風信, 謂之放洋.」
   盛熙明 ≪(至正)補陀落迦山考≫〈感應祥異品〉:「(보타산)自是海東諸夷, 如三韓・日本・扶桑・阿黎・占城・渤海數百諸國, 雄商鉅舶, 繇此取道放洋. 凡遇風波寇盜, 望山歸命, 即得消散感應頗多.」(≪(萬曆)普陀山志≫ 권4 〈事畧・補陀落迦山考〉에서 인용)
3 朴現圭, 〈中國佛教聖地普陀山與新羅礁〉, 浙江大學學報 人文社會科學版, 2003年 1

주 출항선도 보타도에 정박하여 종교활동과 교역업무를 수행했을 것이다.

1648년(강희 23)에 청나라 조정은 閩粵 지역의 海禁 조치를 풀면서 바다에서 교역하는 민간상선의 규모와 시설을 제한하는 조치도 부가했다. 즉, 민간상선은 쌍 돛대와 8개 노(雙桅八槳)를 설치하는 것을 금하고, 적재량이 5백 석을 넘는 大船을 건조할 수 없었다. 이를 어길 시에는 중벌에 처했다.[4] 훗날 청 조정은 민간상선에 쌍 돛대를 허용하는 등 일부 규정을 약간 완화시켰지만, 오랫동안 선박 크기와 항해 필수비품을 일정 정도 이하 규모로 제한시켰다.[5] 조주 출항선이 표류하게 된 주된 원인이 악천후에 의해서 일어난 돌발 사고였지만, 돛대가 세 토막으로 부러지고 키가 파괴된 점으로 보아 선박 크기와 시설 제한에 따른 문제점도 내포되었을 것으로 추측된다.

조주 출항선은 조주 烏丁(鷗汀)港을 母港으로 두고, 절강과 강소 지역을 오가며 물자 교역과 운송을 맡았다. 烏丁은 원래 鷗汀이라고 불렸고, 훗날 문헌에 따라 烏丁 또는 歐汀이라고 적었다. 潮汕 방언에 '鷗汀'과 '烏丁', '歐汀'은 발음이 서로 비슷하다. 鷗汀은 이곳에 바다 갈매기(海鷗)가 서식하는 모래톱이 있었던 데에서 나왔다. 오늘날 행정구획으로 汕頭市 龍湖區 鷗汀街道가 설치되어있다. 鷗汀街道의 면적은 15만㎢, 인구는 5.4만 명, 18개 居委會가 있다.

구정은 예로부터 상인과 여객들이 모여들었다. 梅溪를 따라 내려가면 오늘날 국제항인 汕頭港 앞 바다가 나온다. 원 지정 연간에 지역민들은 해적을 방비하기 위해 성채를 쌓아 鷗汀背寨라고 불렀다. 명 융희 연간에

期, 浙江大學, 2003.1, pp.39~46.

4 ≪(光緒)欽定大淸會典事例≫ 권239 〈戶部·關稅·禁令〉 중 강희 23년조 참조.

5 ≪(光緒)欽定大淸會典事例≫ 권629 〈兵部·綠營處分例·解禁〉 강희 42년조, 56년조, 59조년 등 참조.

지역민들이 다시 성채를 건설했다. 성채 길이는 약 450丈이고, 너비는 약 100丈이었다. 이곳은 外砂河, 新津河, 梅溪의 길목에 위치하여 외적들의 수로를 통한 조주 공략이나 육로를 통한 揭陽 공략을 막는 중요한 요새이다. 명청 교체기에 성채 도주가 자주 남명 정성공 군사의 운반선을 급습하며 저항하다가, 훗날 정성공의 침략에 의해 성채 수만 명이 살해되는 역사적 비극의 현장이었다. 구정채의 옛 자리에는 청 1737년(건륭 2)에 辛昌五 등이 건립하여 이듬해 완성한 騰輝塔이 남아있다. 이 탑은 일명 歐汀塔이라 불렀다. 구정항은 오랫동안 물자 운송과 어업 활동이 활발한 항구 역할을 하였으나, 청말 수심이 깊은 汕頭港이 개발됨에 따라 항구 기능은 완전 잃어버렸다. 오늘날에는 산두 공업 지대의 배후지로 발전했다.

조주 출항선은 오정(구정)항에서 주로 남방에서 생산되는 각종 화물을 실었다. 화물 물목을 보면, 烏白砂糖(흑설탕과 백설탕) 2천담, 白方紬 2천필, 紅白縐紗 2백필, 약재 20포, 大米 1백담 등이다. 표류 상선은 인근 지역인 남오에서도 일부 화물을 실었다.

남오는 광동성 동부 산두 앞 바다에 37개 크고 작은 섬으로 구성되었고,

남오총병 周鴻升 수연의 〈慶壽金漆貝雕畵屛〉
(박현규 촬영)

그 중 가장 큰 섬은 106.85㎢를 가진 남오섬이다. 행정구획상 오랫동안 조주부와 장주부의 관할에 있다가 근자에 들어와서 광동성으로 이관되었다. 근자에 산두가 조주에서 분리되면서 산두시 소속의 현으로 편입되었다. 이곳은 "潮汕 지역의 병풍이고, 민월 지구의 목구멍(潮汕屏障, 閩越咽喉)"이라는 말처럼 해상교통의 요지로서 예전에 동남 연해안과 대만과의 통상에 있어 필히 들렸던 정착지였다.

조주 출항선이 들렀던 남오항은 오늘날 남오섬 동북쪽에 위치한 深澳港을 지칭한다. 이곳 深澳灣은 선박을 정박시킬 수 있는 천연 항구를 갖추고 있다. 명청 시대에는 수군 요새지로 사용되었다. 명 만력 연간에 심오에 總鎭府를 설치하고, 그 아래에 漳, 潮 부총병이 각각 관장하는 좌우영을 두었다. 좌영은 복건 해역을 관장했고, 우영은 광동 해역을 관장했다. 1685년(강희 24)에 심오에 총병 본부를 두었다. 초대 총병관은 楊嘉瑞이다. 총진부 앞에는 바다의 신인 媽祖를 모시는 天后宮이 있다. 천후궁은 1576년(명 만력 4)에 부총병 晏繼芳이 세우고, 1685년(강희 24)에 총병 楊嘉瑞이 증수했다. 조주 출항선은 심오에서 화물들을 선적하는 것 외에 출항 수속과 종교 의식을 거행했을 것이다. 이곳에서 총병 본부로부터 절강 등지로 떠나는 출항 허가서를 받고, 또 천후궁에 나가 항해 안전을 기원하는 제례를 올렸을 것이다. 1699년(강희 38)에 남오총병 周鴻升의 수연 때 만들었던 〈慶壽金漆貝雕畫屛〉(현 프랑스 개인소장)의 그림을 보면 당시 심오 앞 바다에 많은 배가 떠있는 모습을 볼 수 있다. 1927년(민국 16)에 縣政府는 심오에서 현 소재지인 隆澳로 옮겼다.

조주 출항선은 남방 화물을 싣고 소주, 남경 등지에 나가 인삼, 목화, 靑藍布, 白絲 등으로 교역할 작정이었다. 이번 항해의 항로를 살펴보면 조주 오정(구정)항에서 출발해서 인근 남오로 잠시 들어갔고, 남오에서 다시 복건과 절강 연해안 해역을 따라 북쪽으로 올라가다가 보타도에 도달했다. 보타도에서 물자를 교역하고, 또한 영파 객상 몇 명을 태우고 북쪽 항주만을 지나 내수로 운하와 장강을 통해 소주로 들어가려고 했다. 이번 항해 가운데 남오항에서 보타도까지 걸린 일자는 6일이었고, 보타도에서 소주까지는 걸리는 일자는 통상적으로 9일 일정이라고 했다. 보타도에서 소주까지의 항해거리는 남오에서 보타도까지의 항해거리에 비해 월등히 짧으나, 소요일자가 더 많이 걸린다. 이것은 당시 선박의 항운 능력과 관련이 있다. 장강 하류가 유속이 빨라 당시 무동력선의 기능으로는 강을 직접 거슬러 올라가기가 어렵기에 장강 유역에 거미줄같이 뻗어있는 내지 운하를 통해 올라갈 수밖에 없었다. 따라서 보타도에서 소주로 가는 소요 시간이 더 많이 걸린다.

조주 출항선은 寧波府 아문에 나가 해상 교역을 허락하는 문첩(공문서)을 취득했다. 보타는 영파부 관할 지역이다. 영파부는 송나라 때 대외 해상 교역과 세금을 징수하는 市舶司를 설치했고, 청나라 초기에 市舶司는 海關으로 바뀌었다. 아문에는 戶部郎中 1명을 두었는데, 이곳에서 문첩 발급과 상품거래세금을 징수했다. ≪비변사등록≫〈제주표한인문정별단〉에 의하면 영파부에서 낭중을 두고 세금 징수하는 법령은 1683년(강희 22)부터 시행되었다. 징세 방법은 선적 상품의 많고 적음에 따라 다른데, 당시 징세 비율은 상품 시세의 3.3%였다. 문첩은 해상 교역과 운송을 허락하는 증명서이다. 문장에는 선체 크기, 승선자 성명과 인원수, 화물의 도착지, 출항 일자 등 항해운영과 관련된 제반 사항이 적혀있다. 조주 출항선의 표류인들이 조선에서 본국으로 이송하는 과정에 지난 제주 관아에 바친 영파부 아문의 문첩을 돌려받기를 간절히 청했다. 이들이 본국으로 돌아가는 날 문첩이 있어야 해역을 맘대로 돌아다녔다는 죄를 면할 수가 있다고 했다. 당시는 청나라가 해금 정책을 푼 지 얼마되지 않았던 시기라 문첩이 없이 해상 운행을 하면 엄한 처벌을 받았다. 앞서 논했듯이 당시 청나라는 선박 크기와 항해 필요물품까지 규제해가며 해상 활동을 매우 엄격하게 단속했다.

4. 潮州 출항선의 표류와 송환 과정

조주 출항선은 보타도를 떠난 지 이틀 만에 악천후를 만나 표류하였다. 〈수본〉에는 조주 출항선이 표류한 시점을 6월 18일 아침으로 적고 있고, ≪비변사등록≫〈제주표한인문정별단〉에는 6월 23일 밤에 해상에서 갑자기 서북풍을 만나 표류했다고 했다. 조주 출항선의 항해 일정으로 보아 표류 장소는 장강 입구 해역 부근으로 추정된다. 장강 입구의 해역은 물살이 세고 거칠기 때문에 자주 해난사고가 일어나 항해 선박들이 조심스럽게 지나간다. 북송 사신 徐兢이 배를 타고 고려국으로 가는 과정은 보타에서 출발하여 절강 연근해의 白水洋, 장강 입구 해역의 黃水洋, 황해 흑조 해역인 黑水洋을 거쳐 한반도 서쪽 黑山島 옆으로 지나가는 것이었다. 서긍도 한반도에서 보타로 돌아올 때 황수양에서 조난을 당할 뻔했다.[6]

조주 출항선은 장강 입구 해역으로 추정되는 지점에서 악천후로 인하여 돛대와 노가 파손되어 자체 운항 능력을 잃어버렸고, 그 후 바람과 해류가 흘러가는 대로 이리저리 표류하다가 용케 제주도 연해안에 도달했다. 제주도는 한반도 남해 바다에 속해있는 한국 최대의 섬이다. 지정학적으로 한반도, 일본열도, 중국 대륙, 동남아 등지를 연결하는 중요한 해상 길목에 자리하고 있다. 예로부터 제주도는 외국과의 활발한 해상 교통이 전개했고, 또한 외국선박의 표착도 잦았다.

여름에 필리핀 북쪽에서 발생하는 쿠로시오(黑潮 : kuroshio) 해류는 비

---

6 徐兢 ≪宣和奉使高麗圖經≫ 권34 〈海道一〉 및 39 〈海道六〉 참조.

교적 따뜻하고 유속이 빠르며 동북쪽 방향으로 여러 지류를 형성한다. 남중국해에서 흘러 들어오는 지류는 대만해협을 지나 장강 유역에서 동북쪽 방향으로 계속 올라와 한반도와 제주도로 흘러간다. 그 중의 일부 지류는 한반도 서해안을 따라 계속 북상해서 발해만까지 올라간다. 한중 해역의 계절풍을 보면 여름에는 주로 남풍이 불고 풍력이 약하다. 서긍이 고려국으로 갈 때가 5월말에서 6월초이고, 조주 출항선이 표류한 시기가 6월 중순에서 6월말이다. 6월경은 浙東 지역에서 일본열도로 가는 선박이 가장 많을 때이다. 이들 선박은 모두 쿠로시오 해류와 남풍을 활용했다.

조주 출항선은 제주도 해안으로 상륙하기 바로 직전에 암초나 바위에 걸려 선체가 완전 부서졌다. 배에 타고 있던 사람들이 갑자기 물에 빠져 깨진 나뭇조각을 부둥켜안고, 혹은 뜸(篷) 조각에 붙어 물결에 따라 간신히 육지에 도달했다. 그러나 이 과정에서 많은 사람들이 물에 빠져 죽고, 선적 화물도 대부분 유실되었다. 제주도민들은 이들 표류인을 구한 뒤에 제주 관아에 표착 사실을 보고 드렸고, 제주 관아는 즉시 조정에 보고를 드렸다. 이때 표류인이 지니고 있던 영파부 아문의 문첩도 제주 관아에 보냈다. 표류인들은 두 달 동안 제주도에 머물면서 조선 조정으로부터 귀국 송환을 허락하는 훈령을 기다렸다.

조선 조정은 제주도에 남방 표류인이 표착했다는 보고를 받고 여러 조치를 취했다. 7월 30일에 비변사가 표류인을 멀리 한양으로 호송할 때 역관이 필요하다며 사역원에서 漢語 역관 1명을 급히 남쪽으로 내려 보냈다. 훗날 비변사가 표류인들을 북경으로 호송시키고 자문을 올릴 역관을 택해줄 것을 아뢰니, 숙종은 윤허했다. 이러한 보고는 일종의 관례였다. 1687년(숙종 13) 4월 17일에 비변사가 제주도에 표착한 남방 표류인의 호송을 아뢰니, 숙종은 윤허했다.[7]

사역원은 제주도에 표착한 남방 표류인들을 한양으로 호송해올 역관으로 김지남을 간택했다. 김지남은 명을 받은 즉시 한양을 출발하여, 8월 11일 海南에 도착했다. 한동안 해남에서 머물면서 표류인들이 제주도에서 이송해오기를 기다렸다. 9월 3일에 표류인들이 해남 於蘭鎭에 도착했다. 김지남은 즉시 해남 관사에서 어란진으로 나가 이들을 맞이했다.

어란진은 해남 남쪽 끝자락 바닷가에 위치하고, 오늘날 행정구획으로 전남 해남군 松旨面 於蘭里이다. 지형이 난초처럼 생겼다고 어란이라 불렸다. 이곳에는 오목 들어간 널따란 포구가 있어 해상 교통과 군사 요지로 널리 알려져 있다. 포구에는 연근해 고깃배와 남해도서, 제주도를 오가던 배들이 가득 차 있었다. 조선 수군은 이곳에 진을 설치하고 萬戶를 두어 주변 해역을 관장했다. 정유왜란(1597) 때 李舜臣이 鳴梁大捷을 거두기 직전에 수많은 일본 군선들이 이곳에 집결했다.

9월 3일 밤 김지남은 표류인을 데리고 多恨橋站에서 숙박하고, 다음 날 해남현 관사로 옮겨가서 표류 사정을 탐문했다. 현존본 〈수본〉에는 多恨橋를 多限橋로 오기했다. 다한교는 일명 단다리, 단더리라고 부르고, 오늘날 해남군 縣山面 古縣里 서쪽 어귀, 곧 多恨橋坪 위쪽에 소재한다. 다한교는 예전에 바닷물이 이곳까지 드나들어 선착장으로 이용되었다. 중국 대륙으로 가는 배가 이곳에서 떠나갔는데, 뱃길이 멀고 다시 돌아오기가 힘들어 배를 타고 떠나가거나 전송하는 이들이 애한의 눈물을 많이 흘렸다고 전해온다. 1409년(조선 태종 9)에 이곳에 해남과 珍島를 관할하는 海珍縣 치소를 두었다가, 1437년(세종 19)에 해남은 진도와 분리하여 치소를 현 해남읍으로 옮겼다. 9월 5일에 김지남은 표류 사정을 적은 〈수본〉을 조선 조정에 올려 보냈고, 9월 6일에 靈巖郡守 李行周와 함께 표류

---

7 《承政院日記》원본 책330 : 탈초본 책17 ; 《備邊司謄錄》, 숙종 14년 7월 30일(경자)조 참조.

인을 호송하여 한양으로 향했다.

한편 조선 조정도 이와 관련하여 사전 조치를 취했다. 9월 6일에 비변사 郞廳은 표류인 처리에 대한 영의정 南九萬의 뜻을 승정원을 통해 숙종에게 아뢨다. 영의정 남구만은 통제사 李世選이 표류인 성명, 거주지, 선적화물, 문첩 등을 기술한 謄本과 장계를 보니 중국 남방 상선이 여러 곳을 왕래하며 교역을 하다가 표류했던 사실이 맞으니, 전례에 따라 청 조정에 이 사실을 아뢰는 자문을 보낼 것을 건의했다.[8]

9월 15일에 부승지 李思永은 표류인들이 며칠 안에 한양으로 올 것이니 준비하기를 바란다는 비변사의 뜻을 숙종에게 아뢨다. 즉, 표류인 숙소는 南別宮으로 정한다. 남별궁 家丁은 이들이 머물 숙식 채비한다. 남별궁에 禁軍 1인과 衛軍 10여명을 두어 외부 잡인들이 출입하는 폐단을 단속한다. 비변사 낭청은 표류인의 표류 사정을 탐문하여 사실 여부를 재차 확인한다. 표류 사정이 사실로 확인되면 역관으로 하여금 표류인을 호송하여 요동 鳳凰城으로 교부한 청나라 조정에 자문을 전달한다. 남별궁은 선조 때 왕자 義安君의 저택이었고, 임진왜란 후 주로 중국사신의 영빈시설로 사용되었다.[9]

9월 19일에 비변사는 한양에 도착한 표류인을 남별궁에 머물게 하고, 낭청과 역관이 표류 사정을 탐문할 것을 숙종에게 아뢨다. 9월 20일에 비변사는 표류인에 대한 문정을 마쳤고 22일에 한양을 떠나도록 의복과 비용을 보낼 것을 청하는 계를 올렸다. 의복은 호부에서 전례에 따라 공급하고, 소요 비용은 표류인 1인당 은자 2량씩이다. 호송인이 표류인이 평안

---

8   ≪승정원일기≫ 원본 책331 : 탈초본 책17 ; ≪비변사등록≫, 숙종 14년 9월 6일(을해)조 참조.
9   ≪승정원일기≫ 원본 책331 : 탈초본 책17 ; ≪비변사등록≫, 숙종 14년 9월 15일(갑신)조 참조.

도를 지날 때 평안감사가 해당 비용을 주도록 했다.[10] 9월 22일에 비변사는 표류인들이 오늘 떠났으나, 자문을 아직 정서하지 못했다며 도중에 禁軍을 통해 보낼 것을 청한다는 계를 올렸다. 비변사가 올린 각종 보고는 숙종이 모두 윤허하거나 알았다고 답변했다.[11]

김지남은 조주 출항선의 남방 표류인을 탐문하는 과정에서 청나라 해상정책과 鄭成功 일족의 反淸 활동에 관한 얘기를 듣는다. 남방 표류인들이 진술한 내용을 다음과 같이 정리해본다. 鄭之龍이 대만을 점령하고, 때때로 천주, 장주, 조주, 복주 등 연해안 지역을 침범하는 일이 잦자 청나라는 강력한 해금 조치를 취했다. 정지룡은 명 조정의 무신이다. 청나라가 大統을 얻은 뒤로 청나라에 대항하여 대만으로 이주하여 자칭 世藩王이라 하고 永曆 연호를 썼다. 정지룡이 죽은 뒤 그의 아들 國信, 국신이 죽은 뒤 그의 아들 錦舍, 금사가 죽은 뒤 그의 아들 克塽이 계승했다. 경신년(1680년 ; 강희 19)에 극상이 청나라에 귀순하자, 청나라 조정은 그를 漢軍公으로 봉하고 북경에 머물게 했다. 1682(강희 21)에 비로소 해금 조치가 풀려 상선들이 바다로 나아갈 수 있었다.

조주 출항선 표류인의 진술은 대체적으로 정확하지만, 일부 역사 사실과 부합되지 않는 점이 있다. 鄭之龍은 鄭芝龍의 오기이다. 정지룡은 명나라 무신 출신으로 한때 청나라 침공에 대항했으나, 끝내 청나라에 귀순했다. 대만을 점령한 이는 정지룡이 아니고, 그의 아들 정성공이다. 정성공의 원명은 森이다. 정성룡은 부친이 청나라에 귀순한 것에 반대하고 반청 전쟁을 계속 수행했다. 한때 대륙의 남부 연해안 지역을 점거하고

---

10 ≪승정원일기≫ 원본 책331 : 탈초본 책17 ; ≪비변사등록≫, 숙종 14년 9월 19일(무자)조 참조.

11 ≪승정원일기≫ 원본 책331 : 탈초본 책17 ; ≪비변사등록≫, 숙종 14년 9월 22일(신묘)조 참조.

장강 유역인 남경성까지 진출하는 등 강한 세력을 구축했다. 하지만 얼마 후 대륙남서부에서 저항하고 있던 南明의 잔존 세력이 멸망하고, 청나라 군대의 대규모 공세에 잇달아 패전하면서 세력이 크게 약해졌다. 정성룡은 죽기 직전에 네덜란드가 점거하고 있던 대만을 쳐서 자신의 군사 근거지를 대만으로 옮겨 정씨 왕국을 세웠다.

표류인이 언급한 國信은 정성공을 지칭한다. 국신이라는 이름은 대만인과 네덜란드인이 정성공을 가리켜 "Koxinga" 또는 "Coxinga", 즉 "國姓爺"라고 한 것에서 비롯되었다. 남명 隆武帝는 정성공에게 황실과 같은 朱姓을 하사했다. 남오 南澎列島의 中澎島에는 정성공 군대가 물을 취하기 위해 우물을 팠다는 國姓井이라는 유적이 남아있다.[12] 錦舍 또는 錦은 정성공의 장자인 鄭經의 애칭이고, 克塽은 정경의 장자이다. 정극상이 청나라에 투항한 시기는 1683년(강희 22)이지, 표류인이 말한 경신년(1680년 ; 강희 19)이 아니다.

조선 조정은 줄곧 대청 항전을 하고 있는 정성룡 일족의 동향에 대해 깊은 관심을 가졌다. 1674년(숙종 즉위년)에 진위사 李㵯 등이 보낸 치계에서 정금과 吳三桂가 수륙 양면으로 대청 항쟁을 하고 있다고 했다.[13] 1674년(숙종 1)에 조선 조정은 정금에게 사신을 보내는 일로 여러 차례 논의가 있었다.[14] 1681년(숙종 7)에 한반도에 표류한 청나라 사람 高子英 등이 얘기한 정성룡 일족의 동향을 탐문했다. 鄭國臣은 대청 항전을 거듭하며 남경까지 진출했으나, 끝내 청나라 군대에 패전하여 臺環으로 들어갔다. 스스로 城池를 조성하고 영락 연호를 사용했다. 그의 아들 鄭錦이

---

12 《南澳縣文物志》, 天馬出版有限公司, 香港, 2004.12, p.105.
13 《肅宗實錄》, 숙종 즉위년(1674) 11월 7일(병인)조 참조.
14 《숙종실록》, 숙종 1년 4월 1일(기축)조, 2일(경인)조, 3일(신묘)조 등 참조.

계승하여 대만을 지키고 있다.[15] 여기의 鄭國臣은 鄭國姓에서 변형된 이름이고, 즉 정성공을 가리킨다. 대환은 臺環을 지칭한다. 숙종 9년(1683)에 동지사 趙師錫의 치계, 1684년(숙종 10) 하지사 조사석 등의 보고, 고부사 李濡 등의 보고에서 정극상이 청나라로 귀순했던 과정을 나열하고 있다.[16] 한어역관인 김지남도 대외 교섭을 담당하는 사역원에서나 사행 과정에서 정씨 일족의 사정에 대해 알고 있었을 것이다. 이번에 남방 표류인들을 통해 그간 사정에 대해 어떠한지를 물어보았다.

1655년(순치 12)에 청 浙閩總督 屯泰가 정성공이 이끄는 수군이 연해안 각지를 드나든다며 해금조치를 내릴 것을 주청하자, 청나라 조정은 이를 받아들었다. 이듬해 청나라 조정은 민간 선박의 해금조치를 강력하게 시행했다.[17] 1661년(순치 18 ; 강희 즉위년)에 청나라 조정은 연해안 지역민을 내지로 이주시켰다.[18] 1679년(강희 18)에 정씨 왕국이 활동하는 대만해협과 먼 거리에 위치한 산동, 강소 등 지역에 대해 적재량 1,2백 석의 소형선박의 해상 통행을 허락했다. 1683년(강희 22)에 정극상의 투항으로 대만 문제가 해결이 되었다. 1684년(강희 23) 4월에 조정은 해상 통행을 적재량 5백 석 이하 선박으로 확대했고, 동년 9월에 閩越 해역에서도 이와 같은 해금조치를 풀었다.[19] 그런데 조주 출항선의 표류인은 청나라 해금조치가 풀린 연도를 1682년(강희 21)이라고 잘못 알고 있었다.

예로부터 해상 물자교역은 험한 바다를 건너야 했으므로 위험하기 짝

---

15 《숙종실록》, 숙종 7년 8월 7일(정해)조 참조.
16 《숙종실록》, 숙종 9년 12월 22일(기미)조, 10년 3월 14일(경진)조, 6월 18일(임자)조 등 참조.
17 《淸世祖實錄》 순치 13년 6월 계사일조 참조.
18 《淸聖祖實錄》 순치 18년 8월 기미일조 참조.
19 《청성조실록》, 강희 23년 4월 신해일조, 강희 23년 9월 갑자일조 및 《(光緖)欽定大淸會典事例》 권239 〈戶部·關稅·禁令〉 중 강희 23년조 참조.

이 없지만, 통상적으로 상거래 이윤이 많이 남는 만큼 상인과 뱃사람들은 위험을 무릅쓰고 장사 길에 나섰다. 그러나 당시 청나라 연해안의 정세는 해상 물자교역으로 많은 상거래 이윤을 추구하기가 힘들었던 것으로 보인다. 정성공 일족이 대만을 점거할 시기에 청나라 조정은 이들을 토벌하기 위해 복건과 광동 일대에 지역민들을 모아 대규모 군대를 편성했다. 훗날 정씨 일족이 청나라로 귀속해오고 복건과 광동 연해안 지역이 평온을 찾게 되자, 청나라는 더 이상 이 지역에 많은 군대가 필요 없게 되어 대규모 병력 감축을 실시하여 많은 군인들을 강제 퇴역시켰다.

복건과 광동 연해안 지역은 한때 정씨 일족의 세력이 장악했던 곳이다. 청나라가 대만평정을 한 후에 정씨 왕국의 군인들을 강제 해산시켰다. 그 후 정씨 군인들은 대만에서 자기 고향인 복건과 광동 연해안으로 대거 귀향했다. 복건과 광동 연해안 지역에는 정씨 왕국과 청나라 군대에서 강제 퇴역을 당한 군인들로 가득 찼다. 이들 군인 출신들은 육지에서 살아갈 방도가 별달리 없게 되자, 청나라 조정의 해금 해제조치에 편승하여 너도나도 바다로 뛰어들어 장사에 나서게 되었다. 바다에서 장사하는 자들이 많아져 경쟁이 치열해지자 상거래 이윤도 저절로 박해질 수밖에 없었다.

財主 沈電如, 財付 陳梓, 財付 劉鳳은 원래 대만 왕국을 뒤이은 정금 소속의 營將과 部將이었다. 이들은 일찍부터 정씨 일족을 따라 반청 활동에 나섰다. 이들도 다른 정씨 왕국의 군인들과 함께 강제 퇴역을 당했다. 이들도 육지에서 모생하기 힘들어 험악한 바다로 뛰어들어 물자교역에 나섰지만, 해상 교역에서 벌어들인 이윤은 그다지 많지 않았다.

그러다가 기상 악화로 표류라는 흉악한 참변을 당하게 되었다. 표류 상선이 제주도 연해안에 도달하기 직전에 파손되어 선적했던 화물들이 바다 속으로 빠졌고, 이 중에 파도에 떠밀려 육지에 올려온 화물은 白方紬

20필, 石蟹 반포, 甘草 반포, 八角香 2포, 火爐 2개, 斧子(도끼) 2개, 鑿子(송곳) 2개, 打錚(징) 2개뿐이었다. 이 숫자는 오정(구정)항에서 실은 화물량의 1% 정도에 불과하다. 이들은 경제적으로 많은 손실을 입었다.

5. 마무리

한국과 중국은 지정학적으로 광활한 대양을 접하고 있어 일찍이 활발한 해상 활동을 전개했다. 양국 사이에 이루어진 해상교류 중에는 '표류'라는 항목이 들어가 있다. 선박 표류 자체는 매우 불행한 사건이지만, 그나마 다행인 것은 양국 사이에 표류인 구휼 시스템이 정비되어있어 본국으로 무사히 귀환할 수가 있었다.

1688년(조선 숙종 14 ; 청 강희 27)에 조주 烏汀(鷗汀)항에서 출항한 선박이 절강 普陀를 거쳐 강소 소주로 향하다가 악천후를 만나 표류하다가 한반도 제주도 해안으로 표착해오는 사건이 발생했다. 이 사건에 대한 기록은 김지남의 〈수본〉, 조선 조정의 ≪승정원일기≫와 ≪비변사등록≫에 수록되어있다.

조주 출항선은 조주 오정(구정)과 절강, 강소 지역을 오가며 물품 교역과 운송을 하는 상선이다. 선박에는 모두 63명이 타고 있었으나, 제주도 해안에 도착하기 직전에 배가 파손되는 바람에 15명만 생존했다. 船戶는 옛 조주부와 장주부 관할인 南澳 출신이다. 선원은 주로 조주, 장주, 천주 출신들로 구성되었다. 재주, 재부와 객상들도 주로 조주, 장주, 천주 출신들로 구성되었다. 재주와 재부는 과거에 대만 정씨왕국에 소속된 영장과 부장이다. 이들은 강제 해산을 당한 이후에 모생을 위해 바다로 나가 교역에 나섰다. 오정(구정)에서 실은 화물은 烏白砂, 白方紬, 紅白縐紗, 약재, 大米 등이다. 선박 건조는 영파부 보타에서 이루어졌다.

조선 조정은 조주 출항선 표류인을 구휼하고 본국으로 송환시키는데 여러 조치를 취했다. 한어역관 김지남은 海南으로 나가 표류인의 표류사정을 탐문하고 한양으로 호송했다. 이 과정에서 중국 연해안 지역에 이루어진 해상 정세와 물자 교역에 대해 몇 가지 사실을 알게 되었다. 비변사는 관례에 따라 표류민들을 한양 남별궁에 머물게 하고, 청나라에 자문을 보내고 의복과 비용을 마련해서 鳳凰城으로 송환시켰다.

본 문장은 조선 제주도에 표착한 청 선박이라는 단일 사건을 통해 양국의 표류 정책과 호송 과정을 구체적으로 짚어보는데 그 의의가 있다. 구체적으로 첫째, 당시 조주를 기점으로 삼아 중국 연해안의 여러 지역을 돌아다니며 물자 교역하는 지역학 정보를 파악할 수 있다. 둘째, 당시 정씨 왕국의 정세에 따라 변화하는 청나라 해금 정책의 일환을 살펴볼 수 있다. 셋째, 조선에서 청나라 표류인을 구휼, 심문, 이송, 송환하는 과정을 통해 동아시아 해역에서 해양 질서와 보호를 위해 국가 간에 일정한 시스템이 가동시키고 있는 역사 사실을 확인할 수 있다. [燁爀之樂室]

제4장

· 태국 상인의 표류와 교역
조선 庇仁縣에 표착한 조주

1. 개론

통상 표류 사건은 당사자에게 죽을 수도 있다는 극도의 두려움과 막대한 재산 손실을 가져다주는 불행한 일이다. 그러나 표류자가 구조되어 살아남았을 때에는 자신이 행운아라는 사실에 감격해마지 않는다. 표류 사건 가운데 표류자가 자신의 표류 과정을 기록물로 남기거나 관원이 표류 사정을 알아보고 적은 기록물이 있다. 표류 기록물은 표류 사정을 살펴보는 좋은 자료이다. 특히 외국으로 표류하거나 외국 표류자를 대상으로 작성된 것들은 타국에 대한 정보도 포함되어 있어 더욱 좋은 자료로 평가를 받는다.

삼면이 바다인 한반도에는 예로부터 수많은 외국인이 표착해오는 사건이 발생했다. 조선 시대에 외국인이 한반도에 표착해오면 구휼 조치와 함께 표류 과정을 조사한 다음 본국으로 송환시키거나 항해 목적지로 보내는 것이 일종의 관례였다. 조선 조정이 외국 표류민을 돌려보내는 것은 위난에 빠진 이방인들을 구휼한다는 인도적 차원에서 이루어졌다. 당시 동북아시아 국가 간에 표류민을 본국으로 송환시키는 일종의 국제 협력체제도 한 몫을 차지했다.

≪朝鮮王朝實錄≫, ≪備邊司謄錄≫, ≪承政院日記≫, ≪同文彙考≫, ≪通文館志≫ 등에 한반도에 표착한 외국 표류민의 사건이 많이 기술되어 있다. 외국 표류민 사건 기록은 과거 한반도 주변 해역에서 활동하던 해상 사정과 국가 간에 이루어진 송환 체제를 살펴보는데 많은 도움을 준다. 한반도에 표착한 외국인의 국적을 살펴보면 절대 다수가 중국, 일본, 유구 등 동북아 사람들이고, 이따금 동북아 해역을 지나가던 서양 사람과 동남아 사람이 보인다. 중국인 표류민을 지역별로 살펴보면 한반도와 해상 거리가 가까운 발해만과 황해 지역, 한반도와 해류가 통하는 江蘇, 閩浙(복건과 절강) 지역의 사람들이 절대 다수를 차지하고 있고, 상대

적으로 해상 거리가 먼 광동 지역의 사람은 드문 편이다.

　1880년(고종 17)에 청 조주인과 태국인이 함께 탄 선박이 표류하다가 충남 庇仁縣에 표착하는 일이 발생했다. 청대 조주부는 오늘날 광동 북부에 소재한 조주와 산두 지역이다. 이 이전에도 조주인이 한반도에 표착한 적이 있었다. 1688년(숙종 14)에 조주에서 출항한 선박이 제주도에 표착한 적이 있는데, 선원의 절반이 조주 사람이다.[1] 조선 시대에 외국 표류민 사건 가운데에서 여러 국적의 사람들이 탄 선박이 표착한 사례가 이따금 보이지만, 조주인과 태국인이 함께 탄 선박이 표착한 것은 이번이 유일한 사례이다.

　이에 따라 1880년(고종 17)에 비인현에 표착한 조주인과 태국인에 관한 제반 사항을 본격적으로 살펴볼 작정이다. 조주인과 태국인이 한반도에 표착한 과정은 어떠한지? 조선 조정은 이들을 어떻게 처리했는지? 이들은 누구이고, 국적의 구성원은 어떠한지? 이들 가운데 태국 화교가 있는지? 선상에는 어떤 화물을 싣고 있었는지? 한반도와 관련된 물품이 없는지? 표류민들이 탄 선박은 어떤 것인지? 조주와 태국 사이에 펼쳐진 해상 교역과 운송업의 사정은 어떠한지? 태국에 진출한 조주인들은 어떤 활동을 전개했는지?

2. 庇仁縣 표착 潮州人과 泰國人의 처리 과정

　備邊司는 조선 중·후기에 국정 전반에 관한 문제를 결정하는 국가최고의 회의기관이었다. 비변사에서 처리한 내용을 일지 형태로 적은 ≪비

1　朴現圭, 〈1688년 조선 濟州島에 표착한 潮州 출항선 기록 검토〉, ≪東北亞文化硏究≫, 14집, 동북아시아 문화학회, 2008.3, pp.29~46.

변사등록≫에는 바다를 통해 한반도에 들어온 외국 선박에 관한 사건 기록이 꽤나 보인다. 1880년(고종 17) 10월 19일자에 의정부가 충청감사 李明應이 광동인(조주인)과 태국인이 庇仁縣에 표착한 사실을 담은 장계에 따라 후속 조치를 논의한 계문이 수록되어있다.[2]

먼저 충청감사 이명응의 장계 내용부터 정리해본다. 비인현 都屯浦와 馬梁鎭에 표착한 사람은 모두 행상에 나섰다가 표류한 청 광동인(조주인) 9명, 暹羅(Siam : 태국)인 18명이옵니다. 선박이 부서져서 육로로 돌려보내야 할 형편이옵니다. 표류민의 말을 잘 알아듣지 못해 문정 사항이 상세하지 못하오니, 송환 방법과 역관 파견에 대해서는 묘당의 처분을 기다립니다.

충청감사 이명응의 장계를 본 의정부는 이를 주상에게 아래와 같이 아뢨다. 표류인들이 표착한 장소가 두 곳으로 나누어지지만, 이들은 모두 한 배에서 함께 탔던 자들이옵니다. 표류민의 거주지에 대한 사정을 파악했으니, 역관을 내려 보낼 필요가 없습니다. 표류민들이 타고 온 선박이 부서졌으니 그들의 말대로 육로로 되돌려 보냅니다. 전례대로 의복과 음식을 제공해주고, 소지하고 있는 什物은 刷馬로 운반해줍니다. 연로에 差員을 정하여 차례차례 호송시키고, 잡인의 접근을 금합니다. 서울로 올려 보내면 곧 義州府로 옮겨 북경으로 보냅니다. 북경으로 가는 사절의 기일이 머지않았으니 咨官을 보내지 말고 사행 편에 자문을 보냅니다. 자문은 承政院에서 짓습니다. 고종은 의정부의 말에 따라 처리하라고 윤허했다.

여기의 광동인은 중국과 태국 사이에 해상 교역에 종사하는 조주부 출신이고, 태국인은 조주인들과 선상 활동을 함께 한 선원들이다. 1880년(고종 17) 9월 29일에 조주인과 태국인이 탄 선박이 조난당한 뒤에 여러

---

2 ≪承政院日記≫, ≪日省錄≫ 중 해당 일자의 기록을 보면 ≪비변사등록≫의 기록과 기본적으로 일치한다.

날 표류하다가 비인현에 표착했다. 표류민을 처음 조사한 지방 관원은 표류민 출신 등 개략적인 정보를 입수했으나, 그들의 말을 잘 알아듣지 못해 문정 사항이 다소 부정확했다. 표류인들은 선박이 파손되었으니 육로로 귀국하기를 원했다.

비인현은 충남 舒川郡 庇仁面과 西面 일대에 소재한 옛 행정구역 명칭이다. 1914년에 서천군에 합병되었다. 都屯浦는 현 舒川郡 西面 都屯里이고, 馬梁鎭은 서면 馬梁里이다. 도둔리와 마량리 지형은 서천 북단 해안가에서 갈고리의 뾰족한 끝처럼 바다를 향해 기다랗게 뻗어있다. 오늘날 이곳 갯마을의 풍광이 수려하기로 널리 입소문이 나면서 고요함을 즐기는 사람들이 꽤나 찾아온다. 해가 뜨고 또 해가 지는 것을 한자리에서 볼 수 있고, 고즈넉한 갯마을에서 포구와 등대 길을 천천히 거닐며 사색을 즐길 수 있다. 주변에는 널찍하게 펼쳐져있는 갯벌과 파란 하늘과 맞닿아 있는 바다를 볼 수 있다. 특히 일몰과 일출시에 갯벌과 바다 위로 황금빛이 퍼져있는 한 폭의 그림을 보고 있으라면 말로 표현하기 힘든 황홀함에 빠진다.

조주인과 태국인들이 표착했던 비인현 해안가는 지형 특징과 해로 흐름에 따라 외국인들이 가끔 표착한 일이 발생했다. 한 해 전인 1879년(고종 16)에 비인현 內多浦에 중국인 7명이 표착한 사건이 발생했다. 표류민들이 탄 배가 파손되기는 하였으나 보수하면 운행할 수 있어, 의정부는 이들을 해로를 통해 귀환시켰다.[3]

충남 서천 마량 성경전래비
(박현규 촬영)

---

3 《비변사등록》 고종 16년(기묘) 12월 10일조 참조.

또 두 해 뒤인 1882년(고종 19)에 登州府 사람 15명이 비인현 마량진에 표착했다. 이때 등주부 사람들과 함께 배를 탄 紅毛國(화란 : 네덜란드) 사람 1명은 제주에 표착했다. 紅毛國 사람은 나중에 제주도에서 충청도로 옮겨졌다. 의정부는 당초 이들이 타고 온 배를 이용해 해로로 돌려보내려고 하였으나, 표류민들이 수질을 앓고 있는데다 육로로 귀국하기를 원해 육로로 돌려보냈다.[4] 이와 경우가 좀 다르지만 외국 선박이 마량진에 출현한 적이 있었다. 1816년(순조 16)에 영국 순양함 Alceste와 Lyla가 서해 해도를 만들기 위해 마량진 갈곶(葛串)에 일시 정박했고, 이때 선장 Murray Maxwell 대령과 Basil Hall 대령이 마량진 첨사 趙大福과 庇仁縣監 李升烈에게 영어로 된 성경을 주었다.[5]

당시 조선은 자국에 표착한 외국 표류민에 대해 구휼 차원에서 의복을 만들어 제공해주었다. 의복 제공은 계절에 따라 장소와 횟수가 달랐다. 이번 조주인과 태국인의 경우는 표류민들이 추위를 호소하지 않은 관계로 지방에서 의복을 제공해주는 것을 그만두었다. 의정부는 지방에서 의복 제공을 그만두는 결정을 내리기 전에 충청감사 李明應이 올린 장계가 올바른지에 대해 水虞侯를 통해 다시 한 번 확인했다. 둘 사이의 보고 내용이 차이가 없음을 확인한 후에 의복을 제공하는 것을 그만두었다.[6] 그 후 표류민들이 서울에 도달하자, 의정부는 이들에게 의복을 제공해주었다.

조선 조정이 한반도에 표착한 외국 표류민을 되돌려 보내는 방법은 주로 표류민의 依願에 따라 결정되었다. 이때 선박의 상태가 어떠한지가

---

4 《비변사등록》 고종 19년(임오) 정월 28일조 참조.
5 《순조실록》 16년 7월 19일(병인)조 및 서천 마량진 〈한국최초성경전래지〉 비석 참조.
6 《비변사등록》 고종 17년(경진) 10월 23일조 참조.

결정을 내리는데 중요한 요인이 된다. 선박의 상태가 온전하거나 파손 상태가 경미하면 선박 수리나 물자 공급을 해준 뒤에 해로를 통해 돌아가 게 했다. 반면에 선박이 심하게 파손되어 운항이 불가능하면 부득이하게 다른 경로를 택하여 송환시켰다. 중국인과 유구인, 동남아인은 육로를 통 해 의주를 거쳐 중국으로 송환시켰고, 일본인이나 일본으로 가는 외국인 은 해로를 통해 부산진으로 보낸 뒤에 대마번에서 파견한 왜차사에게 이 관시켰다.

이번 조주인과 태국인의 경우는 육로를 통해 송환되었다. 이들은 본선 이 파괴되자 선상에 두었던 예비용 小船으로 탈출했다. 소선 상태가 어땠 는지는 알 수 없으나, 이것을 타고 먼 바다를 건너 본국으로 돌아가는 것은 현실적으로 어렵다. 따라서 표류민의 사정을 파악한 충청감사 이명 응은 조정에 선박이 파손되었기에 육로로 송환시켜야 한다는 의견을 피력 했다.

《비변사등록》 1880년(고종 17) 11월 5일조에는 의정부가 며칠 안에 서울로 올라오는 조주인과 태국인을 처리하는 방안을 아뢰는 계문이 수록 되어있다. 그 내용은 다음과 같다. 표류민들이 서울로 올라오면 弘濟院에 머물게 하고, 해당 부처의 관원을 보내어 표류 정황을 자세히 심문합니다. 이들에게 의복을 제공해주고, 역관을 정하여 호송해서 節使에게 이관시 킵니다. 義州府는 미리 鳳城將에게 통지하여 압록강을 건넌 뒤에 즉시 이관 조치를 취합니다.[7] 고종은 이를 윤허했다. 이 해 겨울에 북경으로 가는 조선 절사는 진하 겸 동지 사은사 任應準 일행이다.

《비변사등록》 1880년(고종 17) 11월 9일자에는 郞廳 관원과 역관이

---

7 《비변사등록》 고종 17년(경진) 11월 5일조 참조.

홍제원에서 비인현에 표착한 조주인과 태국인의 표류 사정을 물어본 내용을 적어놓은 별단이 첨부되어 있다. 문정이 끝난 후에 별 다른 특이 사항이 없고 표류인도 속히 돌아가기를 원하여 하룻밤만 묵고 떠나도록 조치를 취하였다. 홍제원은 조선 시대 서울을 오가는 관원이나 중국 사신을 위해 편의를 제공하는 원이다. 현 행정구획으로 서울시 서대문구 홍제동 세무서 3길 27(옛 304번지)에 자리한다.

3. 비인현 표착 조주인과 태국인의 구성원

11월 9일자 문정별단을 통해 표착한 사람들을 정리해보면 다음과 같다.

출신	선원 명단(나이)	여성과 아이(나이)	총수
중국	許必濟(34), 吳丁(31), 許長庚(39), 陳保(45), 陳選(39), 陳巧(29), 李靑(29), 吳程(24), 陳雷(39), 貞興(25)		潮州人 9명 海南人 1명
태국	毛紅(52), 王棕(39), 膠習(30), 綠豆(21), 銅鈴(39), 總鋪(23), 番毛(27), 番不(28), 番德(30), 番甘(30), 番炎(22), 番兵(25), 番月(39), 番旺(29)	番班(24 : 毛紅의 처) 毛彬(2 : 毛紅의 아들) 番只(25 : 番月의 처)	18명
	叫番(사망)		

충청감사 이명응의 장계에 의하면 비인현에 표착한 사람의 출신은 광동인(중국인) 9명, 태국인 18명으로 총 27명(사망자 1명 제외)이다. 표착인의 출신 숫자에 관해 훗날 조사하는 과정에서 약간 변동이 발생했다. 의정부가 올린 표류인의 의복 계달과 표류인의 송환 계달에는 모두 이명응의 장계처럼 중국인 9명, 태국인 18명으로 기술되어 있다.[8] 그런데 문정별단에는 중국인이 9명에서 10명(조주인 9명, 해남인 1명)으로 늘어났고,

태국인이 18명에서 17명으로 줄었다. 태국인 가운데 해상 조난으로 익사한 자가 1명이 있었지만, 충청감사 이명응이 보고할 때 비인현에 표착한 생존자만을 계상했기 때문에 태국인의 인원이 1명 준 것은 분명하다. 따라서 이명응의 장계와 문정별단 사이에 표류 전체인원은 변동이 없지만, 태국인1명이 중국인으로 출신 국가가 바뀌었다.

그렇다면 태국인 1명이 중국인으로 바뀌게 된 이유가 무엇일까? 문제 해결의 실마리는 해남인 1명에 있지 않을까 추측된다. 중국 남해의 한 섬인 해남도는 줄곧 청나라 영토에 속해있었지만, 베트남 해안으로부터 가까운 거리에 있어 예로부터 베트남을 비롯하여 동남아 사람들의 출입이 잦았다. 또 해남 사람의 모습이 동남아 사람과 비슷한데, 특히 선원인 경우에 강한 햇볕에 피부가 까맣게 타기 때문에 동남아 사람과 구별하기 힘들다. 조주인은 예로부터 해남인을 동일권 사람으로 보지 않았다. 조주인은 해남인이 구사하는 방언이 달라 언어 소통이 어렵고, 풍속과 사고방식도 많이 달라 별개 지역권의 사람으로 여겼다. 따라서 비인현에 표착한 조주인이 조선 지방 관원에게 표류인의 출신을 답변할 때 해남인을 자기 지역의 출신으로 치지 않고, 태국인인 것처럼 잘못 답했을 가능성이 있다.

표류인의 출신을 문정한 조선 지방관원은 혹 이러한 연유로 해남인을 태국인으로 잘못 판단한 보고서를 작성했고, 그 후 의정부가 잘못된 보고서를 근거로 계속 혼란을 빚었을 가능성이 있다. 또 의정부가 역관을 비인현으로 내려 보내지 않았던 것도 처음 조사를 잘못하게 된 원인 중의 하나

---

8 ≪비변사등록≫ 고종 17년(경진) 10월 19일조 :「府啓曰 : 卽見忠淸監司李明應狀啓, 則庇仁縣都屯浦及馬梁鎭漂到異國人問情則九名, 是大淸國廣東省人, 十八名, 是暹羅國人, 俱是行商漂到者.」 동년 11월 5일조 :「府啓曰, 庇仁縣都屯浦漂到大國九名, 暹羅國人十八名, 當不日上來矣.」 동년 11월 9일조 :「府啓曰, 忠淸道庇仁縣漂到大國人九名, 暹羅國人十八名, 入接弘濟院後, 使本府公事官及譯官, 詳細問情, 別單書入, 而今此漂人皆願速歸, 留一宿發送, 何如?」 여기의 대국인은 중국인을 지칭한다.

로 보인다. 충청감사 이명응의 장계에서 밝혔듯이 표류인과 언어가 불통하여 문정 내용이 정확하지 않을 수도 있다고 했다. 태국인에서 중국인으로 변경된 사람이 해남인일 가능성이 다분하다. 중국인 명단 가운데 마지막으로 열거된 貞興이 혹 해남인이 아닐까 생각되지만 이를 뒷받침할 다른 자료가 없어 최종 판단은 유보한다.

중국 표류민의 신분은 장사를 하는 일반인이다. 조선 관원이 중국인에게 旗人이냐고 물었을 때, 이들은 기인이 아니고 일반인이라고 답변했다. 기인은 팔기군에 편성된 사람이다.[9] 중국 표류민 가운데 우두머리는 許必濟로 보인다. 허필제의 이름이 중국인 명단 가운데 가장 먼저 기술되었다. 또 아래에서 살펴보겠지만 허필제는 陳煥榮, 余有盛 등과 함께 紅頭船을 가지고 중국과 동남아 각지를 돌아다니며 해외 교역에 나선 인물이다.

태국인 가운데 우두머리는 毛紅으로 보인다. 모홍의 이름이 가장 먼저 기술되었고, 나이가 가장 많다. 또 처 番班과 아들 毛彬을 거느리고 선상생활을 하고 있었다. 그 다음으로 나이가 많은 番月도 처 番只와 함께 선상생활을 하고 있었다. 오늘날 중국 남방과 동남아 지역에서 일가족들이 배 안에서 생활하는 선상 가옥을 찾아볼 수 있는데, 19세기 말에 일부 태국 선원들이 처자를 데리고 함께 먼 나라까지 항해하며 물품 운수와 교역 활동을 전개하고 있는 점이 사뭇 흥미롭다.

---

9 팔기군 제도는 후금(훗날 청) 시대에 만주 지역의 부족을 기초로 군사 정치 조직으로 만들어졌고, 중국 대륙을 통일하는 과정에서 외부 종족을 점차 흡수하여 규모가 크게 확충되었다. 외부 종족 가운데에는 몽골족과 한족이 주종을 이르고 있고, 소수의 조선, 러시아, 터키계 등도 포함되어 있다.

4. 조주인과 태국인의 항해 과정과 교역 내역

1880년(광서 6) 5월 4일에 허필제를 포함한 조주인과 태국인은 장사를 하기 위해 홍두선을 타고 태국 방콕에서 출항했다. 타이(Thai)만, 남중국해를 거쳐 중국대륙 남부에 도착했고, 또 여기에서 북상하여 중국 북단에 소재한 발해만으로 들어갔다. 발해만에 남단과 북단에 소재한 煙台와 營口 항구가 이번 항해의 최종 목적지이다. 조주인과 태국인이 탄 선박이 올라가는 도중에 당시 조주부 소속의 산두항 또는 그 인근 항구를 들렸던 것으로 추측된다. 산두항과 그 인근 항구는 허필제를 비롯한 조주인들이 거주하는 지역이고, 당시 태국과 물자 교역을 하는 중요한 개항지 중의 하나이다. 연태는 산동반도 북단 발해만에 소재한 항구 도시이다. 오늘날 이 일대를 관장하는 지구시의 위치에 있으나, 명청 시대에 登州府(치소 蓬萊)에 속해있었다. 연태 항구는 수심이 깊어 커다란 배가 정박할 수 있다. 1858년(함풍 8)에 청나라와 영국, 프랑스 등 사이에 체결한 ≪天津條約≫에 따라 통상 개항지가 되었다.

문정별단에 의하면 조주인과 태국인은 산동 연태에서 화물을 구입한 다음에 또 다시 산동의 營口로 가서 콩을 구입한 다음 조주, 즉 산두항으로 돌아가려고 했다. 그런데 산동에는 영구라는 지명이 없고, 발해만 북단에 연태와 함께 개항지로 지정된 요동 영구가 있다. 1858년(함풍 8)에 체결한 ≪天津條約≫에 의하면 당초 요동 牛庄이 개항지로 지정되었다. 그러나 우장은 내륙 안쪽에 소재하여 수심이 낮아 커다란 선박이 들어올 수가 없어 통상 항구로 삼기에는 부적합하였다. 1861년(함풍 11)에 駐牛庄 영국영사 Thomas Taylor Meadows(密迪樂)가 우장 남쪽에 수심이 깊은 영구항이 있다는 것을 알고, 영구를 우장이라고 강변하며 통상 개항지로 사용하였다. 이번 조주인과 태국인이 탄 선박은 태국에서 출발한 국제 통상선박이고, 선원 구성원도 태국인이 포함되어 있다. 국제 통상선박은 대외통상이 허용된 항구만을 들어가는 것을 원칙으로 삼는다. 명나라 때 요동은 산동의 관할에 있었고, 산동에서 이주한 자들이 많았다. 따라서 문정별단을 작성한 조선 관원이 요동 영구를 혹 산동 영구로 잘못 기재했지 않았나 생각된다.

조주인과 태국인들은 영구에서 출발하여 조주로 돌아갈 작정이었다. 불행히도 9월 29일 산동 해역에서 회오리바람을 만나 선박이 파괴되는 조난 사고를 당했다. 이들은 선박 안에 두었던 小船으로 탈출하여 한동안 표류하다가 충청 비인현에 표착했다. 표착한 이후 지방 관원과 서울 홍제원에서 낭청과 역관에 의해 각각 표류 과정에 대해 문정을 받았고, 조선 조정의 조치에 따라 사신 편에 육로로 의주를 거쳐 중국으로 송환되었다.

조주인과 태국인들이 비인현에 표착했을 때 건졌던 각종 물품을 종류별로 나누어보면 다음과 같다.

품종		종류	비고
신상		媽祖神像 1位	신앙용품
물건	약재	紅參 9樻	구입처 : 營口
	식품	炒餠 6匣, 白米 1俗, 乾飯 1俗	
	기물	洋毛褥 5件, 雨傘 2柄, 環刀 2柄, 斧子 1柄, 布被 2件, 洋鐵小匣 2箇, 琉璃壺 1箇, 銅碗 1箇, 銅茶罐 1箇, 洋鐵筒 1箇	
동물		개 1마리, 고양이 1마리	

媽祖神像은 문정별단의 기록처럼 선상에서 기도를 드리는 신앙용품이다. 마조 신앙은 중화 민족이 신봉하고 있는 대표적인 해양 신앙 중의 하나이다. 마조는 원래 송나라 초에 복건 湄洲嶼에서 태어난 林黙이라는 실존 여성이 승격한 인격신이다. 생전에 무녀로 활동하며 인간화복을 점치고 해난사고를 막아주는 신통력을 보여주었고, 사후에 지역사람들에 의

해 해양을 보호하는 신녀로 섬겨졌다. 곧이어 미주서와 그 주변 지역을 중심으로 사당들이 생겨났고, 급기야 송 조정으로부터 묘액을 받아 국가에서 인정받는 신앙체로 자리 잡았다. 그 후 선박을 모는 뱃사람들이 대륙 남북을 오가면서 마조 신앙은 다른 지역으로 급속히 퍼져나갔다. 원, 명 시대에 조정으로부터 수차례 봉호가 가해졌으며, 청나라 때에 봉호가 천상 최고신의 반열까지 높아졌다.

오늘날 마조 신앙은 세계적인 해양신앙 중의 하나로 자리 잡았다. 마조를 모시는 묘우의 분포 지역을 보면 중국 대륙의 연해안과 내륙 수로 지역을 중심으로 널리 퍼져있는데, 특히 대만에서는 대다수의 사람들이 직간접으로 마조를 신봉하고 있다. 또 해외 지역으로는 일본과 동남아, 미주, 아프리카 등 세계 각지에 널리 분포되어 있는데, 그 중에서도 초기 화교들이 진출한 동남아 지역에 가장 많다. 한국에서는 서울, 인천과 고금도에 마조를 모시는 신단 또는 유적이 있고, 최근 부산에 대만에서 들어온 마조묘(韓聖宮)가 운영되고 있다.

현존 기록으로 보아 한반도와 마조의 연분은 1123년(선화 5)으로 거슬러 올라간다. 송나라 사신 路允迪 일행이 閩浙(복건과 절강) 선박을 타고 바다를 건너 고려로 올 때 격심한 풍랑에 의해 배가 부서질 위기를 당하자, 노윤적이 마조에게 간절히 기도를 드려 침몰 위기에서 벗어났다. 사신 선박이 정박한 개경(개성) 인근 碧瀾渡를 중심으로 고려인들이 민절 뱃사람과 접촉하거나 선박에 모셔져 있는 마조신상을 보았을 가능성이 있다.[10] 그 후 고려와 조선 사신들은 중국 대륙에서 마조에 대한 사적을 자주 접했다. 특히 해로를 통해 간 사신들은 항해 안전을 도모하기 위해 발해만

---

10 朴現圭, 〈고려시대 媽祖信仰 接觸過程에 관한 고찰〉, 《韓中言語文化研究》, 17집, 韓國現代中國研究會, 2008.8, pp.171~191.

남단 廟島의 마조묘(顯應宮)를 들렸고, 그 중 일부 사신들은 일시적이나마 마조 신앙을 신봉하는 행위를 전개했다.[11]

19세기에 조선 관원이 표착해온 중국 선박을 문정하는 과정에서 이번 비인현 표착자의 마조신상과 비슷한 상황이 전개된 적이 있었다. 1819년(순조 19)에 牛耳島에 표착한 강소 崇明縣 출신 施洪量 일행이 있었다. 표류 과정을 문정한 조선 관원이 선상 稍棚에 모셔져 있는 聖母라는 것이 무엇인지를 묻자, 이들은 稍棚 娘娘堂에 모신 것이 天上聖母, 즉 마조라고 대답했다.[12] 또 이들은 광풍을 만나 조난을 당했으나 끝내 무사할 수 있는 것이 마조의 도움이라고 밝혔다.[13]

1880년(고종 17) 조주인과 태국인이 탄 선박이 조난을 당했을 때 施洪量 일행과 비슷한 행위를 펼쳤던 것으로 추측된다. 조주인들은 배안에 모셔져 있는 마조신상에게 무릎을 꿇고 자신들의 목숨을 구해달라고 경건하게 기도를 드렸을 것이다. 모선이 파손되어 小船으로 탈출할 때에도 특별히 배안에 모셨던 마조신상을 가지고 탈출했다. 그래서인지 이들은 조선 관원에게 마조신상이 기도용품이라고 밝혔다.

조주인들이 마조를 신봉하는 것은 고향 지역에서 활발하게 펼쳐지고 있는 마조 신앙과 밀접한 관련이 있다. 허필제의 고향 전포촌에 청대에 세워진 마조묘가 2곳 있다. 또 동일 지역권에 속하는 廈嶺村에 光華埠가 있다. 광화부에는 원말에 창건되었다고 알려진 마조묘인 娘媽宮(현 廈嶺路 光華小學 좌측)이 있다. ≪(康熙)澄海縣志≫에는 娘媽宮과 관련된 마

---

11 朴現圭, 〈高麗·朝鮮시대 海路 使行錄에 투영된 媽祖 분석〉, ≪歷史民俗學≫, 32집, 韓國歷史民俗學會, 2010.3, pp.103~129.

12 ≪雲谷雜著≫〈漂到報狀時問情初〉:「問:聖母何物耶? 答曰:稍棚上有娘娘堂上, 中國稱天上聖母.」

13 ≪雲谷雜著≫〈報狀草〉:「我等以大淸國江南省崇明縣蘇州府大倉洲人, 在崇二月初十日動身, 十三日猝遇狂風, 直至十九日, 風盡水平, 杳聖母庇佑.」

조 신앙을 기술해놓았다. 뱃사람들이 天妃聖母, 즉 마조를 받드는 것이 가장 경건하며 배 안에 마조를 모셨다. 폭풍이 일어날 징조가 있으면 화광이 돛대에 나타나거나 신령한 새들이 모여드는데, 사람들은 이것이 마조의 예시라고 믿었다.[14] 오늘날에도 마조 신앙이 계속 전해와 많은 지역민들이 娘媽宮을 찾아 향불을 올리며 길복을 기리고 있다.

조주부 바닷가 지역에 潮陽縣이 있었다. 《(隆慶)潮陽縣志》에는 조양현에 소재한 마조묘와 뱃사람들의 마조신앙에 대해 기술해놓았다. 바다를 바라보는 海口의 산정상과 和平村의 六聯 강가에 각각 天妃廟, 즉 마조묘가 있다. 대개 송·원대부터 지역민들이 마조에게 기도를 드리면 반드시 응해주었다. 특히 항해하는 사람들은 더욱 독실하게 믿고 있었는데, 해상에서 폭풍우와 세찬 파도를 만나 목숨이 경각에 달렸을 때 天妃, 즉 마조가 나타나 화광이 돛대 꼭대기에 비치거나 새들이 나타나서 앞으로 위난에서 벗어날 수 있는 길을 가리켜준다고 믿고 있었다.[15]

여기의 마조 현신기록은 앞서 《(강희)징해현지》의 기록과 일치한다. 《(康熙)潮州府志》〈祀典·潮陽縣〉에도 이와 비슷한 마조 현신 기록이 보인다.[16] 이밖에 허필제의 고향인 澄海, 조주부 앞바다에 소재한 南澳

---

14 《(康熙)澄海縣志》 권18 〈寺觀·娘媽宮〉:「在夏嶺 天妃聖母之神, 航海者奉之最虔, 兢請香火, 隨船供養, 將有颶風神, 輒出火光帆檣, 或見靈鳥翔集, 人便知防, 或曰天妃南海神也. 故現靈海上, 在南澳曰天妃宮.」

15 《(隆慶)潮陽縣志》 권10 〈壇廟志〉:「天妃廟, 一在海口山上, 正臨海門, 一在和平村之六聯江畔, 俗號下宮者是也. 所祀天妃聖母之神, 其創造年月無考, 大都始自宋元. 凡鄉人有禱輒應, 航海者奉之尤謹. 予曩嘗見其人, 自言舟行海上時, 但見白日晦冥, 千里一息, 波濤洶湧, 浩無紀極, 卒遇飄風, 震盪即覆溺不支, 十百之命, 懸於一絲, 其危甚矣. 乃當此之時, 輒有神火先報, 光燭帆檣, 或見靈鳥翔集其上, 若示人以方向者, 舟人因得先事預防, 以免於不測之難, 蓋神贊之也.」

16 《(건륭)潮州府志》 권25 〈祀典·潮陽縣〉:「一在邑南龍津赤産, 元延祐間建；一在邑西南桂橋；一在海門蓮花峰右. 而和平鄉有二廟, 一在六聯, 一在下宮. 其創造年代俱無可考, 大約始自宋元. 凡鄉人有禱輒應, 航海者奉之尤虔, 相傳舟行海上, 卒遇巨

등지에 마조묘(천후궁)이 꽤나 많이 분포되어있고, 오늘날에도 많은 지역민들이 마조묘를 찾아와 향불을 올리고 있다. 여기에서도 마주가 뱃사람들을 보살펴주었다는 여러 전실이 전해온다.

조주인과 태국인이 표류한 선박에서 나온 식품은 炒餅 6갑, 白米 1포대, 乾飯 1포대이다. 이 식품들은 바다에서 장기간 표류할 때 생존에 필요한 비상용품이다. 炒餅은 밀가루를 구워서 만든 餅이고, 乾飯은 쌀이나 잡곡을 쪄서 말린 밥인지라 모두 장시일 보존해서 먹을 수 있다. 백미는 아마도 선상생활에서 양식으로 사용하고자 태국에서 가져온 미곡이 아닐까 한다. 조주인과 태국인의 주식은 大米이다. 당시 산동이나 요동 지역에는 水田이 매우 적어 大米의 생산량이 많지 않고, 가격 또한 매우 비쌌다. 조주 화상들은 홍두선을 몰고 가격이 훨씬 저렴한 태국에서 구입한 대미를 중국 연해안 각지로 운반하여 팔았다. 반면에 산동과 요동 지역에는 콩 생산량이 많은데, 이번 조주인과 태국인들은 영구에서 콩을 매입하여 중국 남부로 운반하여 팔 예정이었다.

조주인과 태국인들이 가져온 물품 가운데 요동 영구에서 구입한 홍삼 9궤가 있다. 이들이 요동 영구에서 구입한 홍삼은 어디에서 생산된 것인가? 결론부터 말하자면 한반도에서 생산된 조선 홍삼이다. 허필제의 고향 전포촌에서는 한반도에 표착했다가 돌아온 허필제가 조선 홍삼을 가져왔다는 고사가 전해오고 있다.

홍삼은 인삼을 가공한 약재로서 사람의 건강기능을 도와주는데 탁월한 효험이 있다고 널리 알려졌다. 보통 밭에서 6년 동안 자란 수삼을 깨끗이 씻은 다음 고온 가열된 증기를 이용하여 찐 다음 다시 햇볕이나 기타 방법

風, 昏濛震蕩, 數百之命, 繫於俄頃, 舟人呼天妃, 輒有火光燭檣巓, 或群鳥翔集, 若導以先路, 得轉危爲安.」

으로 수분이 빠지게 하면 홍삼이 만들어진다. 제조 과정에서 붉은 빛깔을 띠어 홍삼이라고 부른다. 한반도에서 홍삼을 가공하기 시작한 역사는 아주 오래되었던 것으로 보이나, 현존 문헌으로는 1123년(선화 5)으로 거슬러 올라간다. 고려에 사절의 일원으로 온 송 徐兢의 ≪宣和奉使高麗圖經≫에 生蔘(수삼)과 熟蔘(홍삼)이 기술되어 있다. 서긍은 생삼(수삼)과 숙삼(홍삼)의 특징을 정확히 알고 있었다. 생삼(수삼)은 맛이 좋으나 여름철이 지나면 썩는다. 솥에 진 숙삼(홍삼)은 오래 보존할 수 있다고 했다.[17] 홍삼의 장점은 수삼에 비해 약효가 뛰어나고 장기 보존할 수 있다.

조선 시대에 중국으로 보내지는 공무역 가운데 중요한 교역품이 조선 홍삼이었다. 중국으로 가는 조선 사절들은 홍삼을 황궁 진상품으로 사용하거나 盛京(심양), 북경 등지에서 중국 상인들에게 팔았다. 조선 후기에 들어와서는 中江, 柵門(鳳城) 등지에 변방무역인 後市가 열려 조선 홍삼이 많이 거래되어 중국으로 들어갔다. 반면에 당시 중국은 홍삼을 가공할 수 있는 제조기술이 부족했다. 그래서 공무역이나 변방무역으로 거래된 조선 홍삼이 요동 영구로 들어갔고, 영구에서 조주 상인들에 의해 구매되었다.

조주인과 태국인들은 기상 악화로 모선이 침몰될 위기에 빠지자 선박 안에 두었던 예비용 小船으로 탈출했다. 탈출 과정에서 불행히도 태국인 1명은 바다에 떨어져 익사했다. 이와 같이 긴박한 탈출 상황 속에서 생명의 위험을 무릅쓰고 비상식품이 아닌 홍삼을 특별히 챙긴 이유가 무엇인가? 바로 홍삼이 고가에 거래되는 귀중품이기 때문이다. 당시 중국 사람들은 조선 홍삼을 최고의 약재로 쳤다. 홍삼이 비록 조난을 당했을 때 생존에 필요한 비상식품은 아니지만, 무게가 가볍고 고가에 팔 수 있는

---

17 ≪宣和奉使高麗圖經≫ 권23 〈雜俗·土産〉:「人參之榦特生, 在在有之, ─ 亦有生熟二等, 生者色白而虛, 入藥則味全, 然而涉夏則損蠹, 不若經湯釜而熟者, 可久類.」

장점이 있다. 나중에 중국 남방이나 태국에 조선 홍삼을 가져가 고가에 팔아넘기면 이번 조난에 따른 물질적 손실을 덜고 향후 재기를 하는데 조금이나마 힘을 보탤 수 있으리라 생각했을 것이다.

조주인과 태국인이 가져온 기물로는 이불, 칼, 도끼, 단지, 그릇 등이 있다. 조난 당시의 계절이 겨울철이라 날씨가 춥기 때문에 체온을 유지하기 위해 이불이 필요했을 것이다. 이불류를 제외한 나머지 기물은 배를 운항하거나 살아가는데 필요한 기본적인 물품인지라 파선 직전에 특별히 챙겨갔거나 小船에 늘 두고 사용했던 물품으로 보인다. 이외에 인간의 반려동물인 고양이와 개가 있다. 조주인과 태국인들을 선상에서 고양이, 개와 함께 생활했고, 탈출할 때에도 특별히 데리고 갔던 것으로 보인다.

5. 청말 태국과의 해상 교역과 許必濟의 紅頭船 운영

중국인이 태국으로 진출한 역사는 오래되었다. 서한 시대에 중국 선박이 해상을 통해 태국으로 진출했고, 당나라 때 승 義郎이 Langkasuka(狼牙修國 : 태국 남부와 말레이 북부)을 방문했다. 원, 명 사신들이 여러 차례 Ayuthaya(阿瑜陀耶, 大城) 왕조를 방문했고, 명 항해가 鄭和가 두 차례 방문했다. 청나라 초, 중기 많은 사신과 해상들이 바다를 통해 태국에 갔다. 1782년 Chakri(Bangkok) 왕조가 세워진 이후에 양 지역 사이에 해상 교류가 활발해짐에 따라 태국으로 이주한 중국인이 크게 증가했다. 18세기 중엽부터 19세기 중엽까지 태국으로 진출한 화교들이 무척 많았는데, 그 중에서도 해상 교역을 활발하게 전개한 조주 출신이 150만 명이나 된다. 오늘날 태국 화교의 총 인원이 500만 명을 상회한다. 그 중에서도 조주 출신이 절대 다수를 차지한다. 조주 출신 화교가 태국 73개 주 모두에 분포되어 있는데, 특히 수도 방콕에 집중되어 있다.[18]

청나라 초에 대륙 동남연해안 지역에 양식 부족 현상이 심해지자, 미곡이 풍부하게 생산되는 태국으로부터 해상 교역을 통해 수입하는 특단의 조치가 취해졌다. 1722년(강희 61)에 태국에서 들여온 미곡 30만 섬에 대해 면세 혜택이 주어지자,[19] 해상들은 분분히 태국으로 진출하며 미곡 교역에 나섰다. 1727년(옹정 5)에 관인의 허가를 받은 태국상인이 미곡을 복건으로 운반해온 물량에 대해 면세조치가 허용되고, 1728년(옹정 6)에 면세 운송 지역을 복건에서 절강까지 확대하였다.[20] 그 후 중국 상인들에게도 면세 혜택이 주어지자, 양 지역 사이에 해상 교역과 운송업이 크게 발전하였다.

건륭 연간에 이르러 태국 미곡을 해상 운송하는 것에 관해 또 하나의 획기적인 조치가 취해졌다. 1747년(건륭 12) 건륭제는 福建巡撫 陳大受에게 태국으로 진출한 상인들로 하여금 태국에서 선박을 건조하여 미곡을 싣고 오라는 칙명을 내렸다.[21] 태국에는 선박 건조에 적합한 목재 티그(柚木)가 많이 생산되고, 건조 비용이 중국에 비해 훨씬 저렴하였다. 이때부터 태국에서 건조된 紅頭船이 본격적으로 중국 대륙과의 해상 운송에 투입되었다.

---

18 陳澤泓, ≪潮汕文化槪說≫, 廣東人民出版社, 廣州, 2001.9, pp.140~142.

19 ≪(건륭)欽定大淸會典則例≫ 권94 〈禮部·主客淸吏司·朝貢〉:「(강희 61년)朕聞暹羅國米甚豊足, 價亦甚賤. 若於福建·廣東·寧波三處各運米十萬石來, 此貿易於地方有益. 此三十萬石米, 乃爲公前來, 不必收稅.」

20 ≪(건륭)欽定大淸會典則例≫ 권94 〈禮部·主客淸吏司·朝貢〉:「五年, 暹羅國商民運米至閩, 奉旨所運之米, 不必上稅, 永著爲例. 六年, 暹羅國商民運米至福建·浙江, 奉旨, 不必上稅, 永著爲例.」

21 ≪淸高宗純皇帝實錄≫ 건륭 12년 2월 을유조:「大學士等議覆福建巡撫陳大受主稱, 暹羅産米甚多, 向例原准貿易, 向來獲利甚微, 興販者少. 今商人等探聽暹羅木料甚賤, 易於造船. 自乾隆九年以來買米造運回者, 源源接濟較該國商人自來者尤便. --- 應請給牌照, 以便關津查驗其無米載回, 只造船載貨歸者, 應倍罰船稅示懲, 均應如所請, 從之.」

홍두선은 태국에서 건조된 풍력 선박이다. 선두에 기름 페인트로 붉은 색칠을 해놓은 외관적 특징에서 명칭이 유래되었다. 홍두선을 운영하는 선주는 주로 태국에 진출하는 화상들이었으며, 그 중에는 조주부 출신 또는 조주부에서 활동한 인물이 가장 많았다. 초기에는 주로 중국 남부와 태국을 왕래했고, 나중에는 항로 범위를 크게 확대하여 중국 연해안 각지와 동남아 전역을 두루 다녔다. 19세기 말부터 항해 속도가 빠른 증기선이 등장하면서 풍력선인 홍두선은 역사의 뒤안길로 사라졌다.

중국대륙과 태국 사이의 해상 운송은 청 조정의 잇단 우대조치로 커다란 발전을 가져왔다. 조주부에서도 지역 상인들이 분분히 해상 운송에 나서면서 지역 소속의 樟林港을 중심으로 태국과의 물자 교역이 이루어졌다. 장림항은 조주에서 내려오는 韓江의 지류가 흐르고, 서쪽으로 조금만 내려가면 중국 남해 바다와 접해있어 수로 활동과 물자 운수에 적합한 지리적 이점을 가지고 있었다. 19세기 중엽, 산두항이 개설되기 직전까지 조주 소속의 홍두선이 장림항을 모항으로 삼아 남북 항로를 오가면서 해상 교역과 운송업을 활발하게 전개하였다. 남쪽 항로로 광동 연해안의 廣州, 雷州, 해남을 거쳐 베트남, 캄보디아, 태국, 말레이시아, 인도네시아 등 동남아 각 지역으로 진출했고, 북쪽 항로로 廈門, 寧波, 上海, 烟台, 天津과 일본으로 진출했다.

1861년(함풍 11)에 산두가 개항되면서 동남아와의 해상 교역에 커다란 전기를 맞이했다. 韓江 하류 삼각주 내지에 소재한 장림항은 퇴적물이 많고 수심이 얕아 커다란 선박이 드나들 수가 없었다. 반면에 산두항은 바다와 직접 접해있고 수심이 깊어 근현대식 항구로 좋은 여건을 가지고 있다. 조주 상인들은 산두항을 동남아 교역을 전개하는데 또 하나의 거점 항구로 삼았다. 그 실례로 산두와 태국 사이에 이루어진 교역 사정을 들어보면 산두항에서는 지역 특산물과 중국 각지에서 들어온 물품을 태국으로 보냈고, 태국에서는 자국에서 생산하는 쌀, 목재, 지역 특산품 등을 산두항으로 보냈다.

이보다 20년 전인 1841년(도광 21)에 홍콩이 자유항으로 지정되었다. 이때부터 홍콩은 해외 교역의 주요 거점지로 발전했다. 외국 상선들이 홍콩을 자유롭게 드나들고, 홍콩 거주 중국인들도 상선을 가지고 자유롭게 해외로 나갈 수 있게 되었다. 홍두선을 가지고 해상 교역을 하는 조주 상인들은 이러한 기회를 포착하고 홍콩으로 진출하여 거점 상점을 개설하였다. 이들은 홍콩을 기점으로 남쪽으로 동남아 지역을 오가고, 북쪽으로 대륙 북부를 오가며 활발한 교역과 운송 사업을 펼쳤다.

홍콩을 거점지로 삼아 국제 물자 운송에 본격적으로 나선 조주 상인은 高元盛이다. 1843년(도광 23) 경에 澄海 출신 고원성은 홍콩 南北行街(현 文咸西街)에 元發行이라는 거점 상점을 열고 홍두선으로 남북 항로를 오가며 교역을 행하였다. 동족 高楚香은 고원성의 元發行을 이어받아 사업을 확충했고, 태국 방콕에 기계식 정미소를 두어 미곡을 직접 가공하였다. 또 陳宣衣, 招雨田, 陳殿臣, 胡鼎三 등과 함께 상인들의 동업조합인 南北行公所를 만들어 상업 활동과 물자 교역에 앞장섰다.[22]

뒤이어 홍콩을 거점지로 삼아 국제 교역에 나선 조주 상인은 陳宣衣이다. 진선의는 홍콩 南北行街에 乾泰隆行을 열고 물자 교역에 나섰다. 船主佛이라는 명성처럼 홍두선을 가지고 남북 항로에 소재한 여러 항구를 드나들었고, 특히 태국과의 해상 교역에 힘을 쏟았다. 장자 陳慈黌은 1871년(동치 10)에 태국 방콕으로 진출하여 陳黌利行을 열고 태국 미곡, 지역 특산물의 집합과 가공업에 나섰다. 또 국제 물자의 교역과 운송에 힘을

---

22 王綿長, 〈泰國華商 : 開創南北行及其對香港轉口貿易的貢獻〉, 《汕頭大學學報》, 2003年 1期(통권 19권 1기), pp.79~82.

쏟아 소위 "香(홍콩) - 叻(싱가포르) - 暹(태국) - 汕(산두)"이라는 다지역 간의 항로 네트워크를 본격적으로 구축했다.[23] 그동안 중국과 동남아 사이에 운영된 항로를 보면 주로 특정 지역을 오가는 단순 수준에 그쳤는데, 다지역 간의 항로 네트워크를 본격적으로 구축하여 물류운송의 효율성을 크게 향상시켰다.

태국 화교거부인 伍氏 집안이 있다. 19세기 오씨 집안을 일으킨 伍淼源은 梅縣 松口鎭 客家 사람이다. 18세에 모생을 위해 산두로 들어왔다. 산두가 개항된 이후에 동남아로 운항하는 홍두선이 많이 몰려오자, 1870년(동치 9) 오묘원은 澄海 사람 허필제 등과 함께 선원으로 활동하였다. 그 후 태국에 정착하여 廣源隆商行(훗날 藍三森林公司)을 설립하여 목재 가공과 매매업에 나서 거부가 되었다. 아들 伍佐南은 태국과 중국 남부 지역 외에 자카르타, 인도, 런던 등지에 거점 상점을 두고 국제 물자교역에 나섰다.[24]

허필제는 汕頭市 澄海區 隆都鎭 前埔村 사람이다.[25] 젊었을 때 인근 장림항에서 홍두선의 선원으로 활동하다가, 훗날 독립하여 직접 홍두선을 몰고 해상 경영에 나섰다. 19세기 말 해상 무역이 크게 성장했는데, 선주로 진환영, 佘有盛, 허필제 등 20~30명이 있었다.[26] 훗날 허필제는 태국 수도 방콕으로 건너가 토산물을 수집하거나 중국에서 가져온 물건을 파는 泰萬昌行을 열었다. 얼마 후에는 홍콩, 산두 등지에 해당 지역 물자를 수집하거나 태국에서 가져온 물건을 파는 거점 상점을 두어 다 지역 간의

23 袁偉强, 〈陳黌利家族發展史及其社會功績〉, 《海外潮人》, 潮州市地方志辦公室 · 潮州市外事僑務局, 潮州, 2004, pp.22~30.
24 梁德新, 〈[嘉应人物志]泰國金融巨富"伍氏家族"〉, 《梅州日報》, 발표일 : 2008.5.2.
25 〈近代以來海外潮人對汕頭建設貢獻〉, 《汕頭日報》, 발표일 : 2008.11.03.
26 王綿長, 〈泰國華商 : 開創南北行及其對香港轉口貿易的貢獻〉, 앞의 서지, p.84.

국제 교역과 운송에 종사했다.[27] 여기의 허필제가 바로 1880년(고종 17)에 태국과 발해만을 오가며 교역을 하다가 산동 해역에서 조난을 당한 후에 한반도 비인현에 표착한 潮州府 汕頭埠 거주인 허필제이다. 오늘날 허필제의 고향 전포촌에는 허필제가 한반도에 표착했다가 간신히 살아서 돌아왔다는 이야기가 전해오고 있다.

허필제의 손자 許少鋒은 조부 泰萬昌行의 사업을 이어받고, 또 暹羅實業有限公司를 만들어 사업을 크게 확충시켰다. 그는 태국의 화교사회를 이끌어 갔다. 1922년 조주 일대에 八二風災가 나서 막대한 피해를 입자, 태국 화상들과 함께 거액의 구휼금을 내놓고 홍수를 방지하는 제방을 쌓았다.[28] 韓江 지류인 隆都 東溪의 前埔村 북쪽 언덕에는 태국 화교들이 구휼금으로 제방을 쌓은 공덕비인 〈紀念碑〉(1923년 건립)와 〈存以甘棠〉(1928년 건립)이 세워져있다. 여기에 허소봉의 이름과 허필제가 세운 泰萬昌 상호가 보인다.[29]

6. 마무리

1880년(고종 17)에 한반도 庇仁縣에 청 조주인과 태국인이 표착한 사건

---

27 汕頭埠는 당시 澄海縣에 속해 있었다. 훗날 산두가 개항으로 발전을 거듭하여 단독 행정구획이 되었고, 최근에는 地區市의 역할을 맡으로 승격되었다. 징해현은 산두구에 소속된 한 구로 남게 되었다.

28 陳作暢, 〈"存以甘棠"頌僑賢〉, ≪汕頭特區晚報文化周刊≫, 발표일 : 2005.3.2.

29 〈紀念碑〉 원비석 : 「民國十一年八二風災, 亘古未有, 本堤防亦遭圮毁. 幸遇羅華僑捐集巨資, 舉許少鋒先生爲代表, 駐汕創辦暹羅賑災團, 見各受灾之區, 無不賑濟衣食, 査損壞之堤, 亦皆抹款, 幫助修築.」
   〈存以甘棠〉 원비석 : 「此堤因年久基頹, 外리(土+离)忽然傾圮, 將及龍骨, 危險萬分. 幸蒙本都旅暹僑商捐集巨款, 仍行修築, 恢複原狀. 從此堤基永固, 皆出諸善長之賜也.」 공덕자 명단 : 「陳鬱利, 伍佰朱(銖) ; 陳乾利, 伍佰朱 ; 泰萬昌, 參佰朱.」

이 발생했다. 조주인과 태국인들은 장사를 하고자 함께 홍두선으로 추정되는 선박에 타고 태국에서 출항하여 멀리 발해만까지 올라와 물자 교역에 나섰다. 산동에서 물품을 사고, 요동 營口에서 대두를 구입했다. 귀환할 때 산동해역에서 격심한 바람을 만나 母船이 파괴되자 선상에 두었던 小船으로 탈출하여 바다에서 한동안 표류하다가 비인현 都屯浦와 馬梁鎭에 나누어 표착했다. 조선 조정은 즉시 표류민에게 구휼 활동을 펼쳤고, 전례에 따라 의복을 제공해주었다. 표류민들이 타고 온 선박이 파손된 관계로 부득불 육로를 통해 북경으로 가는 조선사절 편에 인도되어 중국으로 이송되었다.

표류민의 구성 인원에 대한 인원은 보고서에 따라 조금 달랐다. 충청감사 李明應의 장계에는 중국인 9명, 태국인 18명으로 보고되었다가, 서울 홍제원에서 조사한 문정별단에는 중국인 10명, 태국인 17명으로 바뀌었다. 중국인 가운데 潮州府 汕頭埠에 거주한 자가 9명이고, 해남에 거주한 자가 1명이다. 태국인 가운데에는 선원의 처 2명과 아들 1명이 포함되어 있다. 이밖에 표류 과정에서 익사한 태국인 1명이 더 있다.

조주인과 태국인들이 표류하면서 가져온 물품에는 마조신상이라는 신앙용품, 영구에서 구입한 홍삼, 표류생활에 필요한 음식과 기물, 그리고 반려동물인 개와 고양이가 있었다. 마조는 중화 민족들이 신봉하는 해양 보호신이다. 고려 때부터 송 사신에 의해 한반도와 접촉이 이루어졌고, 조선 후기에 가끔 한반도에 표착한 중국 선박에서 발견되었다. 영구에서 구입한 홍삼은 한반도에서 재배되어 중국으로 수출되어 영구로 전매된 조선 홍삼으로 추정된다. 이들이 홍삼을 중국 남부민이나 태국 화상을 대상으로 고가에 팔수 있기 때문에 선박 파손으로 긴박하게 탈출하는 과정에서도 특별히 챙겼던 것으로 보인다.

청초부터 중국 연해안에 부족한 미곡을 태국으로부터 수입하는 일이 잦았다. 태국으로부터 미곡을 운반하는 사업에 조주 해상들이 이끄는 紅頭船의 활약이 두드러졌다. 19세지 중엽 홍콩이 개항된 이후 조주 상인들은 홍콩을 거점 도시로 삼으며 중계 교역에 나섰다. 19세기 후반에는 중국 대륙 남북과 동남아를 가는 기존의 남북 항로에다 "香(홍콩) - 叻(싱가포르) - 暹(태국) - 汕(산두)"이라는 다 지역 간의 항로 네트워크를 본격적으로 구축하여 국제 교역과 운송업을 크게 발전시켰다.

당시 조주 해상들이 운항한 선박은 태국에서 건조된 풍력 紅頭船이다. 홍두선 운행과 물자 교역에 나선 조주 화상 가운데 許必濟가 있다. 허필제는 처음에 홍두선의 선원으로 활동하다가 나중에 선박을 구입하여 선주가 되었고, 태국에 진출하여 주로 태국 토산물을 거래하는 泰萬昌行을 개설하여 국제 교역과 물자 운송에 나섰다. 1880년(광서 6)에 태국에서 출항하여 발해만까지 올라왔다가 기상 악화로 변을 당하여 한반도 비인현에 표착하였다. 허필제의 손자 許少鋒이 태국을 거점으로 활동한 화상이며, 1922년에 조주에 풍수 재해를 당했을 때 고향 사람을 도와주고 제방을 쌓은 구휼 활동을 펼쳤다.

제5장

유적과 조선 표류고사
태국화상 許必濟의 고향

1. 개론

'바닷물 닿는 곳에 화교가 있다', '연기 나는 곳에 화교가 있다' 등의 말처럼 오는날 전 세계)에는 중국대륙을 떠나 해외에 사는 수많은 화교들이 있다. 화교라는 명칭은 개념에 따라 華僑, 華人, 華裔 등으로 불리지만, 모두 중국과 직간접적으로 연계되어 있다. 화교의 역사가 깊은 동남아 지역은 그 숫자가 상당하여 해당 국가의 국정 전반에 커다란 영향력을 끼치고 있다.

중국인이 태국으로 진출한 역사는 오래되었다. 일찍이 한나라 시대에 중국인이 태국을 방문했고, 당·송·원·명 시대에도 횟수는 많지 않지만 간간히 교류가 이루어졌다. 청나라 때 들어와서 미곡 수입과 해상 교역으로 태국으로 이주한 사람이 급증했다. 오늘날 태국 화인의 숫자는 통계자와 통계 방식에 따라 다소 차이가 있지만, 대략 태국 인구 중 10%를 약간 상회한다.[1] 화인 가운데 국정을 책임진 자로 톤부리(Thonburi) 왕조를 세운 딱신(Taksin),[2] 전 총리 탁신 친나왓(Thaksin Chinawatra) 등이 있다. 태국 화인 가운데 가장 많은 중국 지역 출신은 옛 潮州府, 오늘날 潮汕 사람이다.[3]

---

1 吳群·李有江,〈二戰後泰國華僑華人社會的變化〉,《雲南師範大學學報》, 36卷 5期, 2004.9, p.62.

2 딱신(Taksin)의 중국명은 鄭昭 또는 鄭信이다. 1734년에 화교 鄭鏞과 태국인 녹랑(Nok-lang) 사이에 태어났다. 부친 정용은 조주부 징해 출신으로 청 옹정 중엽에 태국으로 이주하여 아유타야(Ayutaya) 왕조의 세무원으로 일했다. 1764년 미얀마 군대가 아유타야 왕조를 침공하여 멸망시켰다. 1767년에 딱 태수로 재임하던 딱신은 휘하의 군사를 동원하여 미얀마 군대를 몰아내고 톤부리 왕조를 세웠다. 그 후 라오스의 란나 왕국과 캄보디아를 병합하여 대국가를 이루었다. 1782년에 잇단 악정과 정신분열로 자멸했다. 그의 사후에 차크리 왕조가 건국되었다.

3 汕頭는 원래 조주부 관할 澄海縣에 속했으나, 1860년에 개항지가 된 이후부터 급속적인 발전을 이루었다. 1919년에 市政局을 설치하고, 1921년에 징해로부터 분리

현존 기록에 의하면 한국과 태국 간의 직접 교류는 1391년(고려 공양왕 3)으로 거슬러 올라간다. 이 해 태국(당시 暹羅 ; Siam) 국왕이 보낸 나이 공(奈工) 등이 고려에 들어와서 토산품을 진상했다.[4] 조선 태조 연간에 태국 국왕이 보낸 사신이 다시 찾아왔고, 조선 조정도 회례사를 보냈다.[5] 임진왜란 때 명 군부는 태국 군사를 데리고 와서 한반도 전장에 투입시키거나 일본열도를 공격할 계획을 세웠었다. 이후 양국 사절들이 북경에 갔을 때 가끔 청 조정 또는 회동관 등지에서 만나 짧은 교류를 전개했다. 그러다가 1880년(고종 17)에 조주와 태국 사람들이 탄 상선이 난파당해 충청 庇仁縣에 표착하는 사건이 발생됐다.

필자가 직전에 1880년(고종 17) 조주인과 태국인의 표류 과정과 교역 활동에 대해 살펴본 적이 있었다.[6] 당시 필자는 표착민 가운데 우두머리인 許必濟라는 인물을 주목했다. 허필제는 조주부 출신으로 태국 방콕으로 이주해 중국과의 상업 활동을 전개하여 커다란 부를 창출하였고, 고향 지역민의 구휼과 교육 발전을 위해 많은 노력을 펼친 태국화상이었다.

2013년 8월 12일에 韓山師範學院 潮學研究院 黃挺의 도움을 받아 허필제의 고향인 汕頭市 澄海區 隆都鎭 前埔村(청말 조주부 요평현 소속)을 방문하였다. 그곳에서 고향을 지켜온 허필제의 증손자 許能汛(72세)을 비

되었으며, 1930년에 市로 바뀌었다. 1956년에 專區로 승격되면서 징해, 朝陽, 南澳 등 옛 조주부 가운데 해안 지역을 관할했고, 그 후 조주와 더불어 지구시 역할을 하고 있다.

4 《高麗史》 권46 〈恭讓王世家〉 3년 7월 : 「戊子, 暹羅斛國遣奈工等八人來, 獻土物. 致書曰 : 暹羅斛國王, 今差奈工等爲使, 管押舡隻裝載出産土物, 進奉高麗國王.」

5 《태조실록》 2년 6월 16일, 7월 5일, 8월 7일, 5년 7월 11일조 참조.

6 朴現圭, 〈1880년 朝鮮 庇仁縣에 표착한 潮州·泰國 상인의 표류 사정과 교역 활동〉, 《島嶼文化》, 42집, 島嶼文化硏究院, 2013.12, pp.131~153 ; 〈海事交涉的背景與意義--以1880年飄着到朝鮮的中國潮州商人和泰國商人爲個案〉, 《甘肅社会科学》, 2014年 1期, 甘肅社会科学院, 2014.01, pp.102~107.

롯하여 허씨 집안사람들과 지역 간부들을 만나 집안 대대로 전해져오는 조선표류 고사, 유물 및 관련 자료들을 구했다. 이번 현지답사를 바탕으로 허필제의 생애와 옛 가옥, 조선 표류 고사와 유물, 고향 출신 화교의 역사와 현황 등을 자세히 고찰해본다.

2. 許必濟 일행의 조선 표착

《備邊司謄錄》, 《承政院日記》, 《日省錄》 등에는 1880년(고종 17)에 조선 조정이 충남 비인현에 표착한 허필제를 필두로 한 조주인과 태국인을 구휼한 뒤에 중국대륙으로 송환시키는 기록들이 적혀있다. 이 기록들을 따라 1880년에 허필제가 고향 조주 사람, 태국 사람들과 함께 홍두선을 타고 태국과 중국대륙을 오가며 물자 운송과 교역을 했던 행적을 재구성해본다.

1880년 5월 4일에 허필제 일행은 방콕항으로 추정되는 태국의 한 항구에서 홍두선을 몰고 출발했다. 당시 조주인들이 행해오는 南北行의 교역형태에 따르면, 허필제가 탄 홍두선은 중국대륙의 남쪽 관문인 홍콩항과 고향 산두항을 들려 태국 등 남방에서 가져온 물자를 내려놓고, 광동 일대에서 나오는 물자들을 다시 싣고 대륙 북쪽으로 올라가 물자 교역에 나섰던 것으로 보인다. 산동 烟台港에서 물자를 교역한 뒤에 다시 요동 營口港으로 가서 물자를 내려놓고 콩, 인삼 등을 구입했다. 이후 귀로에 올랐다가 9월 29일 산동 해역에서 갑자기 거대한 폭풍을 만나 모선이 파괴되는 난파 사고를 당하자, 小船으로 갈아타고 탈출을 감행했다. 며칠 후에 충청 비인현 都屯浦(현 충남 서천군 서면 도둔리)와 馬梁鎭(현 서면 마량리)에 표착했다. 표착 지점이 두 곳인 점으로 보아 이들이 소선 2척에 나누어탔던 것으로 추측된다.

≪비변사등록≫ 1880년 11월 9일 문정 별단에 적힌 표류민의 명단과
신분을 정리해보면 다음 도표와 같다.

출신	명단(나이)	여성과 아이(나이)	총수
중국계 상인 및 선원	許必濟(34), 吳丁(31), 許長庚(39), 陳保(45), 陳選(39), 陳巧(29), 李靑(29), 吳程(24), 陳雷(39), 貞興(25)		조주인 : 9명 해남인 : 1명
태국선원 (시암)	毛紅(52), 王棕(39), 膠習(30), 綠豆(21), 銅鈴(39), 總鋪(23), 番毛(27), 番不(28), 番德(30), 番甘(30), 番炎(22), 番兵(25), 番月(39), 番旺(29)	番班(24 : 毛紅의 처) 毛彬(2 : 毛紅의 아들) 番只(25 : 番月의 처)	18명
	叫番(사망)		

표류 당시에 선박에 타고 있었던 인원수는 총 28명이다. 이들 가운데
태국인 1명은 표류 과정에서 불행히도 물에 빠져 사망했고, 나머지 27명
은 표류 끝에 간신히 비인현에 표착했다. 태국인 남성들은 모두 배를 모는
선원으로 추정되며, 그 중 나이가 많은 毛紅과 番月은 각각 처자를 데리고
선상생활을 했다. 태국화교 중국인 허필제는 태국과 중국대륙 남북을 오
가면서 물자 운송과 교역에 나선 선주였다. 나머지 중국인들은 화주 또는
선원으로 추측된다.

허필제 일행이 비인현에 표착했을 때 가져온 물품에는 媽祖神像 1位,
홍삼 9櫃, 炒餠 6匣, 白米 1俗, 乾飯 1俗, 洋毛褥 5件, 雨傘 2柄, 還刀
2柄, 斧子 1柄, 布皮 2件, 洋鐵小匣 2箇, 琉璃壺 1箇, 銅碗 1箇, 銅茶罐
1箇, 洋鐵筒 1箇 등이 있다. 이밖에 동물로 개 1마리와 고양이 1마리가
있다.

허필제 일행이 조난을 당한 시점은 1880년(고종 17) 9월 29일이고, 한반
도에 표착한 시점은 이보다 며칠 뒤인 10월 초로 추정된다.[7] 11월 5일에

의정부는 며칠 안에 한양으로 들어오는 허필제 일행에게 弘濟院을 거처로 삼도록 하였다. 표류 정황을 심문한 뒤 청나라로 가는 절사 편에 인도시켜 호송해가게 하는 조치를 바란다는 계를 올렸다.[8] 11월 9일에 역관이 홍제원에 가서 이들의 표류 정황을 심문한 별단을 작성하여 의정부에 보고했다.[9]

《前埔鄕誌譜》는 허필제 고향인 전포촌의 마을 역사와 족보를 엮은 책자이다. 이 책자 중 〈허필제〉 조항 기록에 허필제가 조난 사고로 조선에 표착한 사실이 기술되어 있다. 허필제는 34세, 즉 1880년(광서 6)에 범선을 구입하여 선주 대열에 들어가서 남양(동남아 지역)과 중국 영파, 천진, 광주 등지를 오가며 토산품을 교역하는 업무를 전개했다. 1881년(광서 7)에 항해 도중에 폭풍을 만나 선박이 침몰되고 많은 선원들이 화를 입었지만, 허필제와 雲路頭村 吳二大만 죽지 않고 고려(조선을 지칭함)에 표착하다가 살아서 돌아왔다.[10]

그런데, 《전포향지보》에는 허필제가 조난을 당한 연도를 실제보다 1년 늦은 1881년(광서 7)으로 기술되었다. 이것은 《전포향지보》가 조난 시점을 기준으로 삼지 않고, 고향으로 돌아온 시점을 기준으로 삼았다. 허필제 일행이 조선 사절의 호송 아래 한양을 떠나 의주를 거쳐 요동 鳳城으로 이송되는 시점은 1880년(광서 6) 말이다. 그 후 북경 소재 청 예부와 유관 부처의 심문을 거치고 중국 남방으로 돌아갔던 것으로 보인다. 따라서 당시 정황과 교통편으로 보아 1881년(광서 7)이 되어서야 허필제가 고향으로 돌아올 수 있다.

---

7 《備邊司謄錄》 고종 17년(경진) 10월 19일조.
8 《비변사등록》 고종 17년(경진) 11월 5일조.
9 《비변사등록》 고종 17년(경진) 11월 9일조.
10 《(澄海市)前埔鄕誌譜》, 澄海市前埔鄕誌譜理事會, 澄海, 1997.10, p.166.

또 ≪전포향지보≫의 허필제 조난 기록 가운데 일부 오류가 보인다. 이 책자에는 표류 과정에 많은 선원들이 사고를 당했고, 허필제와 운로두촌 吳二大 2명만 살아남았다고 했다. ≪隆都鎭華僑志≫에서도 이와 비슷한 기록이 있다. 운로두촌 吳惠愛의 별칭은 吳二, 個爺이며, 홍두선을 몰았다. 1881년(광서 7)에 조난을 당해 선박은 침몰하고 많은 선원들이 화를 입었지만, 그와 허필제는 죽지 않고 고려(한국 또는 조선)에 표착했다가 살아서 돌아왔다고 했다.[11]

하지만 실상은 이와 조금 다르다. 앞서 언급했듯이 허필제 일행 28명 가운데 조난 과정에서 사망한 자는 태국인 1명뿐이고, 나머지 27명은 모두 구조되어 중국으로 보내졌다. ≪전포향지보≫와 ≪융도진화교지≫의 기록에 어딘가 착오가 있는 듯하다.

≪비변사등록≫에 적힌 문정 별단의 표류자 명단에 오혜애라는 이름이 보이지 않는다. 표류자 명단 중 '오'성을 가진 사람은 吳丁(31), 吳程(24) 등 2명이 보인다. 그 중에 허필제(34)와 나이가 비슷한 오정이 혹 오혜애의 별칭이 아닐지 추측해본다. 오혜애의 고향인 운로두촌은 허필제의 고향인 전포촌으로부터 직선거리로 4km 정도 떨어져 있다. 현 행정구획으로 융도진 下北村에 속해 있는 자연촌이다. 송말 때 이미 촌락이 형성되었고, 원나라 때 커다란 소시장이 개설되었다. 장사꾼들이 마을 입구에 구름같이 모여들었다고 해서 마을 이름을 雲路頭村 또는 牛路頭村이라고 불렀다. 2003년 기준으로 인구는 1,025명이고, 토질은 모래땅이다. 오혜애는 고향으로 돌아온 뒤에 뱃일을 접고, 태국 방콕에 이주하여 보석업에 뛰어들어 吳祥記珠寶行을 열었다.

---

11 ≪隆都鎭華僑志≫, 文化走廊出版社, 香港, 2013.2, p.10.

3. 隆都鎭 前埔村과 화교

隆都는 광동 동부 지역에 흐르는 韓江의 하류 삼각지에 자리하고 있다. 현 행정구획으로 산두시 澄海區에 속해있는 진이며, 징해 시내로부터 서북쪽으로 15km 정도 떨어져 있다. 874~879년(당 乾符 연간)에 어업과 농업에 종사하는 이들이 몰려들면서 촌락이 형성되었다. 이곳은 징해 지구에서 촌락 형성이 비교적 빠른 곳 중의 하나였다. 1078~1085년(송 元豊 연간)에 隆眼城都라는 지명으로 海陽縣 懷德鄉에 속했고, 1478년(명 成化 14)에 상급지가 饒平縣으로 변경되었다. 1740년(청 건륭 5)에 융도로 개칭했다. 이곳이 조주, 징해, 요평 3지역의 가운데 속해 있어 명청 시대에 상인과 물자가 몰려드는 시장이 형성되어 경제가 번창하였다. 1940년에 융도진으로 바뀌었다. 1949년에 상급지가 징해현으로 바뀌면서 융도구가 되었다. 몇 차례 명칭 변경 후에 1986년에 융도진이 되었다. 현 소속지에는 居委會 1개, 행정촌 14개가 있다.

융도는 화교의 고향이다. 2010년에 조사한 바에 의하면 화교 숫자는 총 97,236명이다. 이 숫자는 융도진의 전체 인구 76,393명보다 더 많다. 국가별로 나누어보면, 태국 화교가 87,508명(90.0%)으로 절대 다수를 차지한다. 다음으로 싱가포르가 3,488명(3.59%), 홍콩이 1,767명(1.82%), 미국이 1,240명(1.28%), 베트남이 798명(0.82%), 캄보디아가 727명(0.7%) 등의 순이다.[12]

태국이 절대 다수를 차지하는 것은 청나라 때 태국으로부터 미곡 수입을 추진한 국가 정책과 밀접한 관련이 있다.[13] 청나라 초부터 동남 연해안

---

12 〈2010年隆都鎭各村海外華僑暨港澳台同胞分布情況表〉, ≪융도진화교지≫, 앞의 서지, p.26.

13 1573년(만력 1)에 융도로부터 멀지 않는 惠來 출신 해적 林道乾(일명 林悟梁)이 명군의 추적을 피해 조주 출신 부하 2천 명을 이끌고 태국 남부 北大年(Pattani)에

지역에 양곡 부족 현상이 심해지자, 미곡 생산이 풍부한 태국과 통상 교역으로 해결하고자 하는 특별 조치가 취해졌다.[14] 1747년(건륭 12)에 청 조정은 해상들로 하여금 선박 건조 비용이 저렴한 태국에서 선박을 건조해 오는 것을 허용했다.[15] 조주 해상들은 한강 하류에 소재한 장림항을 거점 항구로 삼아 태국에서 건조한 홍두선을 몰고 해외 교역에 앞장섰다. 이때 장림항 부근에 소재한 융도 사람들이 자연히 선원이나 상인으로 활동하며 태국을 드나들 기회가 많았다. 이와 동시에 융도 사람 가운데 훗날 귀국하지 않고 태국에 정착하는 이들도 생겨났다.

1861년(함풍 11)에 장림항 인근에 소재한 산두항이 개항지로 지정되고, 청나라 사람들이 해외로 자유롭게 출입할 수 있는 조치가 취해졌다. 이로 인해 단기간에 태국으로 향하는 융도 사람들이 급증했다. 20세기 초기에 들어와서 증가 비율이 다소 떨어지기는 했지만, 잦은 자연 재해와 경제 침체로 인하여 태국을 비롯한 동남아로 이주하는 융도 사람들이 적지 않았다. 1960년대에 태국과 싱가포르에 거주한 일부 융도 출신 화교들이 구미 지역으로 경제 이민을 떠났다. 1970년대에 베트남, 라오스, 캄보디아에 거주한 일부 융도 출신 화교들이 격심한 전란을 피해 구미 지역으로 떠났다.

정착했다는 설이 있다. 李益杰, 〈海外潮汕華僑華人集中于泰國的原因淺析〉, 《東南亞》, 2004年 1期, p.50. 하지만 시대가 오래되고 확실한 근거 자료가 없어 앞으로 면밀한 조사가 필요하다.

14 《(건륭)欽定大淸會典則例》 권94 〈禮部 · 主客淸吏司 · 朝貢〉 중 강희 61년조, 옹정 5년, 6년조 참조.

15 《淸高宗純皇帝實錄》 건륭 12년 2월 을유조: 「大學士等議覆福建巡撫陳大受主稱, 暹羅産米甚多, 向例原准貿易, 向來獲利甚微, 興販者少. 今商人等探聽暹羅木料甚賤, 易於造船. 自乾隆九年以來買米造運回者, 源源接濟較該國商人自來者尤便. ──應請給牌照, 以便關津査驗其無米載回, 只造船載貨歸者, 應倍罰船稅示儆, 均應如所請, 從之.」

前埔村은 융도 시내에서 서남쪽으로 2km 정도 떨어져 있다. 촌락 남쪽에는 한강 지류 東溪가 흐르고 있다. 송나라 때는 이곳이 모래밭이었고, 원나라 때 개간하여 何, 莫, 鄞, 徐, 高씨가 들어와 촌락을 형성했다. 이때 촌락명은 前埔이고, 海陽縣 長岐堡에 속했다. 명초까지 陳, 李, 郭, 劉씨가 계속 유입되어 9개 성씨로 늘어나며 촌락이 크게 발전했다. 1477년(명 成化 13)에 상급지가 饒平縣으로 편입되었다. 1522~1566년(명 가정) 말년에 朱氏 중시조 素直公이 黃隆에서 이주하여 다시 촌락이 형성되었다. 1595년(만력 23) 경에 황씨 중시조 壽山公이 漁州에서 들어왔고,[16] 1646년(순치 3)에 許國佐의 아들이 揭陽에서 병화를 피해 들어왔다. 1723~1735년(청 옹정 연간)에 촌락 명을 前埔로 바꾸었다.[17] 1949년에 상급지 요평에서 분리되어 징해현으로 편입되었다.

1997년 기준으로 전체 가구와 인구수가 1373호·6,108명이다. 이 가운데 허씨가 1168호·5,164명으로 전체 인구 가운데 84.5%를, 다음에 황씨가 146호·682명으로 11.2%를, 그 다음에 주씨가 50호·214명으로 3.5%를 차지한다. 이밖에 근자에 이주해온 劉, 姚, 陳씨가 모두 9호·48명으로 0.8%를 차지한다. 토지는 사토질이다. 청말에는 이곳이 사탕수수와 荔枝의 고향이라고 불렸고, 닭 콩팥 가공과 수제 면발 생산이 유명했다.[18] 근자에 쌀, 고구마, 땅콩, 荔枝, 바나나 등을 생산한다.[19]

촌락 서쪽에는 예전에 융도의 유일한 부두였던 前埔碼頭가 있다. 전포마두에서 서북쪽으로 가면 조주, 興寧, 梅縣 등지에 도달하고, 동남쪽으로 가면 樟林, 산두를 지나 바다와 통한다. 1851~1861년(함풍 연간)에 전포촌

---

16 ≪전포향지보≫, 앞의 책자, p.391.
17 ≪전포향지보≫, 앞의 책자, p.1.
18 ≪전포향지보≫, 앞의 책자, p.1.
19 ≪전포향지보≫, 앞의 책자, p.3.

黃厝社 소속의 大鹽船 18척으로 요평 海山과 복건 연해안을 왕래했고, 또 五肚船 6척으로 한강 수계를 오갔다. 부둣가 전포마두는 융도로 들어가고 나오는 물자가 몰려들어 점포와 시장이 들어섰다.[20] 그러나 1920년대 잇따른 수해, 1939년에 일본군의 침략, 화교 批局의 중단 등으로 전포마두는 점차 침체의 길로 들어서다가 최근에는 육로 교통의 발전으로 부두의 역할이 크게 축소되었다.

전포촌은 융도 가운데 대표적인 화교촌 중의 하나이다.[21] 전체 가구 중 90% 이상이 화교 친족들을 가지고 있다. 전포촌에 화교가 많은 이유는 크게 3가지를 들 수 있다. 첫째, 촌락민이 가진 특유의 정신력이다. 촌락민들은 한강으로부터 자주 일어나는 자연 재해를 극복해나가는 강인한 정신과 위험을 무릅쓰고 새로운 것을 추구하는 모험심이 강했다. 둘째, 수로와 상업 활동을 한 사람들이 많았다. 예로부터 전포마두를 중심으로 어로 활동을 하거나 선박 운항을 하며 외지로 나가 일하는 뱃사람들과 상인들이 많았다. 셋째, 지리적으로 해외 거점 교역항과 가까운 위치에 있다. 전포촌이 홍두선으로 해외를 오가는 거점 항구인 장림항으로부터 불과 10km 떨어져 있어 촌락민들이 일찌감치 해외 교역과 운반업에 눈을 떴다.

청대 중엽부터 조산 상인들은 분분히 해상 운송업에 나서 태국 미곡을 홍두선에 싣고 장림항으로 가져왔다. 건륭 연간에 전포촌 許可均은 마을 사람들과 합세하여 홍두선을 빌려서 태국으로 미곡 운반에 나섰다. 매년 음력 8, 9월에 장림에서 홍두선을 타고 태국으로 갔다가, 다음해 봄에 장

---

20 《전포향지보》, 앞의 책자, p.3.
21 융도 출신 화교를 촌락별로 나누어보면 樟籍村(30,465명), 後溝村(11,295명), 前美村(10,782명), 전포촌(10,347명), 上北村(5,722명), 下北村(5,021명), 後溪村(4,875명), 店市社區(4,563명), 前溝村(3,198명)이고, 기타 지역은 각 2천 명 이하이다.

림으로 돌아왔다. 이때 일부 사람들이 고향으로 돌아오지 않고 태국에 계속 머물렀다.

또 촌락에 발생한 잇따른 자연 재해가 해외로 빠져나가게 하는 커다란 동기가 되었다. 1750년(건륭 15)에 전포촌 朱厝 구간의 제방 붕괴, 1790년 (건륭 55)에 대홍수로 전포촌을 비롯한 隆眼城都 수몰, 1853년(함풍 3)에 전포촌 黃厝 구간의 제방 붕괴로 농토가 유실되고 가옥 피해가 막심했다. 촌락민 가운데 생계 차원에서 홍두선을 타거나 몰래 해외로 빠져나가는 이들이 많았다.

1861년(함풍 11)에 장림항 인근에 소재한 산두항이 개항지로 지정됨에 따라 조산 사람들도 자유롭게 해상 활동을 할 수 있게 되었다. 전포촌을 비롯한 지역 사람들이 산두항에 몰려들면서 해상 활동을 전개했고, 이들 가운데 해외에 나가 거주하는 이들이 급증했다. 허필제도 처음에 홍두선을 몰고 해상 활동을 하다가, 나중에 태국에 머물면서 泰萬昌行, 炳順昌行 등 상점을 잇달아 열고 해외 경영을 하였다. 청말에 이르러 해외로 빠져 나간 전체 촌락민은 근 180명이었고, 그 중에 黃厝社에서만 50여 명이나 되었다.[22]

민국 시기에 해외로 이민을 간 촌락민의 수가 계속 늘어났다. 상업 경영으로 동남아로 이주한 사례를 들어보면, 許如龍은 태국으로 건너가 정미소를 경영했고, 許若素는 캄보디아 프놈펜으로 건너가 미곡 수집과 운송업을 경영했으며, 許聯記는 베트남 사이공으로 건너가 옥수수, 미곡 수집과 운송업을 경영했다. 이외에 잇따른 자연 재해, 일본군의 조산 지역 침공, 국내 정권의 혼란 등도 촌락민들이 해외로 이주하게 된 커다란 동기였다.

---

22 ≪전포향지보≫, 앞의 책자, pp.28~29.

1949년 중국공산당 정부가 들어선 이후 화교정책에 많은 변화가 생겨 해외로 이주하는 촌락민이 급감했다. 이 시기에 해외 화교의 고향 방문이 계속 이루어졌으나, 이 또한 예전에 비해 그 숫자가 크게 줄었다. 그러다 가 1980년대 개혁개방에 힘입어 화교를 포용하는 정책으로 바뀌게 되자, 화교들의 고향 방문 횟수가 다시 증가하였다. 최근에 들어와서는 화교들 과 촌락민 사이의 교류 양상이 매우 다양하고 활발해졌다.

2010년 기준으로 해외에 이주한 전포촌 출신 화교의 숫자는 총 10,347 명이다.[23] 이것을 국가별로 나누어 보면 태국이 8,352명(80.72%)으로 절대 다수를 차지했다. 다음은 홍콩이 510명(4.93%), 베트남이 505명(4.88%), 라오스가 225명(2.17%), 싱가포르가 211명(2.04%), 미국이 171명(1.65%), 프랑스가 146명(1.41%) 순이다. 이밖에 캄보디아(59명 ; 0.57%) 호주(43명 ; 0.42%), 독일(41명 ; 0.40%), 대만(37명 ; 0.36%), 캐나다(25명 ; 0.24%), 말레이시아(12명 ; 0.12%)의 순이며, 모두 1% 미만이다.

전포촌 출신 화교들의 국가별 통계 수치는 융도 출신 화교의 국가별 통계 수치와 엇비슷하다. 태국 거주자가 절대 다수를 차지하고, 홍콩, 베 트남, 라오스가 그 다음을 차지하고 있다. 이와 같은 현상은 해외 영업, 이민 형태와 밀접한 관련이 있다. 전포촌 사람들은 일찍부터 동향 사람들 과 함께 홍두선을 몰고 태국으로 많이 진출했고, 훗날 태국에 정착한 후에 도 동향 출신들을 불러 모아 동업하거나 상호 협조를 하며 상업 경영에 나섰다. 한마디로 이들은 고향에 대한 사랑과 협조가 남달랐다.

그 실례로 허필제 집안의 경우를 들어본다. 허필제가 홍두선을 몰 때 선원 가운데 절대 다수가 동향 출신이었다. 허필제와 함께 조선에서 표착

---

23 1997년 7월에 전포촌에서 조사한 〈前埔鄕旅外鄕親分布情況表〉에 따르면 화교 총 숫자는 10,243명이다. 이것을 2010년 통계표와 비교해보면 대다수의 국가는 상호 일치하고, 다만 싱가포르, 캄보디아, 캐나다, 덴마크에 약간 변동이 있다.

했다가 생환해온 오혜애도 전포촌 인근에 사는 운로두촌 사람이다. 허필제가 태국에 비국을 만들었을 때 동향 許肅吾를 관리자로 임명했고, 나중에 고향 한 곁에 비국을 만들어 상호 연락 체계를 만들었다. 태국에서 출생한 許興兼은 부친 허필제의 명으로 홍콩에 거주하면서 친척이나 고향 사람들이 자신을 방문하면 열정적으로 대접해주거나 직장 자리를 만들어 주었다. 한번은 태국과 라오스에서 활동한 동향 출신 許木强이 당시 국제 정세의 변화로 태국 정부로부터 체포령이 떨어져 홍콩에서 잡혀 투옥되는 사건이 발생했다. 이때 허흥겸이 많은 돈을 들어 허목강을 출옥시켜 고향으로 피신시켰다.

또 전포촌 해외 화교를 성씨별로 나누어보면 허씨가 6,831명으로 62.2%로 가장 많고, 황씨가 3,446명으로 33.6%, 주씨가 289명으로 2.8%를 각각 차지했다. 이러한 비율은 현재 전포촌에 살고 있는 성씨 비율과 대략 일치하는 편이다. 다만 황씨가 해외로 나간 비율이 좀 더 높게 나타났다. 전포촌의 허씨 가운데 세부 지역별로 나누어 보면 南厝가 1,481명, 北厝가 789명, 東厝가 806명, 下厝가 268명, 潮洄頭가 3,037명이다. 潮洄頭가 전포마두와 가까운 지역에 있는 관계로 자연히 해외로 이주한 이들이 많다.

4. 許必濟 생애와 집안

우선 허필제의 조상 계보부터 알아본다. 1대 許國佐부터 12대 허필제까지의 계보를 적어보면 國佐－竹齋－雙溪－簡直－信衷－錫胤－凱士－有常－可愛－觀儀－宗域－必濟이다. 전포촌 허씨는 명말 許國佐 (1605～1646)를 중시조로 삼고 있다. 허국좌의 자는 欽翼이고, 호는 拙庵, 舊庵, 班玉이며, 자호는 百洲堂主人이다. 揭陽縣 榕城 西門 北市 출신이다. 1631년(명 숭정 4)에 진사 급제했고, 그 후 富順, 遵義縣令, 兵部主事,

태국 방콕 소재 허필제 분묘(허필제 후손 촬영)

郎中을 역임했다. 1646년(순치 3)에 반청 기치를 내건 劉公顯이 계양을 침공한 뒤, 자기 세력을 확장하고자 지역인사들을 잡아들였다. 이때 허국 좌는 붙잡힌 모친을 구하고자 찾아갔다가, 오히려 유공현에게 살해당했다. 아들 5명 가운데 죽재, 剛直이 화를 피해 전포촌에 들어와 정착했다.

허필제는 1846년(청 도광 26) 11월 24일에 前埔鄉 東厝社에서 許宗域의 장남으로 태어났다. 아명은 亞攝이다. 1856년(함풍 6)에 친구의 소개로 홍두선에서 잡일하는 선원이 되었다.[24] 얼마 지나지 않아 선원을 그만두고 육지에서 자기 경영을 도모했다. 그 후 각고의 노력 끝에 직접 홍두선을 구입하여 선주 대열에 합류했다.[25] 남으로는 태국 등 남양 지역에서,

---

24 ≪전포향지보≫에서 1856년(함풍 7년)으로 기술하고 있는데, 오기인 듯하다. 1856년은 함풍 6년이다. ≪융도진화교지≫에도 허필제가 홍두선 선원으로 나선 연도를 1856년이라고 적고 있다.

25 ≪전포향지보≫, ≪융도진화교지≫의 기록에 따르면 허필제가 선주가 된 연도와 조난을 당한 연도가 모두 1880년(광서 6)이다. 그렇다면 허필제가 선주가 되어 첫 번째 항해에 조난을 당했다는 말이 되는데, 달리 해석해봐야 할 여지가 있다. 1884년(광서 10)에 허필제는 더 이상 홍두선을 운영하지 않고 태국으로 이주하여 거점 상점을 열고 국제 교역에 나섰다. 그런데 ≪전포향지보≫, ≪융도진화교지≫에는

북으로는 영파, 천진, 요동 등 중국대륙을 오가며 물자 교역과 운송업에 나섰다. 이때 막대한 부를 창출하여 조산 3대 선주 중의 한 명이 되었다. 당시 사람들은 허필제를 攝船主(또는 尼船主)라고 불렀다.

1880년(광서 6)에 홍두선을 직접 타고 물자 교역과 운송을 위해 태국에서 출발하여 대륙 북쪽으로 올라왔다가, 귀환할 때 산동 해역에서 폭풍을 만나 선박이 파선되어 한반도에 표착했다. 구출된 이후 조선 조정의 도움을 받아 중국대륙으로 이송되었다가 이듬해 남쪽 고향으로 귀환했다. 이때 조난 사고로 허필제가 입은 재산상의 피해는 막심했다. 그러나 위기를 슬기롭게 극복하고 재기의 길에 나섰다. 재기 과정에서 귀중한 약재로 고가에 팔 수 있는 조선 인삼도 한 몫을 차지했을 것으로 추측된다.

1884년(광서 10)에 태국으로 건너가서 泰萬昌行을 개점하고 본격적인 해외 경영에 나섰다. 태국에서 주로 미곡, 목재 등 토산품을 수매하고, 중국에서 가져온 등유, 사탕, 자기 등 물품을 판매했다. 나중에 태국에서 또 하나의 거점 상점인 炳隆昌行을 설립하며 사업을 확충시켰다. 또 홍콩에 泰順昌行, 산두에 泰怡昌行을 개점하여 여러 지역 사이에 물자 연계와 운송 업무를 강화하는 국제적인 영업망을 갖추었다. 1893년(광서 19) 융도 출신 태국화교 가운데 우편과 송금소인 泰萬昌批局을 처음 개점했다. 동향 허숙오를 批局의 관리인으로 삼았다. 1910년(선통 2)에 고향 집에 泰萬昌批局을 개점하고, 양 지역 사이에 우편과 송금 영업을 강화했다.

당시 조산화교들 사이에는 해외에서 축적한 부를 다시 사회에 환원하는 미풍이 있었다. 허필제도 운수업과 물자 교역으로 얻은 재산을 내놓으며 교육 발전과 공익사업에 앞장섰다. 일찍이 자기 집에 사숙인 西園篏築

허필제가 10여 년 동안 해상 경영하여 조산 지역에서 3대 선주 중의 한 명이 되었고, 사람들은 허필제를 攝船主라고 불렀다고 했다. 만약 후자의 기록이 정확하다면, 허필제가 선주가 된 시점은 1880년(광서 6)보다 이전일 가능성이 높다.

을 세웠다. 1905년(광서 31)에 繞平知縣 顧永懋의 요청에 따라 陳步蠻(陳慈黌), 林國英 등과 함께 융도에 誠正學堂을 세웠고, 또 직접 강단에 나서기도 했다. 1916년에 鄭智勇, 陳鶴珊, 高暉石, 肯鏗麟, 陳立梅 등과 함께 태국 방콕에 培英學校를 세웠다. 이 학교는 중국인이 태국에서 세운 최초의 華文학교이다. 곧이어 방콕 화상들과 함께 新民, 中華, 聯合 등 여러 학교를 세우는데 많은 힘을 보탰다.

1904년(광서 30)에 고향 전포향에 韓涵閘의 물을 끌어오는 공정에 앞장서서 농지 3백여 畝를 확보했다. 1920년에 潮安縣의 秋溪潭 제방이 유실되어 피해를 입자, 거액을 출현하여 재해민을 구휼한 공로로 조안현으로부터 '拯溺爲懷'라는 편액을 받았다. 1922년 八二風災, 즉 8월 2일 조산일대에 발생한 태풍으로 제방이 붕괴되어 많은 수재민이 발생하였다. 당시 방콕에 있던 허필제는 이 소식을 접하고 태국화상들과 함께 暹羅潮汕颶風海潮賑災會를 조직하여 수재민을 구휼하고 제방을 세우는데 많은 도움을 주었다. 허필제 사후 다음 해인 1928년에 韓江 關脚園 구간이 홍수로 제방이 유실되자, 허필제가 세운 泰萬昌에서 거금을 내놓았다.

홍콩 허필제 후손 지창행(박현규 촬영)

허필제는 1927년 2월 26일에 향년 82세로 방콕에서 작고하여 그곳 묘원에 안장되었다. 2010년에 허필제 묘지가 방콕도시의 확충계획지역에 편입되자, 태국 거주 후손들이 방콕 인근의 화교 묘원으로 이장했다. 이장된 허필제 묘소의 사진을 보니 한 묘봉에 부인 3명과 합장되었고, 건립 양식은 중국 전통식이다. 부인은 王

得廉, 林得貴, 黃仲明 등 3명이고, 아들은 興美, 興光, 興曜, 興兼 등 4명이다.

아래에 허필제의 자손 가운데 이름이 알려진 인물들을 살펴본다. 허홍겸(全盛)은 1893년(광서 19)에 태국 방콕에서 허필제의 4남으로 태어났다. 자는 志時이다. 어렸을 적에 고향으로 돌아와 교육을 받았다. 20여 살에 부친 허필제의 명을 받아 홍콩에 와서 泰順昌行을 관리했다. 1933년에 志昌行을 설립하여 중계 무역을 했다. 태국에서 가져온 토산품을 선별하여 산두를 비롯한 여러 항구로 옮겨 판매하고, 또 산두 등지에서 가져온 화물을 선별하여 태국으로 가져가 팔았다. 또 香港仔에 興業醬油 공장을 세워 홍콩과 타 지역에 팔았다.[26] 1992년에 홍콩에서 별세했다. 장자 許少琛(輝堂)과 차남 少立(樹堂)을 두었다. 이들은 부친 사업을 이어받고, 또한 부두 업무를 대행해주는 益大莊을 설립했다. 허홍겸이 세운 지창행은 홍콩 永樂西街 184號에 위치하고 있다. 2013년 초까지 장남 少琛의 딸 許茵妮가 관리를 맡고 있었고, 지금은 차남 少立의 딸 許嘉年이 그 자리를 지키고 있다.[27]

許少峰은 1889년(광서 15)에 허필제의 장손, 즉 허홍미의 장남으로 태어났다. 자는 銳俊이고, 자호는 萍南公館主이다. 태국에서 조부의 泰萬昌行을 이어받아 사업을 크게 번창시켰고, 暹羅實業 總經理의 신분으로 暹羅中華總商會 常務委員을 역임했다. 1922년 수재 때 조부 허필제의 명에 따라 暹羅潮汕颶風海潮賑災會의 구휼금을 가지고 고향에 와서 제방을 세우고 수재민을 돌봤다. 당시 태국, 홍콩, 산두에서 少峰爺라고 불렀다. 훗날 태국정부로부터 사회 활동에 공헌이 많은 공로로 暹皇嘉獎을 받았

---

26 《전포향지보》, 앞의 책자, p.32, 173.
27 홍콩 지창행의 현지 조사는 두 차례 이루어졌다. 한 번은 暨南大學 白潤의 도움을 받았고, 한 번은 필자가 직접 찾았다.

다. 1989년에 방콕에서 작고했다.

1923년에 조산 지역민들은 八二風災 때 태국화상들의 구휼 활동을 기리는 〈紀念碑〉를 세웠고, 1928년에 〈存以甘棠〉 비석을 세웠다. 이 두 비석은 원래 전포향 新涵 제방에 세워졌는데, 최근 前埔防洪站으로 이전했다. 〈존이감당〉 비석에 적힌 공덕자 명단 가운데 3번째에 허필제가 세운 泰萬昌行이 보인다.[28] 1931년에 산두정부에서 韓堤路와 月眉路 교차하는 옛 潮安碼頭 자리에 暹羅華僑賑災紀念亭(속칭 八角亭)을 세우고, 정자 가운데 八二風災 때 태국 화교들이 베풀었던 선행을 기리는 석비를 세워 놓았다. 문혁 기간에 정자가 홍의병에 의해 파괴되었다. 1987년에 韓堤路 汕頭博物館 정문 우측 변에 다시 기념정을 세우고 豊哉亭이라고 개칭했다. 석비는 정자 우측에 세워놓았다.[29]

許少嶤는 1907년(광서 33)에 허필제 삼남인 許興曜의 차남으로 태어났다.[30] 일명 仰松이다. 1932년 上海持大大學을 졸업한 후에 고향으로 돌아와 친우의 도움을 받아 산두에 神美藝術學校를 설립했다. 1938년에 許能澤, 林光鏡 등과 함께 융도 지역의 첫 번째 중학교인 隆都中學을 설립했다. 이후 前埔小學 교장으로 있으면서 지역 교육에 앞장섰다. 1946년에 金懷先, 陳作梁과 함께 태국에 가서 화교들로부터 학교 운영에 필요한 경비를 모금했다. 융도중학의 原文祠 내 벽면에는 이들의 모금 활동과 태국·베트

---

28 〈紀念碑〉 원비석：「民國十一年八二風災, 亘古未有, 本堤防亦遭圮毀. 幸暹羅華僑捐集巨資, 舉許少鋒先生爲代表, 駐汕創辦暹羅賑災團, 見各受灾之區, 無不賑濟衣食, 查損壞之堤, 亦皆抹款, 幫助修築.」
　〈存以甘棠〉 원비석：「此堤因年久基頹, 外리(土+离)忽然傾圮, 將及龍骨, 危險萬分. 幸蒙本都旅暹僑商捐集巨款, 仍行修築, 恢複原狀. 從此堤基永固, 皆出諸善長之賜也.」 공덕자 명단：「陳黌利, 伍佰朱(銖)；陳乾利, 伍佰朱；泰萬昌, 參佰朱.」
29 陳楚金, 〈八角亭的由來〉, ≪汕頭特區晚報≫, 2011년 3월 4일자.
30 ≪전포향지보≫, 앞의 책자, p.170.

남 화교들의 기부 공덕을 기리는 〈捐資助學紀念碑〉가 남아 있다.[31] 1948년에 정국의 변화로 홍콩으로 이주했다. 1982년에 작고했다.

끝으로 허필제의 종질인 許少初에 대해 알아본다. 자는 銳南이고, 1892년(광서 18)에 허필제의 종제인 許興逸의 장남으로 태어났다. 黃埔海疆陸軍講武堂을 졸업한 뒤에 1921년에 隆都上堡民團局 正局董을 맡았고, 곧이어 隆都後備隊 대장을 지냈다. 1922년에 陳炯明이 반란을 일으키자, 허소초는 후비대를 이끌고 융도 방어에 혁혁한 공을 세웠다. 이 해 八二風災 때 暹羅駐汕災團 등 여러 구휼단체에서 중요 직책을 맡아 난민 구제에 많은 공헌을 했다. 1924년에 첫 번째 前埔鄕長이 되어 고향 발전과 치안 유지에 힘을 쏟았고, 또한 前埔小學과 여학교인 振坤女校를 세워 교육 발전에 크게 이바지했다. 1933년에 정세 변화로 향장에서 물러났다. 1951년에 병사했다.[32]

5. 前埔村 許必濟 故居

오늘날 전포촌 東厝社에는 허필제가 세웠던 고거가 남아 있다. 고거 건물들은 竹下池라고 불리는 커다란 연못을 중심으로 그 주변에 들어섰다. 동편에는 허필제와 그 일가들이 살았던 가옥과 사숙 西園筱築, 상점(新)泰萬昌批局 등이 있고, 서편에는 懷實公祠, 老批館祖廳, 巷內公廳 등이 있다.

懷實公祠는 허씨 사당인데, 1940년에 일본군의 침공에 의해 멸실되었

---

31 〈捐資助學紀念碑〉 원비석:「民國三十五年秋, 本會擧派常務委員金懷先·許少篾·陳作梁三位赴暹勸募學校基金, 前後閱六月, 計募得暹幣壹拾貳萬柒仟壹佰銖. 旋有旅越同鄕許柏之君亦聞風遙寄國幣壹仟萬元以爲響應.」

32 ≪전포향지보≫, 앞의 책자, p.167.

광동 징해 허필제 고거 사당(박현규 촬영)

다.[33] 1990년에 태국 화교 許樹親의 제의에 따라 많은 후손들이 힘을 보태어 새롭게 중건하였다.[34] 중수된 사당의 길이는 15.8m이고, 너비는 12.4m이다. 본채 바깥쪽에는 청 강희제가 許魯泉의 106세를 축하하기 위해 하사한 '遐齡寵錫' 편액이 보이고, 안쪽에는 '教孝堂' 편액이 걸려 있다. 단상에는 조상들의 위패가 층층이 나열되어 있는데, 가장 앞쪽 왼편에 허필제와 부인 3명의 이름이 들어간 위패가 놓여 있다.[35]

회실공사 안쪽 골목에는 허씨 집안에서 사용했던 老批館祖廳과 巷內公

---

33 懷實公祠의 훼멸 일자가 기록에 따라 조금 다르다. 좌측 벽면에 적힌 〈重修懷實公祠緣起〉에는 1940년 4월 3일이라고 했고, 우측 벽면 〈芳名榜〉과 ≪전포향지보≫ 〈懷實公祠重修緣起〉에는 1940년 6월 3일이라고 했다.
34 회실공사의 중건 작업은 1990년 1월 18일에 착공되어 12월 9일에 낙성되었다.
35 광동 지역에 사당 신단을 배열하는 관례에 따르면 집안 또는 사당을 건립할 때 영향력을 가장 많이 끼친 인물의 위패를 가장 앞쪽에 모신다.

廳이 있다. 老批館祖廳은 1910년(선통 2)에 고향에 개설한 거점 연락 사무실인 옛 泰萬昌批局이다. 1893년(광서 19)에 태국 방콕에 개점한 泰萬昌行과 연락을 취하고, 고향 지역과 해외거주자 사이에 우편과 송금을 전달해주는 업무를 취했다.[36] 그 후 泰萬昌批局은 竹下池 동편에 새로운 사무실을 개점했다. 1939년에 일본군의 조산 침공으로 비국 업무는 중단되었다. 그 후 老批館祖廳 건물은 제때 보수를 하지 않아 훼멸 위험에 처해졌다가, 2005년에 홍콩 志昌行, 許能惠 등을 비롯한 많은 후손들이 함께 힘을 보태 새롭게 단장했다.[37]

巷內公廳은 허씨 집안 조상들이 공무를 보던 장소이다. 이 또한 2005년에 老批館祖廳과 함께 보수 작업이 이루어졌다.[38] 건물 입구에 새겨져 있는 〈重修巷內公廳碑記〉에 이 건물의 소유권은 許宗域(허필제의 부친), 許宗緒, 許宗淳, 許宗文(이상 허필제의 종숙부)의 후손들이 가진다고 하여 종중 재산으로 명기해놓았다. 公廳 안쪽의 북면에는 단상이 만들어져 있는데, 여기에 마조신단과 조상 위패가 놓여 있다. 조상 위패는 許興列(허필제의 종질)과 그 부인 陳賽陰, 許興綿(허필제의 종질)과 그 부인 ○玉嬌의 신위 등 2기이다. 마조신단에 대한 고찰은 아래에서 자세히 논한다.

신 泰萬昌批局은 당시 유행하던 서양식 건축공법으로 세워졌다. 입구 창문 위에는 부채 형상을 한 조각이 새겨져 있고, 본청에는 석재 기둥이 세워져 있다. 오늘날 비국 건물은 예전의 모습을 그대로 간직하고 있으나,

---

36 태국과 고향에 각각 개점된 泰萬昌批局 사이에 비국 업무를 전달하는 방식은 처음에는 여행자를 통해 이루어졌다가 나중에는 우체국을 통해 이루어졌다. ≪용도화교지≫, 앞의 책자, p.99.
37 〈重修老批館祖廳碑記〉에 따르면 老批館祖廳의 보수 작업은 2005년 2월 16일에 착공되어 3월 25일에 마쳤다.
38 〈重修巷內公廳碑記〉에 따르면 巷內公廳의 중수 작업은 2005년 2월 16일에 착공되어 4월 1일에 마쳤다.

제때 보수 작업이 이루어지지 않아 일부 훼손될 위험에 처해있다. 西園筱築은 허필제의 옛 가옥 바깥쪽에 자리하고 있다. 입구 위에 '西園筱築'이라고 새겨진 석재가 놓여 있으나, 일부 글자가 박락되었다. 허필제의 옛 가옥 벽면에는 여러 문양과 제벽시를 새겨놓은 석재가 상감되어 있어 예전의 화려한 모습을 엿볼 수 있다. 현재 허필제의 증손자 허능신이 살고 있다.

6. 조선 표류시의 인삼고사

허능신은 증조부 허필제의 조선 표류와 관련해서 집안에서 내려오는 '인삼고사'를 말해주었다. 허필제가 조난을 당한 후 장시일을 바다에서 표류한 끝에 간신히 한반도에 도달했다. 육지에 상륙한 뒤에 주린 배를 채우기 위해 겨우 몸을 추슬러 먹을 것을 찾았다. 무심코 손을 내미니 무 같은 것이 잡혀 허겁지겁 먹었다. 기운을 차리고 손에 든 것을 살펴보니 귀한 약재로 쓰이는 인삼이었다. 조선 사람들에 의해 구조되자, 그곳에서 먹다 남은 인삼을 말려서 따로 챙겼다. 본국으로 송환될 때 말린 인삼을 함께 가지고와 고향 집으로 돌아왔다.

인삼은 한반도를 비롯하여 대륙 동북, 북미 등지에서 나오지만, 그 중에서도 '고려인삼'이라는 말처럼 한국 인삼의 지명도가 가장 높고, 약효 또한 가장 뛰어났다. 한반도에서 인삼을 재배한 역사는 북송 徐兢의 기록에 나올 정도로 오래되었다. 홍삼은 인삼을 장시일 보존하고 사포닌 함량을 높이기 위해 쪄서 말린 가공 약재이다. 홍삼을 복용하면 질병을 치료하거나 건강을 지키는 데에 좋은 효능이 있다. 조선 시대에 홍삼은 중국에 수출되는 고가 물품이었다. 중국인들은 예로부터 조선에서 가져온 홍삼을 매우 귀한 약재로 꼽았다. 허필제가 모선이 파손되어 소선으로 갈아타고 탈출하는 아주 긴박한 상황 속에서도 특별히 홍삼 9궤를 챙겨 나온 것도 이와 무관하지 않다.

집안사람들이 허필제가 조선에서 가져왔다고 한 홍삼은 조선에서 직접 가져온 것이 아니고, 사실 요동 영구에서 구입한 것이다. 조선 관원이 허필제 일행에게 가져온 물품을 문정하는 기록에 영구에서 구입한 홍삼 9궤가 들어가 있었다. 허필제 일행이 탈출했을 때 장시일 표류할 것을 대비해 가지고 왔다가 남은 비상식품으로 炒餠 6匣, 白米 1俗, 乾飯 1袋가 있었다. 이는 한반도에 표착한 허필제 일행이 기아에 시달려 주변에서 먹을 것을 찾을 정도로 다급한 상황은 아니었음을 말해준다.

당시 조선에서 만들어진 홍삼은 공무역이나 변방무역을 통해 요동, 북경을 비롯한 대륙 전역으로 팔려나갔는데, 요동 지역에서 유일한 대외 개항지인 영구가 중요한 홍삼 거래의 소비처였다. 허필제가 영구에서 홍삼을 구매한 이유는 교역판매, 환자복용, 집안사용, 우인선물 등 여러 가지로 추정된다. 그 중에서도 판매를 통한 이윤 창출이 가장 큰 목적이 아닐까 한다. 허필제가 가져온 홍삼 9궤라는 수량은 개인 1명이 혼자 사용하기에는 다소 많은 편이다. 당시 남북행을 행하는 해상들은 대륙 북방지역에서 약재, 두류 등을 구매하여 남방이나 동남아로 가져다 팔았다. 홍삼은 부피가 작아 선상 적재 면적을 적게 차지할 뿐만 아니라 많은 이윤을 붙여 고가에 팔 수 있어 해상들이 선호하는 교역품이었다. 허필제가 특별히 챙겨온 홍삼은 나중에 사업을 재기할 때 좋은 밑천이 되지 않았을까 한다. 그 사정이야 어쨌든 간에 전포촌 집안사람 사이에는 아직까지도 허필제가 홍삼을 조선에서 가져왔던 것으로 믿고 있었다. 집안사람들은 인삼이 조선에서 나오는 귀한 약재이며, 조선에서는 주위에서 쉽게 구할 수 있을 정도로 널리 재배된다고 여기고 있었다.

7. 許必濟 표류의 마조신상

媽祖는 송나라 때 복건 미주도에서 살았던 실존 인물이다. 사후에 인격신이 되었다. 훗날 뱃사람들의 활발한 해상 활동에 힘입어 연해안 지역을 중심으로 마조 신앙이 널리 전파되어 중국에서 대표적인 해양 보호신으로 발전했다. 뱃사람들은 무사항해나 안녕을 도모하기 위해 선실의 높은 곳에 마조신상을 안치해놓았다. 또 해외로 이주하는 사람들은 마조가 자신들을 돌봐준다고 여기고 마조신상을 모시고 갔다.

융도 지역은 화교의 고향답게 해상 활동이 많아 마조 신앙이 매우 왕성했다. 매 촌락마다 어김없이 마조묘가 세워져 있다. 오늘날까지 마조묘가 세워져 있는 촌락으로 樟山, 東山, 南溪, 後溝, 樟籍, 鵲巷, 後埔龍門關, 下北前隴 등 10여 곳이 있고, 특히 한강변에 자리한 전포촌에는 2곳이 있다. 또 융도 출신의 화교들이 해외에 세운 마조묘가 있다. 융도 前美村 출신 태국화상 陳慈黌이 1890년(광서 16)에 방콕 湄南(Mae Nam ; Chao Phraya R.) 강변 마을에 天后聖母廟를 세웠다. 창건 당시에 청 張之洞이 '惠此中國'이라는 편액을 남겼다. 2000년에 태국공주 마하 짜끄리 시린톤 (Maha Chakri Sirindhorn ; 詩林通)이 해군 장성들을 데리고 이곳을 방문했고, 오늘날 태국 화교들이 향불을 올리며 자신들의 안녕을 기원한다. 최근 태국은 천후성모묘를 문물보호단위로 지정했다.

융도 지역에서는 매년 마조의 탄신일인 음력 3월 23일에 '媽祖神誕'을 열고 마을 사람들이 모두 즐기는 성대한 잔치를 연다. 집집마다 정성껏 차린 과일, 떡, 병, 과자 등을 가지고와서 마조묘 제단에 바치고, 마조에게 자신들의 안녕과 복을 위해 향불을 올린다. 묘우 부근 공터에 커다란 무대를 설치하고 그림자 연극인 皮影戲나 노래를 부르는 창극을 한다. 대형 장막에 많은 탁자를 차려놓고 마을 사람들이 함께 모여 즐거운 잔치를 벌인다. 장막 옆에는 각 지역마다 초대형 향로를 만들어놓고, 향로 가운데

용이나 봉황을 새겨놓는다.[39]

전포촌에는 潮洄頭와 黃厝에 각각 천후궁이 세워져있다. 조회 두 천후궁은 마을 남쪽에 자리 잡았다. 청나라 때 건립되었고, 1920년에 중수되었다. 대약진과 문혁을 거치면서 건물이 크게 훼손되었고, 1982년에 홍콩 화교 李國好의 도움으로 다시 중수되었다. 천후궁 앞에는 커다란 연못이

허필제 집안 마조신상(박현규 촬영)

있고, 그 좌우에는 수백 년이 된 榕樹 3그루가 서있다. 묘우 입구에는 마조의 봉호를 적은 '天后宮'이라는 현판이 걸려 있다. 좌우 편액에는 "해상 파도가 잔잔한 것이 모두 성덕임을 알고, 潮洄頭는 영원히 마조신의 은택을 받든다(海息波咸知聖德, 潮洄頭永戴神恩)"라고 적혀 있다.[40]

황조 천후궁은 마을 서북쪽 黃厝池 남쪽에 자리 잡았다. 명 만력 연간에 전포촌에 들어온 황씨 집안에서 자신들의 보호와 평안을 기원하기 위해 마을 제방에 마조묘를 세웠다. 청나라 때 木棉으로 옮겼다가 민국 초에 다시 부둣가로 옮겼다. 그 후 홍수에 묘우가 파손되었다. 중국공산당 초기에 신상 또한 훼멸되었다. 1985년에 현재 자리로 옮겨 새로 지었다. 묘우 입구에는 '天后宮'이라는 현판이 걸려 있다. 본전에는 천후성모, 즉 마조를 주존으로 모시고, 그 옆에 宮婢娘, 千里耳, 萬里眼을 세워져 있다. 이밖에 지역민들이 믿고 있는 仙花爺와 부인, 眞君大帝, 福德老爺 등을 함

39 ≪용도진화교지≫, 앞의 책자, pp.94~95.
40 ≪전포향지보≫, 앞의 책자, p.154.

께 모시고 있다.[41]

허필제의 부친들이 사용했던 巷內公廳의 단상 중앙에는 마조신상 2기가 모셔져 있는 마조신단이 있다. 마조신단은 윗면과 아랫면이 약간 삐져 나온 凸자 형태로 만들어졌다. 신단 안쪽에는 덩굴 모양으로 입체 장식대를 달고 금색으로 칠해놓았다. 신단 벽면에는 고동색 바탕에 금색으로 문양을 그려놓았다. 중앙에는 원형 안에 용두 문양을 그려놓았고, 좌우 상단에는 구름 문양을 그려놓았다. 신단 앞에는 투박한 질그릇으로 만든 향로와 화려하게 꾸며진 꽃 장식 2개가 있다.

마조신상 2기는 모두 좌상 형태이다. 전체 형상은 엇비슷하게 보이나, 크기와 세부 모습에 약간 차이가 있다. 왼편 신상의 크기는 오른편 신상보다 약간 더 크고, 몸체가 좀 더 풍부한 편이다. 또 왼편 신상의 오른손은 좌대 위에 올려놓은 반면에 오른편 신상의 오른손은 가슴 쪽으로 약간 들어놓고 있다. 신상 2기 모두 머리에는 금색 보관을 쓰고 있고, 몸에는 금색 용포를 입고 있다. 얼굴은 마조가 살아있을 때 형상인 분홍색으로 칠해져 있다. 이밖에 신상 2기 가운데 화상 모습을 하고 금색으로 입힌 작은 상이 놓여 있다.

허필제의 증손자 허능신의 말에 따르면 1기는 허필제의 부친 허종역이 모셨던 것이고, 다른 1기는 허필제가 난파한 선박에서 가지고 왔던 것이다. 다만 이들 가운데 어떤 신상이 허종역 또는 허필제가 모셨던 것인지는 알 수 없다. 또 허능신은 허필제의 마조신상과 관련된 집안 고사를 이야기해 주었다. 허필제가 모선이 파괴되어 소선으로 갈아타고 탈출할 때 마조신상을 내버리고 왔으나, 마조신상이 저절로 물 위로 떠올라 자신들이 타고 있던 소선을 따라왔다고 한다. 이 모습을 본 허필제는 마조가 자신들

---

41 ≪전포향지보≫, 앞의 책자, p.154.

을 돌봐준다고 여기고 마조신상을 모시고 왔다고 했다. 허필제 집안에서 전해지는 마조고사가 인삼고사처럼 약간 변형되었을 가능성이 있지만, 최소한 이들이 마조신을 독실하게 신봉하고 있음은 분명하다. 오늘날 고향 집에 살고 있는 허필제 후손들은 마조에 대해 깊은 신앙심을 가지고 있다.

8. 마무리

1880년(고종 17 ; 광서 6)에 조주 사람과 태국 사람이 탄 홍두선이 태국에서 출항하여 중국대륙 산동과 요동으로 물자 교역에 나섰다가, 귀환하는 길에 산동 해역에서 폭풍을 만나 모선이 파선되고 소선으로 탈출하여 충청 庇仁縣 일대에 표착하는 사건이 발생했다. 조선과 태국의 교류사를 보면 여말선초에 양국 사신이 한반도와 태국을 왕래한 적이 있었지만, 이후 오랫동안 상대국 방문이 전개되지 않았었다. 그러던 중 19세기 말에 뜻하지도 않게 태국인이 한반도에 들어와서 양국의 우호를 증진시키는 흥미로운 사건이 발생했다. 조선 조정은 이들 표류민들을 구휼한 뒤에 청나라로 들어가는 절사 편에 호송시켜 육로를 통해 중국대륙으로 이송시켰다.

난파선의 선주인 許必濟는 현 행정구획으로 汕頭市 澄海區 隆都鎭 前埔村(옛 조주부 소속) 출신이다. 젊었을 때 홍두선의 선원으로 종사하다가, 훗날 독립하여 南北行, 즉 남쪽 태국과 북쪽 대륙 해역을 오가며 물자 교역과 운송하는 홍두선의 선주가 되었다. 그러다가 1880년(광서 6)에 선박이 난파되어 한반도에 표착하는 사고를 당했다. 조선 조정의 도움을 받아 이듬해에 고향으로 돌아왔다. 1884년(광서 10)에 태국 방콕으로 건너가 거점 상점인 泰萬昌行을 개점하고 본격적인 해외 경영에 나섰다. 이후 태국에 또 하나의 상점 炳隆昌行, 홍콩에 泰順昌行, 산두에 泰怡昌

行 등을 개점하여 다 지역 간의 물자를 연계하는 국제 영업망을 갖추었다. 또 태국 방콕에 泰萬昌批局, 고향 집에 泰萬昌批局을 개점하여 두 지역 사이의 우편과 송금업을 취급했다. 1927년에 태국 방콕에서 작고하여 그곳에 묻었다. 현재 그의 후손들은 주로 태국과 홍콩에 살고 있으며, 일부가 고향 전포촌에 살고 있다.

오늘날 고향 집에는 허필제가 세웠던 조주 전통식 고거 건물이 남아 있다. 竹下池라고 부르는 커다란 못을 중심으로 동편에는 허필제와 그 일가들이 살았던 가옥, 西園筱築, (新)泰萬昌批局 등이 있고, 서편에는 懷實公祠, 老批館祖廳, 巷內公廳 등이 있다. 허씨 집안의 사당인 회실공사의 단상에는 허필제와 부인의 위패가 모셔져 있다. 老批館祖廳은 허필제가 세웠던 옛 泰萬昌批局이다. 巷內公廳은 허필제 부친들이 사용했던 사무실 건물이다. 西園筱築은 허필제가 세웠던 사숙이다. 전포촌 앞쪽 韓江 東溪 제방에는 1922년 八二風災 때 구휼에 나선 태국 화교들의 선행을 기리는 〈紀念碑〉,〈存以甘棠〉 비석이 세워져 있는데, 여기에 허필제가 세운 泰萬昌行과 손자 許少峰 이름이 보인다. 허필제와 함께 조선에 표착한 吳惠愛는 전포촌에서 가까운 雲路頭村 사람이다. 훗날 태국 방콕으로 이주하여 보석업에 뛰어들어 吳祥記珠寶行을 열었다.

허필제 집안에는 조선 표류와 관련된 집안 고사와 유물이 전해져온다. 한반도에 표착한 허필제가 주린 배를 채우고자 무심코 손을 내미니 무같은 것이 손에 잡혔는데, 나중에 살펴보니 인삼이었다. 귀환할 때 말린 인삼을 고향 집으로 가져왔다. 사실 허필제가 가져온 인삼은 요동 營口에서 구입한 조선 홍삼이었다. 인삼고사는 후대에 전해오면서 약간 변형이 되었지만, 중국 남방에서 조선을 인삼의 고향이라는 인식을 엿볼 수 있다. 또 허필제가 조난을 당할 때 선상에 모셨던 마조신상을 두고 내렸지만, 마조신상이 저절로 물 위에 떠서 따라오는 바람에 자신들을 보호해준다고 믿고 모시고 왔다. 巷內公廳에는 허필제가 조선 표류 때 가져왔던 마조신상이 보존되어 있다.

끝으로 본 장을 작성하면서 느꼈던 소감 두 가지를 부언한다. 하나는 한국과 태국 양국 간의 우호 교류이다. 14세기 말에 처음 이루어진 양국 간의 교류는 우호적이었고, 뜻하지도 않게 19세기에 이루어진 태국인의 한반도 표류 사건도 우호적으로 이루어졌다. 다른 하나는 향후 조사의 필요성이다. 태국 방콕에는 허필제의 후손들이 살고 있다. 비인현에 표착한 동선자 가운데 태국 사람들도 포함되어 있다. 앞으로 여기에 관심을 가진 분들이 조속한 시일 안에 이들의 후손들을 찾아내어 양국의 우호를 증진시키는 작업이 이루어지기를 기대한다. [弓洞自然]

제6장

고려시대 해신 媽祖신앙의
접촉과정

1. 개론

예로부터 바닷가 지역에는 많은 해양신앙이 존재한다. 바다는 평소 물결이 잔잔하여 평온한 느낌을 준다. 하지만 조그마한 날씨 변화에도 세찬 파도가 일어나 위험하다는 느낌을 받는다. 만약 악천후 속에서 거센 풍랑이 일어나면 이겨낼 수 없는 거대한 힘에 의해 선박이 파손되고, 급기야 인명이 손실되는 경우도 발생한다. 오랫동안 바다를 삶의 터전으로 삼는 뱃사람일지라도 바다에 나가서는 자신의 생명과 선박의 안전을 온전히 보장받을 수 없다. 바닷가 사람들은 절대적인 힘을 갖고 있는 해신이 뱃사람들의 생명과 선박의 안전을 관장한다고 믿는다. 그들의 마음속에는 해신 숭배 사상이 깊숙이 뿌리내리고 있다.

媽祖 신앙은 중화 민족이 신봉하고 있는 가장 대표적인 해양 신앙 중의 하나이다. 마조는 원래 송나라 때 복건 莆田 앞 바다인 湄洲嶼에서 태어난 林默이라는 실존 여성이 승격한 인격신이다. 임묵은 생전에 인간화복을 점치고 해난사고를 막아주는 신통력을 보여주었고, 사후에 미주서 섬사람들에 의해 해양보호신으로 섬겨졌다. 곧이어 미주서 주변 지역으로 퍼져나가 마조를 섬기는 묘우들이 생겨났고, 급기야 송나라 조정으로부터 묘액을 받아 공식적인 신앙으로 인정을 받았다. 그 후 마조신앙은 뱃사람들에 의해 다른 지역으로 급속도로 퍼져나갔다. 원·명대에 들어와서 마조신앙이 더욱 발전해나갔고,

복건 미주도 마조신상(박현규 촬영)

청나라 때 천상 최고신의 반열에 올랐다. 오늘날 마조를 모시는 사당은 중국 대륙의 해안지역과 내륙 수역, 화교가 이주한 해외 지역으로 퍼져나가 세계적인 해양신앙 중의 하나로 자리를 잡았다.

그런데 한국 민간에는 마조신앙의 존재가 거의 알려지지 않았다. 한반도에도 마조신앙과 닮은 해양신앙이 존재하지만, 이들 신앙은 한반도에서 자생된 것으로 마조신앙과는 거리가 멀다. 그래서인지 모르겠으나 한국에서는 마조신앙과 관련된 국내외 분석 자료가 별로 많지 않다. 대만 陳正祥이 한반도 지역을 포함시킨 중국 媽祖廟 분포도가 있고,[1] 중국에서 고려·조선인의 마조 관련 시 6편을 수록한 마조 자료집,[2] 한국 高惠蓮이 조선 후기의 중국 표류인과 인천 소재 화교 지역의 마조묘를 언급한 논문[3] 등이 있다. 하지만 이것들은 어디까지나 단편적인 사항을 언급한 것으로 한국 마조신앙의 전반적인 흐름에 대해 구체적으로 서술한 논문은 아직 없다.

한국에서는 과연 마조신앙을 받아드렸는가? 만약 마조신앙을 받아드렸다면, 어떠한 경로로 전파되었는가? 이 모든 것이 궁금하다. 필자는 마조신앙의 한국 유입에 대해 수년 전부터 관련 자료를 수집해왔다. 고려시대는 한국인이 마조신앙을 처음으로 접촉하는 중요한 시기이다. 조선시대에 들어서면 일부 지역의 특정한 경우이지만 마조신앙을 믿고 있던 작품이나 기록들이 존재한다. 따라서 본 문장에서의 연구 범위는 시기적으로 고려시대의 마조 자료로 한정한다. 조선시대의 마조 자료는 상당한 분량을 차지하기 때문에 별도의 문장으로 작성한다.

1 陳正祥, 〈媽祖廟(天后宮)之分布〉, ≪中國歷史·文化地里圖冊≫, 原書房, 東京, 1982.4, p.155, 圖91.
2 蔣維錟·鄭麗航輯纂, ≪媽祖文獻史料彙編≫(詩詞卷), 中國檔案出版社, 北京, 2007.10, pp.33~35.
3 高惠蓮, 〈皇會와 朝鮮의 媽祖寺院〉, 中國史硏究, 50집, 中國史學會, 2007.10, p.225, 245~248.

2. 고려중기 마조신앙의 접촉과정

1122년(북송 선화 4) 3월에 송나라는 고려와의 외교 관계를 돈독하게 하기 위하여 國信使를 고려으로 파견했다. 국신사 정사는 路允迪이고, 부사는 傅墨卿이다. 동년 9월에 송 조정은 고려 睿宗이 승하했다는 소식을 접하고, 노윤적 일행에게 祭典과 弔慰의 임무까지 겸하도록 했다. 노윤적 일행은 1123년(선화 5) 3월 14일에 수도 汴京(開封)을 떠나 5월 4일에 明州(寧波)에 도착했다. 이곳에서 神舟 2척과 客舟 6척으로 선단을 구성했다. 5월 16일에 명주를 출발하여 6월 12일에 松京(개성)으로 들어 갔다. 한 달 동안 송경에서 머물다가 귀국 길에 올랐다. 7월 13일 송경을 떠나 8월 27일에 명주 定海에 도착했다. 이번 사절의 提轄人船禮物官인 徐兢은 사행 기간에 보고 들었던 사실을 기록해두었다가 귀국한 이듬해 그림을 곁들인 ≪宣和奉使高麗圖經≫을 만들어 조정에 바쳤다. 오늘날 전해오는 ≪선화봉사고려도경≫ 제판본은 모두 그림이 없고 문장만 남아 있다.

白塘 李氏는 복건 莆田 지역의 명문 집안이다. 이들 집안에서 편찬한 淸鈔本 ≪白塘李氏族譜≫ 忠部에는 노윤적 고려 출사 때 마조가 출현했다고 한 기록을 담은 남송 廖鵬飛의 〈聖敦祖廟重建順濟廟記〉가 수록되어있다.[4] 요붕비는 복건 仙遊 사람이며, 1143년(남송 소흥 12)에 진사 명단에 올랐다. 〈성돈조묘중건순제묘기〉는 1150년(소흥 20)에 작성되었고, 현존 마조 기록 중 작성 연도가 가장 빠르다.[5] 이 기문에서:

---

4 蔣維鋟 · 鄭麗航輯纂, ≪媽祖文獻史料彙編≫(碑記卷),   中國檔案出版社,   北京, 2007.10, pp.1~2에서 인용.

5 蔣維鋟, 〈一篇最早的媽祖文獻資料的發現及其意義〉, ≪媽祖研究論文集≫, 鷺江出版社, 1989 ; ≪媽祖研究論集≫, 海風出版社, 福州, 2006.6, pp.36~47

미주도 천후궁 노윤석상
(박현규 촬영)

姓林氏, 湄洲嶼人. 初, 以巫祝爲事, 能預知人禍福. 旣歿, 衆爲立廟於本嶼. 聖墩去嶼幾百里, --- 故商舶尤藉以指南, 得吉卜而濟. 雖怒濤洶涌, 舟亦無恙. --- 宣和壬寅歲也. 越明年癸卯, 給事中路允迪使高麗, 道東海, 値風浪震盪, 舳艫相衝者八, 而覆溺者七, 獨公所乘舟, 有女神登檣竿, 爲旋舞狀, 俄獲安濟. 因詰於衆, 時同事者保義郞李振, 素奉聖墩之神, 具道其詳. 還奏諸朝, 詔以順濟爲廟額.

성은 임씨이고, 湄洲嶼 사람이다. 처음에는 무당 축원 일을 하며 능히 인간의 화복을 예지해 주었다. 죽은 후 무리들은 본도(미주서)에 사당을 세웠다. 聖墩은 섬에서 몇 백리 떨어져있다. --- 그러므로 상선은 더욱 指南으로 삼아 길조를 점쳐서 건넜다. 비록 노도가 밀어 닥쳐도 배는 또한 무사했다. --- 선화 임인년(4년 ; 1122)이다. 이듬해 계묘년(1123)에 급사중 노윤적이 考慮로 출사했다. 동해를 지나다가 바다를 뒤덮을 풍랑을 만나 선박 8척이 서로 충돌하여 7척이 뒤집혀 침몰했다. 오로지 공이 탄 배에만 여신이 돛대에 올라 춤을 추어 홀연히 안전하게 빠져나왔다. 무리들에게 까닭을 물으니, 이때 동료 保義郞 李振은 평소 성돈의 신을 모시고 있어 모두 상세히 말해주었다. 돌아와 조정에 주청하니 '順濟'라는 묘액을 하사했다.

여기에서는 마조의 출신과 생전 능력, 사당 건립과 分廟, 노윤적의 고려 출사와 마조의 영험함 등이 기술되어있다. 노윤적은 고려로 출사하는 도중에 노도를 만나 침몰 위기에 빠졌으나, 마조가 선상의 돛대에 올라 춤을 추며 조난사고를 막아주는 신령함을 보여주었다. 노윤적은 마조의 신령함을 목도하고 그 까닭을 물으니, 保義郞 李振은 聖墩에서 모시는 마조신앙에 대해 자세히 이야기해주었다. 白塘 李氏의 족보 기록에 의하면 이진은 18세에 노윤적을 따라 고려에 갔다 온 후에 承信郎을 제수 받았고, 39세에 졸했다.[6]

노윤적은 마조의 보호로 무사히 돌아왔던 내용을 송 조정에 올렸다. 송 조정은 노윤적의 상주에 따라 성돈 마조묘에 순조롭게 건넜다는 뜻을 가진 '順濟'라는 묘액을 하사했다. 마조묘가 조정으로부터 봉호를 받는 것은 마조신앙이 공식적인 신앙으로서 인정을 받았다는 것을 의미한다. 이로부터 마조신앙은 공식신앙으로 여러 지역으로 신속하게 확대되는 중요한 계기를 맞이했다. 그 후 마조는 역대 조정으로부터 이런저런 요청과 수요에 의해 지위와 권위를 높이는 많은 봉호를 받았다. 봉호의 직책은 차례로 夫人, 妃, 天妃, 天后를 거쳐 天上聖母까지 이르렀다.

현랑항 천후조사 부적
(박현규 촬영)

그런데, 서긍의 ≪선화봉사고려도경≫에는 노윤적 일행이 고려 출사 때 마조의 도움을 받았다는 명확한 기록을 찾아볼 수 없다. 이 책자에는 노윤적 일행이 바다에서 선체 일부가 파손되거나 풍랑에 막혀 오도 가도 못한 위난 사태를 당했을 때 다른 해양보호신이 출현했다는 기록만 있다. 노윤적 일행이 탄 선단의 가장 커다란 위난 사태는 고려에서 귀국

6 莊景輝·林祖良, 〈聖敫順濟廟考〉, ≪海內外學人論媽祖≫, 中國社會科學院出版社, 北京, 1992.7, pp.403~404.

할 때 黃水洋에서 발생된 선체 파손과 좌초 위험이었다. 첫째 배는 얕은 곳에 가서 모래톱에 거의 박힐 뻔했고, 서긍이 탄 둘째 배는 키 세 개가 다 부러지는 파손 사고가 발생했다. 이때 사신선을 탄 사람들이 머리카락을 잘라 간절히 기도하니 福州 演嶼神이 나타나 기적을 일으켜 조난위험에서 탈출할 수 있었다.[7]

연서신은 원래 당나라 복건관찰사 陳巖의 장자가 죽어서 승격된 인격신이다. 乾符 연간에 黃巢가 복건을 점령하자, 진암은 그 자신이 조정을 도와줄 힘이 부족하니 죽어서 신이 되어 살아있는 사람들의 희망이 되겠다고 했다. 진암이 죽자, 당시 사람들이 連江 演嶼에 묘우를 세우고 신으로 모셨다. 1123년(선화 5)에 노윤적은 고려에 출사하면서 연서신이 바다를 건너는데 도움을 주었다고 조정에 주청하자, 조정은 '昭利'라는 묘액을 하사했다.[8]

요붕비의 〈성돈조묘중건순제묘기〉에는 이번에 고려로 간 선박 8척 중 7척은 노도와 광풍을 만나 침몰하고 노윤적이 탄 배 1척만이 마조의 도움을 받아 무사했다고 했다. 앞서 논했듯이 ≪선화봉사고려도경≫에는 노윤적 일행이 나누어 탄 선박들이 한때 선체 파손과 조난위험을 겪었지만,

---

7 ≪선화봉사고려도경≫ 권34 〈海道一・黃水洋〉:「比使者回程至此, 第一舟幾遇淺. 第二舟, 午後三柁併折, 賴宗社威靈, 得以生還.」
　동서 권39 〈海道六・禮成港〉:「若涉危險, 則發於至誠, 虔祈哀懇, 無不感應者. 比者使事之行, 第二舟至黃水洋中, 三柁併折, 而臣適在其中, 與同舟之人, 斷髮哀懇, 祥光示現. 然福州演嶼神亦前期顯異, 故是日舟雖危, 猶能易他柁, 既易, 復傾搖如故, 又五晝方達明州定海. 比至登岸, 舉舟朧悴, 幾無人色. 其憂懼可料而知也.」
8 梁克家 ≪(淳熙)三山志≫ 권8 〈祠廟・昭利廟〉:「東瀆越王山之麓. 故唐福建觀察使陳巖之長子, 乾符中黃巢陷闉, 公睹唐衰微, 憤己力弱, 莫能興復, 慨然謂人曰: 吾生不鼎食以濟朝廷之急, 死當廟食以慰生人之望. 既歿, 果獲祀連江演嶼. 本朝宣和二年, 始降于州. 民遂置祠今所. 五年, 路允迪使三韓, 涉海遇風, 禱而獲濟, 歸以聞, 詔賜廟額昭利.」

150 _ 동아시아 해상 표류와 해신 마조

8척 모두 고려로 갔다가 무사히 귀국했다고 적혀있다. ≪선화봉사고려도경≫은 동선자인 서긍이 직접 적은 기록이고, 〈성돈조묘중건순제묘기〉는 제삼자인 요붕비가 전해 들었던 것을 적은 기록이다. ≪선화봉사고려도경≫에는 마조에 관해 한마디도 언급을 하지 않았다. 이 때문인지 일부 학자들은 〈성돈조묘중건순제묘기〉의 신뢰성에 대해 의구심을 품기도 했다.[9]

요붕비가 〈성돈조묘중건순제묘기〉를 작성하면서 노윤적 일행이 위난을 당하는 모습을 과장하게 서술하긴 하였지만, 마조 출현과 성돈 묘우 기록을 의도적으로 조작하지는 않았던 것으로 보인다. 당시 복건 일대에는 성돈 마조에 관한 이야기가 널리 퍼져 있었다. 〈성돈조묘중건순제묘기〉의 작성 시기보다 조금 늦게 나온 黃公度의 ≪知稼翁集≫이 있다. ≪知稼翁集≫ 권5에는 성돈 마조의 유래와 신령함을 읊은 〈題順濟廟〉가 수록되어있다. 황공도는 복건 보전 사람으로 1138년(소흥 8)에 급제했고, 관직으로 平海軍節度判官, 吏部考功員外郎 등을 지냈다. 〈제순제묘〉는 1151년(소흥 21)에 平海軍節度判官으로 있을 때 작성된 것으로 보인다. 황공도가 성돈 마조묘에 들렀을 때 조정으로부터 이미 '順濟'라는 묘액을 받았다. 이 시점은 노윤적이 고려로 출사한 1123년(선화 5)으로부터 채 삼십 년도 되지 않았던 때이다. 〈제순제묘〉에는 마조가 죽어서 국가에 공을 세웠고 백성들을 돌봐주며 천리 돛대에서 신호를 보냈다는 구절이 있다.[10] 이 장면은 마치 〈성돈조묘중건순제묘기〉에서 노윤적이 탄 배가 침몰 위험에 빠졌을 때 마조가 돛대에서 춤을 추어 항해 안전을 도모했다는 내용을 연상케 한다.

---

9 莊景輝 · 林祖良, 앞의 서지, pp.403~406.
10 ≪知稼翁集≫ 권상 〈詩 · 題順濟廟〉:「枯木肇靈滄海東, 參差宮殿崒晴空, 平生不厭混巫嫗, 已死猶能效國功, 萬戶牲醪無水旱, 四時歌舞走兒童, 傳聞利澤至今在, 千里危檣一信風.」

미주도 마조조묘 신단(박현규 촬영)

《宋會要》는 북송 인종에 비서성에서 처음 편찬한 이후 대대로 계속 증보 수정했고, 오늘날 전해오는 것은 청 徐松이 《永樂大典》 등에서 뽑은 輯稿本이다. 《宋會要輯稿》에는 마조를 섬기는 보전 神女祠의 기록을 담은 〈神女祠〉 조항이 수록되어있다. 〈신녀사〉 조항에서 신녀사는 1123년(선화 5)에 송 휘종으로부터 '順濟'라는 묘액을 하사 받았다고 했다.[11] 1123년(선화 5)은 노윤적 일행이 고려로 출사하고 귀국한 해이다. 또 樓鑰의 《攻媿集》에 1190년(남송 소희 1)에 光宗이 보전 順濟廟에게 봉호를 하사한 制文이 수록되어있다. 이 제문에 마조가 朱衣를 입고 鷄林 (여기서는 고려를 지칭함)으로 가는 사신을 보호했다고 했다.[12] 이 기록 또한 요붕비 〈성돈조묘중건순제묘기〉의 기록과 흡사하다.

11　《宋會要輯稿》禮20〈神女祠〉:「莆田縣有神女祠, 徽宗宣和五年八月, 賜額順濟.」
12　樓鑰《攻媿集》권34〈外制·興化軍莆田縣順濟廟靈惠昭應崇福善利夫人封靈惠妃〉:「服朱衣而護雞林之使.」

일반적으로 노윤적의 고려 출사 때 도움을 준 신은 마조와 연서신으로 알려져 있으나, 실상은 이보다 훨씬 더 많고 복잡하다. ≪선화봉사고려도경≫에는 노윤적 일행이 명주와 고려 예성항을 오가면서 많은 해신에게 제사를 올린 기록들이 기술되어있다. 이것을 정리해보면 다음과 같다.

> 5월 경 定海 摠持院에 7일 동안 도장을 열었음.
> 5월 경 정해 顯仁助順淵聖廣德王祠(동해 龍王)에서 축원함.
> 5월 25일 沈家門 산에서 祠沙함(岳瀆 제신).
> 5월 26일 梅岑(보타산) 寶陁院에서 관음보살에게 축원함.
> 5월 28일 海驢焦에서 神霄玉淸九陽總眞符, 風師龍王牒 등 13符를 바다에 던짐.
> 5월 29일 黃水洋에서 祠沙함.
> 6월 10일 뱃사람들이 蛤窟(永宗島) 龍祠에서 제사지낸다고 함.
> 8월 21일 귀국 길 黃水洋에서 연서신에게 기도함.

노윤적 일행은 항해 안전을 도모하기 위해 여러 장소에서 여러 신에게 축원했다. 이들이 축원한 장소는 사찰, 사당, 산, 바다이고, 축원한 신들은 동해 용왕인 廣德王, 불교 해양신인 관음보살, 산천과 바다를 관장하는 악독 제신, 복주 연서신 등이다. 당시 중국 신앙에는 여러 해양보호신이 혼재하고 있었고, 조정이나 민간에서도 여러 해양보호신을 섬기고 있었다. 노윤적 일행은 지나가는 곳에 해양보호신을 모시는 사묘나 산, 바다가 있으면 반드시 해당 해양보호신에게 항해안전을 축원했다.

노윤적이 고려 출사에서 여러 해양보호신의 도움으로 무사히 돌아오자, 이 사실을 조정에 알렸다. 이때 송나라 조정은 해양보호신 마조와 연서신에게 봉호를 하사한 것 외에 동해 용왕인 廣德王에게 '顯靈'이라는 봉호를 하사했다. 중국에서 용왕은 바다나 강, 호수 등 갖가지 수역과 그곳에 사는 생물을 관장하는 신이다. 중국 전설에 따르면 바다를 지역과 방향에 따라 4곳으로 나누었는데, 그 중 동해를 관장하는 용왕을 광덕왕이라 했다. 1078년(북송 원풍 1)에 사신 安燾와 陸睦이 고려로 출사할 때 용왕의 보호를 받아 무사히 바다를 건넜다고 조정에 주청하자, 송 神宗은 '淵聖廣德王'이라는 봉호를 하사했다. 숭녕 연간과 대관 연간에 각각 '崇聖宮'과 '助順'이라는 봉호가 더해졌다. 선화 연간, 즉 노윤적의 고려 출사 때 또 다시 '顯靈'이라는 봉호가 더해졌다.[13]

그렇다면 노윤적 일행을 보호한 관음보살과 13부신에게도 마조, 연서 신, 광덕왕의 경우처럼 봉호를 하사했을까? 이는 사료 부족으로 인해 면밀하게 알 수는 없지만, 마조, 연서신, 광덕왕과 경우가 달라 따로 봉호를 내리지 않았을 것으로 보인다. 관음보살은 중국에서 널리 알려진 보살 중의 하나이다. 중국대륙 어느 지역이든 간에 대승사찰이 있는 곳이면 거의 어김없이 불전에 관음보살이 모셔져있다. 관음신앙은 바다와 밀접한 관계가 있어 바닷가 지역에 해양보호신으로 널리 알려졌다. 특히 노윤적 일행이 지나간 보타산은 중국 관음보살의 성지로 꼽히고 있다. 관음보살의 지위가 부처로 여겨지고 있었기에 조정에서 특별히 봉호를 내릴 필요가 없었다. 또 노윤적 일행이 해려초에서 조복을 갖추고 어전에서 내린 神霄 玉淸九陽總眞符, 風師龍王牒, 天曹直符引五嶽眞形, 止風雨 등 13符를 바다에 던지고 깊은 바다로 나갔다. 13부에 적힌 신은 잡다하고, 해양보호신과 다소 거리에 있다. 따라서 조정에서 특별히 봉호를 내릴 당위성이 떨어진다.

한편 노윤적의 고려 출사에는 많은 민간 출신의 뱃사람과 상인들이 함께 나섰다. ≪선화봉사고려도경≫의 기록에 따르면 조정에서 사신을 파견할 때는 언제나 출발하기에 앞서 閩浙(福建과 兩浙) 관청에 위촉하여 객주 선단을 모집했다.[14] 객주 선박에 탄 사람의 숫자가 한 척당 60명이고,

---

13 ≪(延祐)四明志≫ 권15 〈祠祀攷·定海縣〉:「東海助順孚聖廣德威濟王廟, 在現東北 五里. 宋元豊元年安燾·陳睦奉使高麗, 還, 上言請建東海神於明州定海縣, 詔封淵聖 廣德王. 崇寧賜額崇聖宮, 大觀加封助順, 宣和加封顯靈.」

신주는 객주의 3배이다.[15] 이번 선단에는 신주 2척과 객주 6척으로 구성되었다. 이것으로 통계를 내어보면, 승선 총원은 무려 720명에 달한다. 이 중에 상당수가 신주와 객주를 모는 뱃사람이다. 당시 송나라와 고려국 사이에는 바다를 통한 물자 교역이 매우 활발하게 진행되고 있었다. 그 구체적인 증거는 송나라 상인들이 바다를 통해 고려국에 와서 교역을 한 통계에서 찾아볼 수 있다.

선행 학자들이 정리한 기록에 의하면 1012년(북송 대중상부 5)부터 남송이 멸망한 1031년(상흥 2)까지 134차례의 교역이 있었다.[16] 노윤적의 고려 출사 이전만 하더라도 송나라 상인들이 바다를 통해 고려국에 98차례나 왔다. 1074년(원풍 1)에 송 조정은 요, 고려와의 국제 관계를 고려해서 그동안 산동반도에서 출발하는 황해횡단항로를 강남 명주에서 출발하는 황해사단항로로 바꾸었다. 이 시기부터 노윤적의 고려 출사 이전까지 송나라 상인이 고려국에 37차례나 들어왔다. 고려에 온 송나라 상인과 뱃사람들의 숫자를 보면 적게는 십여 명이고, 많게는 수백 명에 이르렀다. 그 중 1148년(소흥 18)에는 330명이나 되는 대규모 상인 집단이 고려에 들어왔다. 상인과 뱃사람들의 출신 지역을 보면 주로 복건과 절강, 광동 지역이었고, 그 중에서도 복건 泉州 상인이 유별나게 많았다. 당시 천주는 대외해양교통사의 중심지로 북쪽으로 한반도와 해상 교류가 잦았고, 오늘

---

14 ≪선화봉사고려도경≫ 권34 〈海路一·客舟〉:「舊例, 每因朝廷遣使, 先期委福建兩浙監司, 顧募客舟.」

15 ≪선화봉사고려도경≫ 권34 〈海路一·客舟〉:「每舟篙師水夫可六十人. --- 若夫神舟之長闊高大·什物器用人數, 皆三倍於客舟也.」

16 朴玉杰의 통계에는 1301년(원 대덕 5 ; 고려 충렬왕 27)에 강남 상인이 온 사례를 포함해서 모두 135차례라고 기술했으나, 본 논문에서는 1301년(대덕 5)이 원나라 시대에 속하기 때문에 제외했다. 만약 송 사신의 고려 출사 때 함께 온 상인들을 포함시킬 경우에는 이보다 더 많다. 朴玉杰, 〈宋代商人來航高麗與麗宋貿易政策〉, 中韓人文科學硏究, 2집, 韓中人文科學硏究會, 1997, pp.112~127.

날에 한국과 관련된 유적이나 지명, 사물들이 많이 남아있다.[17] 천주항은 마조의 고향인 미주만 해역과 매우 가깝다. 미주만 해역은 천주항에서 북쪽으로 올라갈 때 반드시 지나가는 곳이다.

노윤적 일행이 고려로 항해할 때 민절 뱃사람과 상인들의 도움이 절대적이었다고 할 수 있다. 민절 출신의 뱃사람과 상인들은 예전부터 고려국과의 해상 교역을 통해 황해사단항로의 뱃길을 잘 알고 있었고, 고려국의 정세나 풍속에 대해 많은 정보를 가지고 있었다. 특히 선단을 이끌어갈 수령은 바닷길을 익히 잘 알고 있다고 하였다.[18] 수령은 이미 여러 차례 바닷길로 고려국을 드나들었던 것으로 보인다.

이번 고려 출사에서 노윤적 일행이 숭배하는 해양보호신은 출신 지역에 따라 서로 달랐다. 복건 보전이나 인근 지역의 출신들은 각각 마조와 연서신을 숭배했다. 사신선이 한반도 예성항에 도달한 이후 뱃사람들은 선박이 정박한 예성항에 계속 머물고, 상인들은 사신을 따라 개성으로 들어갔다. 개성 남문 밖에는 중국 상인들을 접대할 清州館, 忠州館, 四店館, 利賓館 등 4개의 관사가 있었다. 중국 상인들은 사신들과 함께 고려 개성과 예성항에서 한 달 동안 머물면서 수많은 고려 사람들과 만나 양국의 사정을 알아보며 자국의 소식을 소개하는 등 활발한 정보 교류가 있었다. 이때 마조를 신봉하는 李振 같은 인물들이 고려 인사와 접촉하며 자연스럽게 마조신앙에 대한 이야기를 했을 가능성이 있다.

뱃사람은 예성항에 머물면서 선박을 수리하며 필요한 물자를 구비하는 등 귀국 준비를 했다. 이 중에는 정확한 숫자는 잘 모르겠지만 마조신앙을 믿는 복건 출신의 뱃사람들도 있었다. 마조 신봉자들은 예성항에서 한

---

17 葉恩典, 〈古代泉州與新羅高麗的海上交通及文物史迹探源〉, 古代中韓海上交流學術研討會, 浙江大學韓國研究所, 泉州, 2005.11.2, pp.214~251.
18 《선화봉사고려도경》 권31 〈海路一・客舟〉:「惟恃首領, 熟識海道.」

달 동안 머물면서 주변 고려 사람들에게 해상 안전을 지켜주는 마조신앙의 이야기를 해주었다. 고려 사람들이 송나라 선박에 드나들면서 선실에 모시고 있는 마조 제단을 보았을지도 모른다. 비록 후대 기록이지만, 조선 관인들이 한반도에 표착해 온 청나라 선박에서 마조를 모시는 제단을 보았던 사례들을 찾아볼 수 있는데,[19] 이와 비슷한 경우라고 할 수 있다. 송나라 사신 일행은 예성항에서 귀국하기 직전에도 명주에서 출발할 때처럼 마조를 포함한 여러 해양보호신에게 축원했을 것이다. 이때 주변 고려 사람들은 노윤적 일행이 축원하고 있는 마조신앙의 치제 과정을 보았을 가능성도 배제할 수 없다.

물론 이러한 정황 추리만으로 고려 사람들이 마조신앙을 받아드렸다고는 단정할 수는 없다. 하지만 고려 사람들이 단순히 마조신앙을 접촉했을 개연성도 전혀 배제할 수 없다. 이러한 단순 접촉은 훗날 황해와 발해만을 빈번히 오가던 양국의 뱃사람과 상인들에 의해 계속 반복되어, 훗날 한반도 북부 해안지역을 중심으로 한 일부 연해안 사람들이 마조신앙을 받아들이는 계기가 되었을 것으로 보인다.

3. 고려말기 마조신앙의 접촉과정

고려 시대 한반도와 중국 대륙의 해상교류는 중국 각 조대에 따라 많은 차이를 보이고 있다. 고려는 臨安(杭州)에 수도를 둔 남송과의 해상교류

---

19 《雲谷雜著》〈漂到報狀時間情初〉:「問:聖母何物耶? 答曰:稍棚上有娘娘堂上, 中國稱天上聖母.」이 문답은 1819년(순조 19)에 조선 관원이 牛耳島에 표착한 강소崇明縣 출신 施洪量 일행의 표류 과정을 조사할 때 기록이다. 여기의 天上聖母는 마조를 지칭한다.

는 여전히 활발하게 전개하였다. 그러다가 원나라가 중원을 차지한 이후 大都(北京)에 수도를 둔 원나라와의 해상 교류는 급속도로 하향추세로 돌아섰다. 고려와 원나라 사이에 이루어진 사신 왕래는 요동과 하북을 잇는 육상 통로였다. 물론 이 시기에도 고려와 원나라 사이에 慶元(寧波)을 중심으로 한반도에 전쟁 물자와 군사를 배치하기 위한 해상 운송이 이루어졌지만, 전반적인 상업 왕래와 물자 교역은 매우 저조했다. 명나라가 金陵(南京)을 수도로 삼아 건국하자, 고려와 명나라의 해상교류가 사신왕래를 중심으로 다시 활발하게 전개되었다. 명 건국 초기에는 양국의 사신들이 장강 일대와 한반도 사이에 개설된 해상 노선을 통해 오갔으나, 1372년(명 홍무 5)에 고려 사신선이 항주만 許山에서 침몰한 사건으로 인하여 요동반도 남단에서 산동 登州(蓬萊)로 이어지는 발해만 묘도열도 항로로 변경되었다.

발해만 묘도열도 항로에는 중요한 마조묘가 세워져있다. 바로 沙門島 天妃廟(廟島 顯應宮)이다. 사문도는 훗날 마조신앙이 성행해짐에 따라 묘도로 바뀌었다. 묘도 이름은 섬 북단에 소재한 천비묘(세칭 海神娘娘廟)에서 유래되었다. 묘도군도의 남단 해역에 자리한 묘도는 오늘날 縣政府의 소재지인 長島에서 2.5해리 떨어진 조그만 섬이다. 이곳 주변의 해역은 여러 섬으로 둘러싸여있어 바람과 풍랑이 비교적 잔잔하여 예전의 풍력선이 정박하기 좋은 곳이었다.

천비묘는 마조신앙이 북쪽 지역으로 처음 전파된 묘우이며, 복건 미주서 마조묘와 함께 南北祖庭이라 불린다. 1122년(북송 선화 4)에 창건되었다고 전해오고 있다. 창건 당시에는 세 칸 규모의 조그만 묘우에 한 자리를 차지하고 있었다. 원나라 때 민절 선박들이 물자 운송을 위해 대거 북방으로 올라와 사문도를 중간 기착지로 삼았다. 이때부터 천비묘는 커다란 묘우로 탈바꿈하였다. 1279년(원 지원 16) 전후에 뱃사람들이 출자

묘도 현응궁, 옛 사문도 천비묘(박현규 촬영)

하여 마조를 주신으로 삼는 묘우를 중축했다. 1628년(명 숭정 1)에는 조정
으로부터 '顯應宮'이라는 묘액을 받았다. 청 함풍 연간에 조정으로부터
'神功濟運'이라는 편액을 받았다. 문화대혁명 기간에 묘우가 철폐되고 신
상이 파괴되어 근 1천 년 동안 이어져오던 향불이 꺼지게 되었다. 1982년
이후 몇 차례 복구 작업을 통해 옛 모습을 거의 되찾았다.

  고려 말기의 사신들은 빈번히 발해만을 건너면서 주변 경관이나 유적
을 관찰하고 자신이 느낀 감정을 시문으로 남겨놓았는데, 여기에 마조
관련 작품이 포함되어있다. 鄭夢周는 고려 말기에 활약한 문신이다. 외교
노선은 親明排元을 걸었다. 1372년(공민왕 21) 필두로 여러 차례 명나라
로 출사하며 복잡한 외교 관계를 풀어 가는데 많은 노력을 경주했다. 1386
년(우왕 12)에 명나라 금릉에 나갔다가 귀국하면서 등주에서 발해만을 건
너기 위해 선박을 탔다. 이때 사문도에서 잠시 정박하면서 읊은 시편이
있다. ≪圃隱集≫ 권1 〈沙門島〉에서 :

등주박물관 정몽주동상(박현규 촬영)

神女祠何處	神女祠는 어디 있는가
沙門海上岑	사문도 바다 위 봉우리에 있네
戎車連鶴野	戎車는 鶴野에 잇달아 있고
貢道接雞林	貢道는 계림에 잇닿아 있다
利涉由靈貺	잘 건너감은 신령의 도움에서 비롯되고
徽封自聖心	아름다운 봉호는 성상의 마음에서 나왔네
泊舟來酌酒	배를 대고 와서 술을 따르고
稽首冀來歆	머리를 조아리며 흠향을 바라네

　여기의 신녀사는 마조를 모시는 천비묘를 지칭한다. 신녀는 마조 별칭 중의 하나이다. 이 시는 천비묘의 모습과 제례를 올리는 모습을 담았다. 천비묘는 사문도 바닷가에 자리를 잡고 있다. 당시 묘도군도 거주민뿐만 아니라 중국 대륙의 남북을 오가는 뱃사람, 심지어 고려에서 온 뱃사람들도 마조신앙을 믿고 있었다. 이들의 마음속에 마조가 차지하는 비중은 실로 대단했다. 당시 마조는 항해의 안전과 어업의 수확을 관장하는 해신에서 벗어나 인간의 모든 운명을 관장하고 결정해주는 천상신의 반상까지

올라와 있었다.

등주에서 정몽주를 태우고 발해만을 건너가다 사문도에서 잠시 정박하고 순풍을 기다렸다. 이때 뱃사람들은 정몽주에게 마조신앙에 대해 자연스럽게 이야기했고, 정몽주도 사문도 바닷가에 소재한 마조묘를 둘러보고 마조신앙을 확인했다. 정몽주는 이 시에서 발해만을 잘 건너는 것이 마조의 신령한 도움으로 이루어졌고, 마조가 황제로부터 아름다운 봉호를 받았다고 했다. 마조는 역대 조정으로부터 여러 차례 봉호를 받았다. 정몽주가 활동했던 당시에도 명나라 조정은 봉호를 내린 적이 있었다. 1372년 (홍무 5)에 명 태조는 마조가 해상 운수와 어업 활동에 도움을 주었다며 '昭孝純正孚濟感應聖妃'라는 봉호를 하사했다. 정몽주는 천비묘에 나아가 술을 올리고 머리를 조아리며 마조에게 항해안전을 축원했다.

李崇仁은 고려말 정몽주와 같은 노선을 걸었던 문신이다. 성리학과 시문에 조예가 깊었으며, 1392년(고려 멸망년)에 정몽주 일파로 몰려 유배되었다가 곧이어 조선 개국파에 의해 피살되었다. 1386년(우왕 12)에 正朝使가 되어 명나라 금릉을 다녀왔고, 1389년(공양왕 1)에 재차 정조사가되어 금릉을 다녀왔다. 그의 문집 ≪陶隱先生詩集≫에는 사문도에서 지은 작품으로 〈天妃廟次韻〉, 〈沙門島偶題〉, 〈留沙門島, 奉呈同行評理相君〉(이상 권2), 〈沙門島懷古〉(권3) 등 4편이 수록되어있다. 이 중에 사문도 天妃廟를 둘러보고 읊은 〈天妃廟次韻〉을 적어본다.

孤嶼開祠宇	외로운 섬에 사우를 창건하고
豊碑紀歲年	풍부한 비석에 세월을 적어놓았도다
神光時自發	신령한 빛이 때때로 절로 발하고
灝氣遠相連	청명한 기운이 멀리 서로 접했네
繪綵多靈像	신령한 상에는 채색을 많이 칠했고
椒馨列盛筵	풍성한 제단에는 산초향내가 가득하네

感通眞莫測	감응은 실로 예측하기 어려워
賴爾廟官傳	전하는 것은 너희 묘관에 달렸도다

이 시는 당시 사문도 천비묘의 제반 모습을 그려놓았다. 바다 가운데 한 외로운 섬에 천비묘가 세워져있었다. 천비 이름은 1281년(원 지원 18)에 세조가 내린 '護國明著天妃'라는 봉호에서 비롯되었다. 사문도 천비묘에는 창건 역사와 내력을 담은 비석이 세워져있었고, 묘우 안에는 다양한 색채로 아름답게 꾸며놓은 마조상이 모셔져있었다. 이숭인은 마조상을 바라보니 신령한 빛이 때때로 발하고, 청명한 기운이 먼 곳에서 전해와 오묘한 느낌을 받았다. 천비묘는 마조에게 제향하는 지역민과 뱃사람들로 항상 붐볐다. 이들이 제단에 차려놓은 제물이 풍성하고, 산초로 만든 향의 아름다운 향내가 묘우 안에 가득히 퍼져있었다. 이때 이숭인은 자신의 소원을 담아 직접 마조신을 감응시키고자 하였으나, 그 방식을 알지 못해 마조신을 가까이에서 모시는 묘관을 통해 대신 전달하였다.

이숭인은 〈沙門島偶題〉에서 사문도 사람의 삶의 현장과 천비묘의 풍광에 대해 읊었다.[20] 사문도 사람들은 남녀노소를 막론하고 모두 외딴 섬에서 바다를 의지하며 모생을 위해 살아가고 있었다. 나이가 든 할망구도 바닷가에서 고기를 잡는 어망들을 손질하고 있었고, 어린 동자도 일찌감치 바다에 나가 배를 모는 방법을 배우고 있었다. 당시 천비묘에 자연 풍광 속의 아름다운 한 장면이 연출되고 있었다. 한 마리의 외로운 학이 천비묘의 지붕 위에 앉아 달을 향해 울부짖고 있고, 파도는 달빛에 의해 뿌옇게 어른거리며 학을 비치고 있었다. 옛 선비들이 학에 대한 사랑은 지극하다. 학은 장수를 염원하고 고고함을 상징하는 동물이다. 학의 크기

---

20 ≪陶隱先生詩集≫ 권2 〈沙門島偶題〉:「海上沙門島, 停帆數日留, 老婆能結網, 童子學操舟, 唤月聞孤鶴, 楊波見孤鶴, 題詩非好事. 聊且慰羈愁.」 자주:「天妃廟中有鶴.」

는 보통 130~140㎝ 정도 되고, 날개를 펼치면 240㎝ 정도가 된다. 덩치가 커다란 학이 천비묘 지붕 위에 앉아 있으면 멀리서도 아름다운 자태를 볼 수 있다. 외딴 섬 바닷가에 파도가 일렁이고 고고한 달빛 아래 학의 자태는 더욱 아름답게 느껴졌을 것이다. 이때 이숭인은 오랜 사행 기간에 몸과 마음이 지쳐있었는데, 천비묘의 아름다운 광경에 빠져 잠시나마 시름을 달랠 수 있었다.

훗날 이숭인은 다시 한 번 발해만을 건너다가 사문도에서 바람을 기다리며 며칠 동안 정박하게 되었다. 이때 사문도 마조신앙을 살펴본 〈留沙門島, 奉呈同行評理相君〉을 지었다.[21] 이 시에서 사람들이 마조에게 기도하면 마조가 반드시 이를 들어준다고 했다. 특히 뱃사람 사이에 마조에 대한 신념은 매우 돈독했다. 뱃사람들은 마조가 바다의 악귀를 잠재워 해면을 고요하게 만들고 순풍을 불게 하여 자신들의 선박을 목적지까지 무사히 도달하게 해준다고 믿었다. 이숭인도 동선자의 입장에서 뱃사람의 마조 제향을 참관했다. 그 자신도 해양보호신 마조의 도움을 받아 좋은 바람에 편승하여 험난한 바다를 무사히 건너가기를 원했다.

권근은 려말 선초에 활약한 문신이다. 외교적으로 정몽주와 親明 노선을 걸었으나, 정치적으로는 정몽주와 달리 조선 개국에 힘을 보탰다. 1389년(창왕 2)에 종사관으로 명나라에 다녀왔고, 1396년(조선 태조 5)에 表箋問題가 발생하자 자청해서 명나라에 다녀왔다. 1389년(창왕 2) 일차 사행 때 읊은 시가들을 모아 〈奉使錄〉(≪陽村集≫ 권6)으로 편찬했다. 9월 2일 등주에서 발선하여 사문도에 도착하여 바람을 기다렸는데, 이때 지은 시가 〈九月初二日發船, 泊沙門島待風〉이다. 이 시의 전반부에서:

---

21 ≪도은선생시집≫ 권2 〈留沙門島, 奉呈同行評理相君〉:「沙汀矯首立多時, 霽景撩人欲賦詩, 山作三門潮勢壯, 天垂四面日行遲, 神妃享祀應須報, 海若潛形不敢窺, 政擬長風吹送柂, 同舟況復濟川資.」

秋晨天氣佳	가을 새벽 날씨가 좋고
和暖如春晷	따뜻함이 봄날과 같구나
篙師乃發船	사공들이 배를 띄었지만
海晏波不起	바다가 고요해 물결이 안 이네
來泊島嶼中	섬 가운데 배를 정박하니
祠宇肅清閟	문 닫긴 사우는 엄숙하고 맑도다
利涉賴陰功	잘 건너감은 음덕에 달린 것이니
黙黙心有冀	묵묵히 마음속으로 기도를 드린다

여기에는 선박 운행과 천비묘의 역학 관계를 기술해놓았다. 예로부터 발해만을 건너거나 대륙의 남북을 오가는 배들은 사문도에 잠시 정박하며 순풍을 기다렸다가 출발하곤 했다. 권근이 탄 선박도 사문도에 도달했으나 바람이 불지 않아 출항할 수가 없었다. 당시 선박은 바람과 조류에 크게 영향을 받는 풍력선이였다. 만약 바람이 전혀 없고 바다가 지나치게 고요하면 오히려 돛에 힘을 받지 못해 운항하는데 많은 지장을 준다. 이때 뱃사람들은 천비묘에 나가 마조에게 소망을 빌었다. 권근은 천비묘를 찾았으나 문이 굳게 닫쳐있었다. 문밖에서 발해만을 무사히 건너는 것은 마조의 음덕에 달렸다고 마음속으로 묵묵히 축원했다. 여기의 "利涉賴陰功" 구절은 정몽주 〈사문도〉의 "利涉由靈貺"과 일치한다. 바다를 잘 건너고 못 건너는 것은 모두 마조에게 달렸다.

다음날인 9월 3일에 권근 일행이 탄 선박들은 출항하기 좋은 남풍이 불어와 사문도에서 출발하려고 했으나, 總旗船 한 척이 늦게 도착하여 마조에게 제례를 지내지 못해 출항을 포기했다. 이튿날 정오가 지나서 마조에게 제례를 드렸으나, 갑자기 바람이 서풍으로 바뀌어 또 다시 출항하지 못했다. 이때 권근이 지은 시가 〈初三日, 曉有南風, 欲發船, 因一總旗船未至, 留泊而待. 既晚乃至, 其夜南風甚快, 又因總旗船未致祭, 遷延至初四旣午乃祭, 風轉而西, 不得發船, 留宿舟中〉이다. 이 시에 사신선이 출항하고 못하는 것은 神妃(마조)에게 달렸다는 구절이 있다.[22] 당시 사신선을 운행하는 뱃사람들은 설령 출항하기 좋은 바람을 받더라도 해양보호신 마조에게 제례를 지내지 못했다면 출발하지 않았다. 이들은 거세고 험한 바다에서 어떠한 위험이 닥쳐도 항상 마조가 도와준다는 심리적인 안정이 필요했기 때문에 사문도에서 출항하기 직전에 반드시 마조묘에 나가 제례를 지냈다. 우리는 이 시를 통해 마조가 당시 발해만을 오가던 뱃사람들에게 얼마나 큰 영향을 끼쳤는지를 엿볼 수 있다.

朴宜中은 려말 선초에 활동한 문신이다. 李穡의 문인으로 문장과 성리학에 밝았다. 1388년(우왕 14)에 명나라에 사신으로 가서 鐵嶺衛 문제를 해결하고 왔다. 발해만 묘도열도를 건너가는 도중 사문도에 잠시 머물렀다. 이때 사문도 천비묘와 주변 경관의 빼어남을 노래한 〈次沙門島壁上韻〉으로 남겼다. 〈次沙門島壁上韻〉은 그의 문집 ≪貞齋先生逸稿≫(권1)와 徐居正 등이 편찬한 ≪東文選≫(권17 〈七言律詩〉)에 각각 수록되어있다. 이 시에서:

曉日初昇宿霧收	새벽 해가 떠오르자 밤안개 걷히고
仙宮金壁耀沙頭	仙宮의 황금 벽이 모래톱에 번쩍이네
三隅鼎峙山朝拱	세 모퉁이에 솟은 산이 鼎처럼 껴안고 있고
四面環回海漫流	네 면 주위에는 바닷물이 찬찬히 흐르구나
激石驚濤常湧雪	암석에 성난 물결 부딪쳐 늘 눈이 솟구듯
舍風虛閣自生秋	바람이 빈 누각에 들어오니 절로 가을이 생기네
無窮爽槪應難盡	끝없이 상쾌한 감정은 다할 수 없고
故作新詩記勝遊	新詩를 지어 뛰어난 유람을 기록하리라

---

22 ≪陽村集≫ 권6 〈初三日, 曉有南風, 欲發船, 因一總旗船未至, 留泊而待. 旣晚乃至, 其夜南風甚快, 又因總旗船未致祭, 遷延至初四旣午乃祭, 風轉而西, 不得發船, 留宿舟中〉:「引逸天心顯, 遲違人事非, 待風空有喜, 越海却難飯, 漂泊經時節, 淹延送夕暉, 舟中高枕臥, 去住任神妃.」

이 시는 사문도 천비묘와 주변 경관의 아름다움을 읊었다. 仙宮은 천비묘를 지칭한다. 시인은 천비묘의 벽면에 적힌 시의 압운을 빌려 이 시를 지었다. 당시 천비묘의 벽면은 황금색으로 칠해놓았다. 중국 묘우의 벽면은 황금색으로 칠한 경우가 많다.[23] 황금빛의 벽면은 아침 햇볕이 내리쪼이는 황금빛의 모래톱과 어울려 주변은 온통 황금빛 물결이었다. 묘우 주변은 세 모퉁이가 삼발 솥처럼 우뚝 솟은 언덕과 사면으로 둘러싼 바다로 이루어져있었다. 거센 물결이 바닷가 바위에 부딪쳐 그 파편이 산산이 흩어져서 마치 흰 눈이 날리는 형상을 하고 있고, 또 바다에서 시원한 바람이 텅 빈 누각으로 불어 들어오니 시원하기 그지없었다. 시인은 상쾌한 마음으로 시를 지어 사문도 천비묘의 장관을 노래했다.

그렇다면 고려 사신들과 마조신앙과의 역학 관계는 어떠한가? 사문도 천비묘를 찾은 정몽주, 이숭인, 권근, 박의중 등 고려 사신들은 마조신앙을 받아들였다고 볼 수 있는가? 상기 자료만 본다면 그렇다고 말할 수 있지만, 이들의 일생을 훑어보면 그렇다고 보기가 힘들다. 이들은 주자학 계통의 성리학 도입과 전파에 온갖 힘을 쏟았던 유학자라는 공통점을 가지고 있다. 당시 고려 조야에서 성행한 불교는 과도한 사찰 조직과 부패한 승려들에 의하여 말기적 조짐이 곳곳에서 나타났다. 이들은 말기적인 불교 숭상을 비판하고 성리학에 의거하여 새로운 사유를 구축해야 한다고 주장했다. 예를 들면 ≪朱子家禮≫에 의거해서 가묘를 세우고 조상에게 제례를 올려야 한다고 했다. 유학자의 사고적 측면에서 본다면 마조신앙은 한갓 민간에서 전해오는 신앙에 불과하고 전통적인 유학의 도통 사상과는 다소 거리가 있다.

고려 사신들이 사문도 마조묘에 들렸던 과정을 보면 애초부터 마조를

---

23 최근 묘도 현응궁(천비묘)을 개축하면서 벽면을 붉은 색으로 칠해놓았다.

축원하기 위해 예방한 것이 아니라, 오가는 해로 사행의 길목에 있어 우연찮게 들렀다. 이들은 뱃사람들이 마조묘에 나가 향불을 올리는 행위를 보고 동선자의 입장에서 항해 안전을 도모하기 위한 치제 의식에 참여했던 것이지, 결코 귀국한 이후에도 마조신앙을 가져와 지속적으로 믿었다고 보기는 힘들다. 고려 사신들이 무사 항해를 기원하는 행위는 사문도 이외의 지역에서도 찾아볼 수 있고, 다른 해양보호신에게 치제한 적도 있다. 예를 들면 권근은 등주에서 출발하기에 앞서 봉래각 龍神廟에 나가 항해 안전을 축원했다. 여기에서도 바다를 잘 건너는 것은 앞서 마조의 음덕이라고 했던 것처럼 龍神의 음덕에 달려있다고 했다.[24]

얼마 후 해로사행에 나서던 조선 사신들은 고려 사신들에 비해 마조신앙에 대해 보다 구체적으로 표방하고, 마조의 음덕을 간절하게 바랐다. 그 증거로 1392년(고려 멸망년)으로부터 채 10년도 안 되는 시점인 1400년(조선 定宗 2)의 사례를 들어본다. 李詹은 사신선을 타고 사문도를 거쳐 등주 앞 바다에 이르렀다. 사신선은 발해만 북쪽에서 떠내려 온 유빙에 의해 갇혀 오도 가도 못하고 전복 위험에 빠졌다. 이첨은 높은 다락에 올라 天妣(天妃)에게 위난을 구해달라고 향불을 올리고 간절히 기도했다.[25] 또 사문도에서 監生을 香使로 삼아 靈應廟(천비묘)에 나가 마조에게 치제하고 향불을 사신선에 가져와 축원했다.[26]

---

24 ≪양촌집≫ 권6〈謁龍神廟〉:「斷峰臨海閟宮深, 肅肅令人起敬心, 風送舟航祈必應, 日修香火祠時忱, 仁洪廣濟含溟渤, 利涉資生配大陰, 萬里朝宗今過此, 冀將神變到雞林.」

25 李詹《雙梅堂篋藏集》권2〈二十七日, 行舟至登州海口, 俄而冰合不果行, 舟人皆危懼. 與朴評理望天妣於喬房, 香火以禱, 擲杯玟襲吉. 夜半潮退, 忽焉冰解. 遲明乘三板登岸, 乃感應神妙如此, 喜而有作〉:「海門冰合脫行船, 潮退須臾已渙然, 固是氷凸方便力, 但將消長要知天.」

26 李詹《雙梅堂篋藏集》권2〈又題用登州韻〉:「久客繞情緒, 當春更惘然, 分香靈應廟, 乞火孝廉船.」자주:「監生爲香使, 同泊沙門島.」

고려 사신들이 언급한 상기 시편들은 초기 한국에서 마조신앙을 접촉하는 과정을 규명하는데 있어 매우 중요한 자료이다. 이 시편들은 현존문헌 중 고려와 직접 관련된 확실한 마조 자료이다. 고려 사신들이 마조신앙을 독실하게 믿었다고 볼 수는 없지만, 최소한 중국 해역을 드나드는 고려 뱃사람들은 바다를 관장하는 마조신앙을 경건하게 믿었다고 볼 수 있다. 2005년 7월에 등주의 옛 항구인 蓬萊水城에서 고선박 3척이 발굴되었는데, 그 중 蓬萊 3호선과 봉래 4호선은 고려(조선)선박이다. 봉래 3호선의 침몰 연대는 1373년(고려 공민왕 22)부터 1409년(조선 태종 9)까지로 추정하고 있다.[27] 당시 고려 선박과 뱃사람들이 발해만 해역을 드나들면서 중국에서 성행하고 있던 마조신앙을 받아들였던 것으로 보인다. 고려 뱃사람들의 출신은 발해만 해역과 가까운 거리에 소재하는 평안도 지역출신이 가장 많을 것으로 추정된다. 대만 陳正祥이 작성한 媽祖廟 분포도를 보면 평안도 해안지역 5곳에 마조묘가 세워져있었다.[28] 평안도 마조묘는 후대에 만들어졌던 것으로 추정되지만, 이것을 통해 평안도 해안지역에 마조신앙이 유통되고 있었다는 사실을 알 수 있다. 이러한 현상은 고려 뱃사람들의 마조신앙과 밀접한 관련이 있을 것으로 생각된다.

4. 마무리

마조는 북송 초 복건 湄洲嶼에서 생존했던 林黙이 승격된 인격신이다. 그의 사후에 복건 미주서 주변 지역에서 해신으로 모셔졌고, 훗날 해상 운송의 발달과 조정의 해상 정책으로 인하여 중국 전 수역으로 급속도로

---

27 朴現圭, 〈蓬萊水城高麗(朝鮮)船舶的歷史背景〉, ≪蓬萊古船國際學術硏討會文集≫, 蓬萊古船國際硏討會組織委員會, 山東省文化廳, 蓬萊, 2006.8. pp.22~24, 258~266.
28 陳正祥, 앞의 책자, p.155, 圖91.

확대되었다. 오늘날에는 중국 대륙은 말할 것도 없고, 일본, 동남아시아 등 화교가 이주한 세계 곳곳에서 마조신앙을 찾아볼 수 있다.

본 논문은 한국에서 마조신앙을 접촉하고 도입한 과정을 알아보는 작업의 일환으로 일차적으로 고려시대에 관련된 사항만 뽑아서 고찰하였다. 1123년(선화 5)에 路允迪을 정사로 삼은 송나라 국신사 일행이 고려국에 왔고, 이때 閩浙 출신의 상인과 뱃사람들이 동행을 하였다. 이들은 明州(寧波)에서 한반도 예성항까지 오가면서 무사 항해를 도모하기 위해 여러 해양보호신에게 축원했는데, 여기에 마조신이 포함되어있다. 복건 출신의 李振은 노윤적에게 마조신앙에 대해 이야기했다. 송나라 조정은 노윤적의 주청을 받아들여 聖墩 마조에게 '順濟'라는 묘액을 하사했다. 한편 노윤적 일행은 고려에서 한동안 머물면서 고려 사람들에게 마조신앙을 소개했거나 고려 사람들이 노윤적 일행이 치제하는 마조 의식을 보았을 개연성은 있다. 하지만 이때는 어디까지나 고려 사람들이 마조신앙을 단순 접촉한 단계에 불과하고, 본격적으로 믿었다고 보기는 힘들다.

고려말에 들어와서 고려 사람들이 마조신앙을 다양하게 접촉했고 적극적인 반응을 보였다. 고려와 명나라 양국이 외교 관계를 맺으면서 등주와 요동반도를 잇는 해로사행이 개통되었다. 사신 해로사행의 길목에는 마조묘가 북방 지역에 최초로 분파된 마조묘인 沙門島 天妃廟(현 廟島 顯應宮)가 있었다. 당시 사문도는 발해만을 건너거나 대륙의 남북으로 오가던 선박들이 머물면서 마조를 섬기는 신앙이 매우 성행했다. 鄭夢周, 李崇仁, 權近, 朴宜中 등 고려 인사들은 사문도 천비묘를 찾아 무사 항해를 기원하거나 마조신앙의 영험에 대해 기술한 작품을 남겼다. 고려 인사들은 비록 동선자의 입장에서 천비묘에 둘려 해상 안전을 도모하는 치제 의식에 동참하긴 했으나, 귀국 후에도 지속적으로 마조신앙을 믿었다고 보기는 힘들다. 그렇지만 곧이어 전개되는 조선 건국 초기의 사신들은 발해만을 오가면서 마조신앙에 대한 믿음과 인식이 보다 명백해졌다. 고려말 발해만을 오가던 뱃사람들은 마조신앙을 독실하게 믿고 있었다. 뱃사람들은 주로 발해만과 가까운 평안도 지역의 출신으로 추정되는데, 훗날 평안도 해안지역에 마조묘가 세워진 것과도 밀접한 관련이 있다. [燁爀之樂室]

제7장

고려 조선시대 사행록에 투영된 해신 媽祖 분석

1. 개론

한국과 중국은 예로부터 양국 사신들이 빈번하게 오갔다. 양국 사신들
이 상대국으로 오가는 사행 노선은 크게 육로와 해로로 나뉜다. 서해는
일명 황해로 한중 양국 사이에 놓인 바다이다. 면적이 약 40만㎢, 평균
수심이 44m로 그다지 크지도 깊지도 않지만, 과거의 풍력선으로는 바다
를 건너기가 여간 어렵지 않다. 양국 사신들과 뱃사람들이 해로 사행에
나섰다가 조난사고를 당하는 경우가 꽤 있었다. 그래서인지 이들은 항해
과정에서 바다를 관장하는 여러 신들에게 무사안전을 축원했다.

媽祖신앙은 중국의 대표적인 해양신앙이다. 마조는 원래 송나라 초 복
건 앞 바다 湄洲島에서 활동했던 실존 여성 林默이다. 생전에 뱃사람의
안전을 기원하는 일을 하였으며, 사후에 해양 보호신으로 승격되었다. 그
후 마조신앙이 미주도 주변 연해안 지역에서 중국 해안과 내수 지역으로

복건 미주도 천후궁 본전(박현규 촬영)

급속도로 퍼져나갔고, 신앙영역에서도 해양 보호신에서 점차 인간의 출생과 길흉까지 관장하는 신으로 확대되었다. 중국 역대조정은 이런 저런 요청으로 마조에게 봉호를 계속 더했으며, 청나라 때에는 천상 최고신의 반열에 올려놓았다. 오늘날 중국 대륙은 말할 것도 없고, 한국, 일본과 동남아시아, 화교들이 진출한 세계 각지에 마조를 숭배하는 묘우나 신단이 설치되어있다.

려말 선초와 병자란 직전 시기에 고려와 조선 사신들은 해로를 통해 중국 대륙을 오갔다. 이 중에 많은 사신들이 해로 사행에서 느꼈던 감정이나 자신들이 견문한 내용을 책자로 편찬했는데, 이것이 바로 해로 사행록이다. 해로 사행록에는 마조와 관련된 많은 작품이 수록되어있다. 본 문장에서는 해로 사행록에 수록된 마조 관련 작품을 중심으로 해로 사행과 마조의 관계를 종합적으로 분석해본다. 사신들이 해로 사행에서 마조와 관련된 어떠한 작품을 남겼는지? 이들은 마조를 어떻게 생각하는지? 마조묘에 나가 어떠한 신앙 활동을 하였는지? 항해 과정에서 마조에게 어떠한 축원을 하였는지? 이러한 제반 사항은 우리나라가 어떻게 마조신앙을 느끼고 받아들였는가에 대해 알아보는데 좋은 주제라고 생각된다. 지금까지 국내외에서 한국에서 마조신앙과 관련된 사항을 기술한 지도나 글이 몇 편 나왔다.[1] 복건 지역에서 나온 글에서 고려·조선 사신의 마조 관련 시편을 일부 정리한 내용이 있다.[2] 아쉽게도 이들 글의 내용은 소략하거

---

1 陳正祥, 〈媽祖廟(天后宮)之分布〉, ≪中國歷史·文化地里圖冊≫, 原書房, 東京, 1982.4, p.155, 圖91.
   蔣維錟·鄭麗航輯纂, ≪媽祖文獻史料彙編≫(詩詞卷), 中國檔案出版社, 北京, 2007.10, pp.33~35.
   高惠蓮, 〈皇會와 朝鮮의 媽祖寺院〉, 中國史研究, 50집, 中國史學會, 2007.10, p.225, 245~248.
2 媽祖 본산인 福建 莆田에서 운영하는 福建東南新聞網(www.fjsen.com)이 있다. 여

나 오류가 많은 편이다.

2. 해로 사행의 시기와 노정

1368년(명 홍무 1)에 명나라는 원나라를 북쪽으로 몰아내고 金陵(南京)에 도읍을 정하고 새로운 나라를 건국했다. 고려는 친명노선을 걸으면서 명나라와 외교관계를 맺었다. 당시 양국 사신들은 해로를 통해 상대국을 오갔다. 고려는 처음부터 명나라에게 육로 통행을 요구했으나, 명나라는 요동 사행로가 北元과 가깝고 해로를 통해 금릉까지 직접 들어올 수 있어 육로 통행을 거절했다. 고려 사신들은 한반도 서해안에서 바다를 가로질러 長江 유역을 잇는 서해사단항로를 이용했다. 이 항로는 일찍이 신라·고려와 송나라 사신들이 활용했던 노선이다.

그런데 서해사단항로는 도중에 기항할만한 도서들이 마땅히 없어 망망대해를 장시간 헤쳐 나가야 하므로 조난 사고가 발생할 위험도가 높은 편이었다. 1372년(공민왕 21)에 고려 사신이 우려했던 조난 사고가 실제로 발생했다. 고려 사신 洪師範, 鄭夢周 등이 귀국할 때 서해사단항로를 따라가다가 許山(현 항주만 북쪽 灘許山) 바다에서 폭풍우를 만나 홍사범이 탄 선박은 침몰하고, 정몽주는 겨우 목숨만 건지는 조난 사고가 발생했다. 이 조난 사고를 기점으로 사신 노선이 크게 바뀌었다.

고려 사신들은 압록강에서 육로로 북쪽 요동까지 올라갔다가 다시 반도 끝자락인 旅順口로 내려와 해로로 발해만을 건넜다. 요동 旅順口와

기에 〈古代朝鮮使臣以及媽祖詩咏〉(상재일 : 2008년 3월 5일)이라는 제목으로 한국 사신들이 지었던 마조 관련 작품들을 일부 열거해놓았는데, 오류가 꽤나 보인다. 예를 들면 조선 金時習의 〈蜃樓〉는 關東 지역을 유력할 때 장대한 동해바다를 바라보고 지은 작품으로 마조와 관련이 없다.

산동 登州(蓬萊) 사이에는 발해만을 가로지르는 최단 해로인 묘도열도 항로가 있다. 묘도열도는 廟島, 南長山島, 北長山島, 砣磯島, 竹山島, 南隍城島, 北隍城島, 大欽島, 小欽島 등 32개 도서가 연이어져 있다. 과거의 풍력선은 연근해 항법을 이용해서 바다를 오갔다. 항해 도중에 정박할 수 있는 섬들이 많은 묘도열도는 과거의 풍력선이 바다를 건너기에 좋은 항해 노선이다. 1372년(공민왕 21) 이후 고려 사신들은 기본적으로 묘도열도 항로를 활용해서 등주에 도달했다.[3] 등주에서 강소 북단까지는 육로, 강소 북단에서 금릉까지는 경항대운하와 장강 내수로를 이용했다.

1392년(조선 태조 1) 조선이 개국한 이후에도 조선 사신들은 계속 묘도열도 항로를 활용하여 명나라를 오갔다. 그러다가 명나라 燕王 출신 영락제가 정권을 잡아 수도를 금릉(남경)에서 북경(연경)으로 옮기면서 사신 노정도 바뀌었다. 1409년(태종 9)부터 조선 사신들은 요동과 하북을 거쳐 북경으로 들어가는 육로를 이용했고, 요동에서 묘도열도 항로를 거쳐 금릉으로 들어가는 육·해로는 폐쇄되었다.[4] 이 이후 금릉에 머물고 있는 영락제 또는 황태자를 예방하기 위해 조선 사신들이 금릉(남경)에 들어갈 때도 육로로 북경을 통해 금릉(남경)으로 들어갔다.[5]

명청 교체기에 요동지역은 전란의 소용돌이에 빠져 들어갔다. 청나라 (당시 後金)는 요동 북쪽을 본거지로 삼아 요동 남부를 강력하게 압박해 갔다. 1621년(천계 1)에 요동으로 통하는 육로가 봉쇄되자, 부득불 오랫동

---

3 1372년(공민왕 21) 이후 고려 사신이 묘도열도 항로를 활용하지 않는 예외가 있다. 1389년(昌王 2 ; 홍무 22)에 권근은 출사할 때는 육로로 요동, 북경 을 거쳐 금릉으로 들어갔다. 다만 귀국할 때는 산동에서 묘도열도 항로를 이용했다.
4 ≪增補文獻備考≫ 권177 〈交聘志·辛酉以後航海路程〉(≪국역본증보문헌비고≫, 세종대왕기념사업회, 1994.10, 교빙고 책2, 원문 p.22) 참조.
5 ≪太宗實錄≫(한국역사정보통합시스템본) 17년(1417) 윤5월 계해(8)일조, ≪世宗實錄≫ 1년(1419) 2월 기해(24)일조 참조.

안 폐쇄했던 해로를 다시 열었다. 조선 사신들은 평안도 서해안에서 선박을 타고 해로로 요동반도 연해안을 따라가다가 반도 끝자락에서 남행하여 묘도열도를 거쳐 산동반도 북단으로 들어갔다. 산동반도 북단에서 다시 육로로 濟南을 거쳐 북경으로 들어갔다. 이 시기의 해상노정은 려말 선초 때의 해상노정과 조금 다르다. 려말 선초에는 사신들이 요동남단까지 육로로 갔다가 旅順口에서 선박을 타고 묘도열도를 건너는 해로를 활용했다.

1629년(인조 7)에 조선 사신들의 사행노정이 조금 변경되었다. 명 장수 毛文龍은 청나라 군대의 남침을 방어한다는 목적으로 椵島(평안도 소속)에 들어와 자기 세력을 키우며 전횡을 일삼았고, 또한 요동과 발해 해역을 관장하며 조선 사신들의 해상 왕래에 자주 농단을 부렸다. 寧遠衛 袁崇煥은 모문룡을 견제하기 위해 조선 사신의 해로를 발해만 북쪽으로 바꾸는 극단의 조치를 내렸다. 평안도 해안에서 요동반도 남단 끝인 旅順口 바다까지는 기존 항로를 따르고, 旅順口 이후는 변경된 항로로 오갔다. 旅順口에서 鐵山嘴를 돌아서 발해만 북쪽으로 올라가 羊島, 雙島를 거쳐 北迅口에 도달하고, 여기에서 발해만 북쪽 해역(遼東灣)을 가로질러 하북 覺華島에 도달했다. 覺華島 건너편이 興城이다. 흥성에서 북경까지는 기존의 육로사행의 노선을 따라 갔다. 발해만 북쪽 해역을 가로지르는 해로는 도중에 기항할 수 있는 섬들이 없어 묘도열도를 지나는 해로보다 훨씬 위험하고, 또 항해 거리도 훨씬 멀었다. 1629년(숭정 2)에 모문룡이 원숭환에 의해 제거되었다. 이듬해 원숭환도 반대파에 의해 모반의 누명을 쓰고 처형당했다. 1630년(인조 8)에 鄭斗源, 高用厚 일행이 잠시 묘도열도 항로를 따라 등주로 들어간 적이 있지만, 해로 사행이 끝날 시점인 1637년(인조 11)까지 계속해서 발해만 북단 각화도 노선을 따라갔다.

한편 조선에서의 출항지도 조금 변동이 있었다. 초기에는 安州 淸川江또는 宣川 宣沙浦에서 출발했다. 선사포는 일명 旋槎浦이다. 이곳은 평안도 북쪽으로 모문룡이 주둔한 가도와 매우 가까워 명나라와의 연락이 용이하고 전체 항해거리가 조금 단축되는 이점이 있었다. 1627년(인조 5)에 정묘호란이 발생된 이후에는 접경 지역에 가까운 선사포에서 훨씬 남쪽에 소재한 甑山 石多山 또는 내수로 平壤 大洞江을 출항지로 삼았다. 石多山은 일명 石茶山이다.

1636년(인조 14)에 청나라 군대가 한반도로 침입하는 병자호란이 발생했고, 이듬해에 조선은 명나라와 외교관계를 끊고 청나라와 새로운 외교관계를 맺게 된다. 이때부터 조선 사신들은 청나라로 들어갈 때 육로를 통해 盛京(沈陽)이나 북경으로 들어갔다. 묘도열도 항로나 발해만 북단 항로는 다시 폐쇄되었다. 조선 말기에 이르러 조선 사신들이 신식군함을 타고 천진이나 기타 지역으로 들어간 경우는 있지만, 전통적인 해로 사행은 더 이상 발생되지 않았다.

3. 해로 사행 媽祖資料와 장소

한국인들은 언제부터 마조를 본격적으로 접촉했을까? 현존 기록으로는 고려 사신들이 沙門島 天妃廟(현 廟島 顯應宮)를 드나들었다는 14세기 후반기부터이다. 물론 이 이전에 일부 고려인이 마조를 단순 접촉했을 가능성이 아주 없다고 단정 짓기는 힘들다. 송나라 사신 路允迪 일행이 배를 타고 고려를 오갈 때 마조의 도움을 받았다는 얘기가 전해오고 있다. 이들이 타고 온 선박은 예성항 벽란포에서 한동안 머물렀다. 이때 예성항 주변의 고려 뱃사람들이 송나라 뱃사람을 통해 마조 사상을 접촉했을 가능성도 없지 않다.[6] 또 원나라시기에 마조신앙은 이미 중국 도처에 널리

---

6 朴現圭, 〈고려시대 媽祖信仰 接觸過程에 관한 고찰〉, 韓中言語文化硏究, 17집, 韓

보급되었다. 중국 남북해역과 내수면에는 마조묘가 세워지지 않는 곳이 거의 없을 정도였다. 고려 사신들이 원나라를 드나들거나 고려 뱃사람들이 중국대륙을 오가면서 마조묘에 들렀을 가능성도 없지 않다. 다만 현존 문헌에는 이와 관련된 구체적인 자료가 남아있지 않다. 그리고 접촉했다 하더라도 단순 접촉일 가능성이 높다.

14세기 후반기 고려 사신들은 중국 대륙을 드나들면서 사문도 천비묘를 둘러보고, 이와 관련된 작품들을 남겼다. 조선조에 들어와서 이러한 현상이 더욱 두드러지게 나타났다. 조선 사신들은 사신 노정에 소재한 여러 곳의 마조묘를 둘러보고 많은 작품을 남겼으며, 특히 해로 사행에서는 마조를 믿고 신앙 활동을 행하는 작품을 남기기도 했다.

그렇다면 고려 · 조선 사신들이 마조를 대상으로 읊은 작품들이 구체적으로 어떤 것이 있을까? 이들의 해로 사행록에서 마조 또는 마조묘라는 말이 들어간 작품을 뽑았다. 사행 도중에 마조묘가 소재한 장소에 들리긴 했으나 마조와 직접 관련이 없는 작품은 제외시킨다. 예를 들면 고려 李崇仁의 〈沙門島懷古〉, 조선 李詹 〈南風辭, 沙門島待風, 作詩三章〉, 申悅道의 〈九日泊沙門島有感〉, 全湜의 〈廟島偶吟〉, 金尙憲의 〈八月十五日登廟島樓玩月次春城韻〉 등은 사문도에서 자신의 감정만을 읊었고 마조에 대한 단어나 내용이 들어가 있지 않아 제외시켰다. 아래의 도표에서는 사신들의 마조관련 작품들을 보다 효율적으로 분류하기 위해 시대별로 고려말기, 조선건국초기, 병자란 직전으로 나누었다.

國現代中國硏究會, 2008.8, pp.171~191.

(1) 고려말기 마조 관련 작품 :

사신	원전	작품	장소
鄭夢周	圃隱集	〈沙門島〉(권1)	사문도
李崇仁	陶隱先生詩集	〈天妃廟次韻〉(권2)	사문도
		〈沙門島偶題〉(권2)	사문도
		〈留沙門島, 奉呈同行評理相君〉(권2)	사문도
權近	陽村集	〈九月初二日發船, 泊沙門島待風〉(권6)	사문도
		〈初三日, 曉有南風, 欲發船, 因一總旗船未至, 留泊而待. 旣晩乃至, 其夜南風甚快, 又因總旗船未致祭, 遷延至初四旣午乃祭, 風轉而西, 不得發船, 留宿舟中〉(권6)	사문도
朴宜中	貞齋先生逸稿	〈次沙門島壁上韻〉(권1)	사문도

(2) 조선건국초기 마조 관련 작품 :

사신	원전	작품	장소
李詹	雙梅堂先生篋藏文集	〈二十七日, 行舟至登州海口, 俄而冰合不果行, 舟人皆危懼. 與朴評理望天妃於喬房, 香火以禱, 擲杯玦襲吉. 夜半潮退, 忽焉氷解. 遲明乘三板登岸, 乃感應神妙如此, 喜而有作〉(권2)	登州
		〈沙門島待風〉(권2)	사문도
		〈又題用登州韻〉	사문도
		〈旅順行〉(권2)	旅順
李稷	亨齋先生詩集	〈次章寺丞韻・沙門島韻〉(권3)	사문도
		〈沙門島待風〉[其一](권3)	사문도

(3) 조선 병자란 직전시기 마조 관련 작품:

사신	원전	작품	장소
安璥	駕海朝天錄	1621년 10월 10일조	묘도(사문도)
李民宬	敬亭先生集	〈次趙侍郎平島寄韻〉[其一](권8)	묘도(사문도)
		〈値奔鯨於洋中, 海壑爲之掀盪. 吾聞大則吞舟, 小則覆舟, 爲可慮也, 遂援筆賦以諭之〉(권8)	石城島 해역
		1623년 6월 11일조(속집권1)	묘도(사문도)
趙溁	朝天日錄	1623년 9월 26일조	묘도(사문도)
金尙憲	淸陰先生集	〈祭海神文〉(권9)	宣沙浦
		〈長山島天妃祭文〉(권9)	長山島
		〈祭天妃迎送曲〉(권9)	長山島
		〈詠天妃觀道士〉(권9)	묘도(사문도)
		〈次吳晴川大斌韻三首〉[其一](권9)	묘도(사문도)
李德泂, 洪翼漢	朝天錄, 花浦先生朝天航海錄 및 국역본	1624년 8월 19일조, 20일조	廣鹿島
		1624년 8월 22일조	묘도(사문도)
		1625년 3월 17일조, 19일조	登州
		1625년 3월 23일조	묘도(사문도)
吳翻	天坡集	〈泊廟島〉(제2)	묘도(사문도)
崔有海	東槎錄	〈次晴川廟島停舟韻〉(권1)	묘도(사문도)
申閱道	懶齋文集	1628년 9월 9일조(권3), 〈祭天妃神文〉(권6)	묘도(사문도)
高用厚	晴沙集	〈遇順風到長山島, 奉呈鄭下叔〉(권1)	長山島
李忔	雪汀集	〈舟次金山嘴, 次李星山韻〉(권1)	金山嘴
		〈天津歌〉(권1)	天津
		〈北汛口祭天妃神文〉(권5)	北汛口
		〈望海亭祭天妃神文〉(권5)	望海亭
	雪汀先生朝天日記	1629년 9월 17일조	北汛口
		1630년 3월 8일조	望海亭
		1630년 3월 16일조, 17일조	天津
金堉	潛谷先生遺稿	〈石多山開洋祭文〉(권9)	石多山
		〈覺華島開洋祭文〉(권9)	覺華島
	朝京日錄	1636년 11월 6일조	미상

고려말기의 해로 사행에서 마조를 대상으로 작품을 남겼던 사신은 鄭夢周, 李崇仁, 權近, 朴宜中 등이 있고, 조선초기에는 李詹, 李稷 등이 있다. 병자란 직전시기에는 安璥, 李民宬, 趙濈, 金尙憲, 李德泂, 洪翼漢, 吳翽, 崔有海, 申閱道, 高用厚, 李忔, 金堉 등이 있다. 이들이 읊은 장소는 사문도가 절대 다수를 차지한다. 특히 려말 선초에는 사문도 일색이라고 해도 과언이 아니다. 병자란 직전에는 사문도 외에 선사포, 석다산, 登州, 長山島, 石城島, 廣鹿島, 北汛口, 覺華島, 望海亭, 天津 등 여러 지역에서 마조와 관련된 작품이 창작되었다.

사문도는 오늘날 산동 長島縣 소재 廟島를 지칭한다. 묘도는 원래 이곳에 마조묘, 세칭 海神娘娘廟가 있다는 데에서 나왔으며, 명대 이후 점차 묘도라는 이름으로 대체되었다. 1621년(광해군 13)에 安璥은 묘도 천비묘에 나가 제사를 지냈다. 묘우 건물에 '天妃娘娘之廟'라는 편액이 걸려 있다고 했다.[7] 마조묘의 창건연도는 1122년(송 宣和 4)으로 알려져 있다. 이곳은 마조신앙이 북쪽 지역으로 처음 전파된 묘우이며, 복건 湄洲島 마조묘와 함께 南北祖庭이라 불린다. 처음에는 사찰의 한쪽 곁에 향불을 둔 작은 규모로 출발했다. 원나라 때 남방선단들이 바다를 통해 물자 수송하기 위해 북방으로 대거 올라와 사문도를 중간 기착지로 삼았다. 이때부터 사문도 마조묘는 커다란 묘우로 발전하였다. 1279년(원 지원 16)에 뱃사람들이 출자하여 마조묘를 크게 증축했다. 1628년(명 숭정 1)에 명나라 조정으로부터 '顯應宮'이라는 묘액을 받았고, 1855년(청 함풍 5)에 청나라 조정으로부터 '神功濟運'이라는 액자를 받았다. 그러다가 문화대혁명 기간에 묘우가 철저하게 파괴당하고 그동안 이어져오던 향불이 꺼지게 되었다.

---

7 安璥 ≪駕海朝天錄≫ 1621년 10월 10일조 : 「初十日, 晴. 廟堂作祭文, 燒香祈風, 廟堂之額曰 : 天妃娘娘之廟云.」(Harvard Yenching Library TK3051-5483본)

1982년 이후 몇 차례 대대적인 복구 작업을 거쳐 옛 모습을 거의 되찾았다.

묘도는 장도현 소재지에서 서쪽으로 2.5해리 떨어진 섬이다. 장도현 전체는 중국정부에서 외국인 출입금지 지역으로 지정하고 있어 사전에 출입허가를 받아야 한다. 蓬萊港 선착장에서 훼리호를 타고 45분 정도 가면 長島港 선착장이 나온다. 장도현 선착장에서 쾌속정을 타고 10분 정도 가면 묘도촌 선착장이 나온다. 묘도촌은 청 도광 연간에 王姓과 金姓이 靑州府에서 이주해왔으며, 村名은 島名에서 따왔다. 선착장 입구에는 패루가 세워져있고, 그 뒤편이 바로 현응궁이다. 현재 현응궁의 제반업무는 顯應宮管理委員會에서 맡아하고, 신앙 활동은 道長이 주관한다.

오늘날 현응궁의 건축 배치는 크게 세 부분으로 나뉘어져있다. 앞쪽에서부터 출입문, 山門, 享殿, 萬年殿, 壽身殿이 세워져있으며, 좌우에 부속 건물이 대칭으로 세워져있다. 산문 옆에는 2006년 12월에 산동성인민정부에서 第三批省級文物保護單位로 지정한 '廟島顯應宮及沙門寨故城遺址'라는 비석이 상감되어있다. 현응궁 출입구에는 명 숭정제가 어필로 쓴

묘도 현응궁 마조신상(박현규 촬영)

'顯應宮'이라는 현판이 걸려있고, 萬年殿에는 청 함풍제가 어필을 쓴 '神功濟運'이라는 현판이 걸려있다. 부속 건물에는 대만 國民黨 전주석 連戰, 新民黨 전주석 宋楚瑜가 쓴 현판이 걸려있다. 대만에는 마조신앙이 매우 성행하는 지역이다. 또 국민당정부가 대만으로 철수할 때 장도현 출신들이 많이 따라갔다. 만년전에는 金身媽祖像, 莆陽殿에는 粉臉媽祖像, 朝天殿에는 黑臉媽祖像이 각각 모셔져 있다. 수신전 중앙에는 1125년(송 선화 7)에 조성된 金身媽祖像이 모셔져 있고, 그 옆에는 동일한 해에 제작되었다고 전해오는 銅鏡이 있다. 다만 동경의 제작연도에 대해서는 후대에 만들어졌을 가능성이 없지 않기에 앞으로 정확한 고증 작업이 필요하다. 현응궁 정원에는 근자에 바다에서 건진 鎭宮鐵錨와 고선 잔해물이 전시되어 있고, 현응궁 뒤편에는 송나라 때 건설한 沙門寨 고성 유지가 남아있다.

여기에서 잠시 조선 화공이 그렸다는 소위 묘도해역도에 대해 기술해 본다. 2006년경에 顯應宮管理委員會에서 편찬한 현응궁 팸플릿이 있다. 이 팸플릿에는 명대 고려국 화공이 그렸다는 廟島全圖를 실어놓았다. 팸플릿 설명문에서 묘도해역도는 명 홍무 연간에 고려 사신을 따라온 화공이 사문도의 산천 형세와 海神娘娘廟(마조묘)의 성대한 모습을 담은 실경도이고, 이것은 현존 最高의 사문도 실경도라고 했다. 이러한 내용은 廟島群島海豹自然保護區管理處에서 개설한 〈媽祖文化〉 사이트나 한중학자가 묘도 현응궁을 설명한 대목에도 기술되어있다.[8]

필자는 예전부터 묘도 기관에서 말하는 묘도해역도가 과연 고려 시대에 그린 그림인지에 대해 의심을 품어왔었는데, 이번에 현응궁 팸플릿에

8 山東省長島縣環境保護局 廟島群島海豹自然保護區管理處, 〈媽祖文化〉, 2003년 11월 24일, http://www.cdseal.net/zi3/mazuwenhua.htm
閔惠蘭, 〈발해만의 해양축제〉, 《중국 발해만의 해양민속》, 민속원, 서울, 2005.11, pp.216~217. 曲金良, 〈환발해의 민속신앙〉, 같은 책, p.278.

수록된 묘도해역도를 보고 실체를 파악할 수 있었다. 묘도해역도는 1624년(인조 2) 8월부터 1625년(인조 3) 10월까지 조선 화공이 주청사를 따라 해로로 명나라를 다녀오면서 남긴 연행도 중의 한 폭이다. 이 그림의 원본은 현재 국립중앙도서관에 소장된 ≪燕行圖帖≫(일명 ≪航海朝天圖≫)이다. 이때 주청정사는 李德泂이고, 부사는 吳翻이며, 서장관은 洪翼漢이다. 화공이 그린 사행 그림들을 보면 홍익한 중심으로 되어있다. 화공은 아마도 홍익한이 탄 배에 동선한 인물로 추정된다. 묘도해역도는 묘도와 등주 일대의 형세와 해역을 담은 것인데, 아쉽게도 天妃廟(현응궁)는 빠져있다.

登州는 산동반도 북단에 소재한 옛 행정지역이다. 치소는 당나라 측천무후 때 牟平에 두었다가, 神龍 연간에 蓬萊로 옮겨왔다. 민국 초에 폐지되었다. 등주는 일찍이 신라관과 발해관을 둘 정도로 한국과의 교류가 빈번했던 곳이고, 고려와 조선 사신들이 묘도열도를 지나는 해로 사행의 도착지이다. 봉래 丹崖山 정상에는 1122년(송 선화 4)에 묘도 현응궁과 동시대에 세워졌다고 전해오는 天后宮이 있다. 천후궁은 蓬萊閣, 龍王宮, 三淸殿 등과 고건축군을 형성하고 있다. 1836년(청 도광 16)에 화재로 인해 소실되었고, 이듬해 중건되었다. 천후궁의 건물 배치는 앞쪽에 산문, 鐘鼓樓, 戱臺가 있고, 그 뒤에 前殿, 正殿, 寢殿으로 구성되어있다. 正殿에는 金身마조상이 있고, 그 옆에 四海龍王像이 배석되어있다.

여순 天妃宮은 원래 요동 旅順 黃金山 자락에 있었다. 여순 천비묘가 언제 창건되었는지 정확하게 알려지지 않으나, 늦어도 명나라 초 이전에 세워졌음이 분명하다. 1402년(조선 태종 2 ; 명 건문 4)에 조선 李詹이 여순 天妃宮에서 술잔을 치고 좋은 바람을 기도한다는 시구를 남겼다.[9]

---

9 李詹 ≪雙梅堂先生篋藏文集≫ 권2 〈旅順行〉:「君不見旅順口, --- 行人灌酒天妃宮,

봉래 천후궁(박현규 촬영)

흥성 천후궁 마조신단(박현규 촬영)

手擲环玟禱好風.」(≪韓國文集叢刊≫ 책6, p.338)

1405년(영락 3)에 孟善이 천비궁을 중건하기 위해 출자를 했다. 1415년
(태종 15 ; 영락 13) 요동에서 돌아온 通事 姜庾卿의 보고에 이 해 7월
4일에 왜적들이 여순항을 쳐들어가 天妃娘娘殿의 보물을 약탈해갔다고
했다.[10] 1898년(청 光緒 24)에 러시아 군대가 여순을 점거하고 天后宮(天
妃宮)을 해군구락부로 사용했다. 당시 천후궁 道長이었던 心一法師(俗姓
李씨, 安徽 壽縣 사람)가 러시아 군대로부터 2만 루피를 배상 받았다. 2년
뒤 敎場溝 서쪽(현 市場街道 부근)에 천후궁을 재건했다.[11] 1950년대 여순
지방정부는 천후궁을 철거하고 제55중학을 세웠다.

　長山島와 廣鹿島는 요동반도 남단 長山群島에 자리하고 있는 도서이
다. 장산군도는 크고 작은 1백 1십여 개의 섬으로 구성되어 있다. 묘도열
도와 함께 長山列島로 통칭되어 外長山이라고 불렸으며, 장산이라는 이
름은 경내 大長山島와 小長山島에서 따왔다. 이 도서는 한때 고구려가
차지하고 있었다가, 당 고종 연간에 당나라로 편입되었다. 1949년 처음
현이 설치될 때 長山縣으로 불렸다가, 1953년에 長海縣으로 개칭했다.
오늘날 행정구획으로 절대 다수의 도서가 요녕 長海縣에 속해있고, 극일
부의 도서가 莊河市에 속해있다. 장산도는 大長山島鎭에 속해있고, 광록
도는 廣鹿鄕에 속해있다. 장산군도에는 비록 후대에 세워졌지만, 여러 곳
에 마조묘가 있었다. 대장산도 四塊石鎭(현 四塊石村) 疤拉山과 哈仙大
隊 船塢에 각각 天后宮이 있었고, 광록도 雨泰山大隊 山黑水門子에 媽祖
廟가 있었으며, 海洋島 鹽場大隊 鹽場에 天后宮이 있었다.[12] 이처럼 장산
군도는 마조신앙이 매우 성행했다.

10　≪太宗實錄≫ 15년 7월 무오(23)일조 참조.
11　韓悅行, 〈話說天后宮〉, ≪大連掌故≫, 大連出版社, 大連, 2007.11, pp.259~260.
12　≪長海縣志≫(新編), 泉州海外交通史博物館編, ≪泉州海外交通史蹟調査資料≫, 8
　　期, 간행년미상, p.14에서 인용.

覺華島는 오늘날 행정구획으로 요녕 興城市 菊花島鄉에 소속된 菊花島를 지칭한다. 예전에 大海山이라 불렀고, 당송시대에 桃花島라고 불렀으며, 요금시대에 각화도로 불렀다. 섬에는 야생 국화가 많아 1922년에 국화도라고 개칭하여 오늘날까지 이어지고 있다. 각화도는 흥성 海濱浴場에서 동남쪽으로 9km 떨어져있다. 전체 면적은 13.5㎢이다. 각화도는 일찍부터 해상 교통과 군사 기지로 활용되었다. 당나라 때 이곳 북쪽에 靺鞨口라는 항구를 개설했다. 명나라 말에 청나라의 남침을 방어하고 寧遠城을 보호할 후방 양식 기지를 두었다. 1626년(천계 6)에 각화도에서 명나라와 청나라(당시 후금) 군대 사이에 대규모 전투가 벌어졌다. 이때 명나라 수군이 몰살당하고 군량이 불타버렸으며, 청나라 군대도 많은 병력 희생을 치렀다. 각화도는 예로부터 마조신앙이 널리 성행했다. 각화도와 선박이 연결되는 海口의 八一療養院은 예전에 천후궁이 있었던 곳이다.

望海亭과 金山嘴는 오늘날 행정구획으로 하북 秦皇島 北戴河에 소재한다. 금산취 옆에는 天妃를 모시는 天后宮(娘娘廟)이 있었다. 금산취 천후궁은 1618년(만력 46)에 창건되었고, 근자에 훼멸되었다. 오늘날 그 자리에 비석 3개만 남아있다. 망해정은 바다를 바라보는 정자이다. 명나라 말기에 망해정 아래의 바닷가에는 천진과 연결되는 선착장이 있었다. 천진은 북경 동쪽에 소재한 항구 도시이다. 천진성 동문 바깥 海河 강변에는 天后宮(娘娘宮)이 있다. 현 행정구획으로 천진 南開區 古文化街에 위치한다. 천후궁은 일명 娘娘宮이다. 천진 천후궁은 1326년(원 태정 3)[일설에는 1279년(원 지원 16)]에 창건되었다.[13] 명·청·민국 시대에 계속 중수하였고, 최근에도 대대적으로 중수하였다. 정전에는 마조상이 모셔져있다. 천진 천후궁은 예나 지금이나 많은 사람들이 찾아와 마조에게 향불을

---

13 馬書田·馬書俠著, 《全像媽祖》, 江西美術出版社, 南昌, 2006.12, p.212.

올리고 있다. 李忔 일행은 홍성에 도달한 후에 袁崇煥의 면담을 기다리고 후금 군사들이 쳐들어와 하북 교통 육로를 막아 홍성 일대에서 무려 5달 동안 체류하였다. 이들은 망해정에서 선박을 타고 천진으로 들어갔다. 이때 금산취와 천진에 소재한 마조묘에 방문했다.

4. 해로 사행 媽祖자료의 분석

마조의 탄생은 어쩌면 지리환경과 자연환경의 소산물이라고 할 수 있다. 마조가 생전에 활동했던 지역은 복건 莆田 앞 바다인 미주도이다. 바다는 지구 표면적의 약 70%를 차지할 정도로 광활한 수면을 가지고 있다. 바다는 그 자체만으로도 위력적이다. 인간이 광활한 바다 앞에 서 있으면 자신이 얼마나 미약한 존재인지를 깨닫게 된다. 바다는 가변성이 매우 높다. 평소에 고요했던 수면이 기상 상태가 조금이라도 악화되면 파도가 크게 출렁이며 위태로운 장면을 연출한다. 사나운 폭풍우가 치면 하늘을 뒤엎을 만한 파도가 덮쳐온다. 이 광경을 보는 사람들은 어느 누구라도 생명의 위험을 느끼게 된다. 절원한 바다 한 가운데에서 항해하는 경우에는 그 위험도가 가중이 되며, 혹시 선박이 표류라도 하면 뱃사람들은 무력해져 그저 자신의 운명을 하늘에 맡길 뿐이다. 따라서 바닷가 사람들은 초자연의 현상으로부터 자신들을 보호해 줄 신앙이 필요했다. 마조신앙도 이러한 배경 속에서 탄생하게 되었다.

고려와 조선 사신들이 해로로 중국대륙을 오가는 도중에 해양 보호신 사당인 마조묘를 들리거나 마조신앙을 접하였다. 사신들은 장시간 해로 여정 속에서 바다의 위력과 인간의 나약함을 체험하면서 불안한 마음을 안정시키기 위해 자연스럽게 해양 보호신에게 의지하게 된다. 특히 해상에서 조난 위험에 처했을 때 해양 보호신을 부르짖으며 위난에서 구해달

발해만 발해와 황해 분계비(박현규 촬영)

라고 간절히 기도하게 된다. 이러한 심리 작용은 해로 노정에 나선 사신들의 작품에 잘 반영되어 있다.

려말 鄭夢周와 權近은 각각 발해만을 건너는 도중에 사문도에 잠시 머물면서 순풍을 기다렸다. 정몽주는 神女祠(天妃廟)에 나가 마조에게 술잔을 올리고 발해만을 무사히 건너갈 수 있도록 축원했다.[14] 神女는 마조 별칭 중의 하나이다. 권근은 천비묘를 찾았으나 마침 문이 닫혀 들어갈 수 없었다. 그는 문밖에서 발해만을 무사히 건너고 못 건너는 것은 마조의 음덕에 달렸다고 경건하게 축원했다.[15] 병자란 직전에 해로로 간 李民宬은 바다 가운데에서 날뛰는 고래를 만나면 큰 파도가 일어나 배가 전복될 수 있다고 심히 염려했다. 그래서 묘도 앞에 배를 정박하고 천비묘를 찾았다. 천비묘 주신 聖母(마조)에게 전폐를 바치며 향을 불사르고 난 후에 묘우 주위를 돌아다니고 뱃전에 술을 뿌리며 나쁜 음기가 일어나지 않기를 축원했다.[16]

---

14 鄭夢周 ≪圃隱集≫ 권1 〈沙門島〉:「神女祠何處, 沙門海上岑, 戎車連鶴野, 貢道接鷄林, 利涉由靈眖, 徽封自聖心, 泊舟來酌酒, 稽首冀來歆.」(≪韓國文集叢刊≫ 책5, p.575)

15 權近 ≪陽村集≫ 권6 〈九月初二日發船, 泊沙門島待風〉:「秋晨天氣佳, 和暖如春曇, 篙師乃發船, 海晏波不起, 來泊島嶼中, 祠宇肅淸閟, 利涉賴陰功, 黙黙心有翼.」(≪韓國文集叢刊≫ 책7, p.71)

16 李民宬 ≪敬亭先生集≫ 권8 〈值奔鯨於洋中, 海堅爲之掀盪. 吾聞大則吞舟, 小則覆

聖母는 당시 민간에서 마조를 극히 높인 존칭이며, 훗날 청 강희제에 의해
공식 칭호로 바뀌었다.

　1400년(조선 정종 2)에 이첨은 발해만을 선박을 타고 가다가 등주 앞
바다까지 이르렀다. 등주 앞 바다에 유빙이 떠내려 와 선박이 갇혀 오도
가도 못하고 전복 위험에 빠지게 되었다. 뱃사람들은 공포에 떨고 있었다.
이첨은 朴評理(朴子安)와 함께 선박의 높은 다락에 올라 天妃(天妃)에게
향불을 올리고 간절히 기도했다. 그날 밤 마조의 도움인지 유빙이 갑자기
사라졌고, 이들은 등주에 무사히 상륙할 수 있었다.[17] 등주 앞 바다는 발해
만의 남단에 속하나, 가끔 발해만 북쪽에서 흘려온 유빙으로 인하여 바다
가 얼어 선박 운행이 폐쇄된다. 1969년 2월에 발해만에서 흘려온 유빙으
로 인하여 長島航路가 한 달여 일 동안 폐쇄된 적이 있다.[18]

　물론 조선 사신들이 내수로 선박 운행이나 강을 건널 때에도 마조묘를
찾거나 축원한 적이 있었다. 1623년(인조 1)에 趙濈은 冬至聖節謝恩正使
가 되어 북경으로 향했다. 이때 한반도 선사포에서 등주까지는 해로, 등주
에서 德州까지는 육로, 덕주에서 북경까지는 내수로를 이용했다. 윤10월
7일에 長蘆州(현 河北 滄州)에서 내수로를 따라 20리 남짓 올라갔으나,
북풍이 거세게 불어 사람들이 눈을 뜨지 못해 강가 娘娘廟(마조묘) 아래
에 선박을 정박했다. 조즙은 낭낭묘를 구경하고 신상 배열과 낭낭상의
얼굴이 단정하다는 사실을 남겼다.[19] 아래에서 살펴보겠지만 조즙은 바다

舟, 爲可慮也, 遂援筆賦以諭之) : 「停舟廟島前, 稽首祈聖母, 焚香捐錢幣, 薰沐滌塵
垢, 禮畢闔廟旋, 船頭頻瀝酒.」(《韓國歷代文集叢書》 책902, pp.123~127)
17　李詹 《雙梅堂篋藏集》 권2 〈二十七日, 行舟至登州海口, 俄而冰合不果行, 舟人皆
危懼, 與朴評理望天妃於喬房, 香火以禱, 擲杯珓襲吉. 夜半潮退, 忽焉氷解. 遲明乘
三板登岸, 乃感應神妙如此, 喜而有作〉 : 「海門氷合脫行船, 潮退須臾已渙然, 固是氷
凸方便力, 但將消長要知天.」(《韓國文集叢刊》 책6, pp.326~327)
18　山東省蓬萊市史志編纂委員會編, 《蓬萊縣志》, 齊魯書社, 濟南, 1995.7, p.95.

를 건널 때 묘도 마조묘에 친히 나가 치제를 하였다. 그러나 낭낭묘에서는 단순히 구경만 했고, 제례나 기도를 하지 않았다.

요동 三岔河를 지나간 조선 사신들 가운데 강 언저리에 있는 天妃廟를 찾아본 이들이 꽤나 있다. 대다수 사신들은 이곳에 천비묘가 있다는 정도만 언급하고, 몇 몇 사신들만이 마조의 음덕을 기원한 시구를 남겼다. 鄭士龍은 강을 잘 건너는 것을 도와주는 마조묘에 향불을 올렸고,[20] 崔演은 강을 잘 건너가게 해주는 마조에게 향불을 올려야 한다고 했다.[21] 그러나 이들은 마조를 단순히 水神으로만 여겼고, 축원하는 강도도 해로 사행에 비해 훨씬 약했다. 강을 건너는 것은 바다를 건너는 것에 비해 위험도가 훨씬 낮다. 더구나 삼차하에는 배를 연이어서 만든 浮橋가 놓여있어 강을 건너는 것이 별로 어렵지 않았다.

육로 사행 또는 내수로 통행과 달리 해로 사행의 사고 위험도는 아주 높다. 고려·사신들이 해로 사행에 나섰다가 바다에서 악천후를 만나 익사한 일이 꽤나 있다. 1372년(공민왕 21)에 賀平蜀使 洪師範은 강남에서 바다를 통해 한반도로 귀국하다가 許山 앞 바다에서 폭풍우에 의해 배가 좌초되어 익사 당했다. 이때 익사자의 수는 홍사범을 포함하여 모두 39명이다.[22] 조선 건국초에 金積善 일행이 등주 바다를 지나다가 사신선이 부서져 익사했다.[23] 병자란 직전에는 朴彝敍, 柳澗, 康昱, 鄭應斗, 尹昌立,

---

19 趙濈 ≪朝天日錄≫ 인조 1년(1623) 윤10월 7일조 참조.
20 鄭士龍 ≪湖陰雜稿≫ 권2 〈三汊河〉:「金元史裏識遼河, 喘命如今喜得過, 珠袋同流源委壯, 東西分域戰爭多, 濤連巨舫平通陸, 潮擁殘氷逆上沱, 香火娘祠祈利涉, 寧知實海不揚波.」 자주:「河左有天妃娘娘之廟, 盖水神, 敕封有碑.」(≪韓國文集叢刊≫ 책25, p.50)
21 崔演 ≪艮齋先生文集≫ 권9 〈三汊河〉:「河水深如許, 三源合弧長, 難容抗葦力, 宜用造舟梁, 自是霑波遠, 都無病涉傷, 行人猶未識, 香火拜娘娘.」 자주:「河南岸, 有天妃娘娘廟, 配以水神, 行人德其利涉, 必燒香羅拜.」(≪韓國文集叢刊≫ 책32, p.165)
22 ≪明太祖實錄≫ 홍무 5년(1372) 7월 계묘일조 참조.

尹安國 등이 각각 해로 사행에 나섰다가 사신선이 침몰하는 바람에 익사했다.[24] 이후 후대 사신들은 예전의 사신들이 사고를 당한 지점을 지날 때면 이들을 기리는 제례를 올리곤 했다. 따라서 해로 사행에 나서는 조선 사신들이 자신들의 무사 안전을 위해 해양 보호신에게 제례를 지내는 행위는 어쩌면 매우 자연스러운 현상이라고 할 수 있다.

해로 사행에 나서는 고려와 조선 사신들은 해양 보호신인 마조신앙을 어떻게 접했을까? 이들이 마조신앙을 접하는 경로는 크게 두 가지가 있다. 하나는 뱃사람이다. 당시 사신선을 움직이는 뱃사람들은 중국 대륙을 오가면서 해양 보호신 마조에 대해 익히 알고 있었다. 이때 사신들은 뱃사람들이 마조를 받들고 있는 모습을 목도한다. 권근은 사신 갔다가 귀국하면서 사문도에 머물고 있었다. 마침 남풍이 불어와 사신 선박들이 사문도에서 출항하려고 하였으나, 總旗船 한 척이 늦게 도착하여 神妃(마조)에게 제례를 드리지 못했다며 출항을 중지했다. 당시 뱃사람들은 마조신을 절대적인 존재로 인식하고 있었다. 이들은 설령 출항하기 좋은 바람을 받더라도 해양 보호신인 마조에게 제례를 지내지 못하면 항해 도중에 위험에 처할 수 있다고 여겨 출항 자체를 꺼려했다. 권근은 뱃사람들의 이러한 제반 활동을 목도하고 출항을 결정하는 것은 오로지 神妃(마조)에게 달렸다고 했다.[25]

다른 하나는 문헌이다. 李德泂이 말년에 적은 ≪竹窓閑話≫가 있다. 이 책자에는 1415년(영락 13)에 陳季若(≪죽창한화≫에는 陳鉞로 기술)

---

23 ≪太祖實錄≫ 5年 11월 경신(6)일조 참조.

24 ≪光海君日記≫ 13년 4월 갑신(13)일조 및 李瀷 ≪星湖僿說≫ 권9 〈朝天溺死〉 참조.

25 권근 ≪陽村集≫ 권6 〈初三日, 曉有南風, 欲發船, 因一總旗船未至, 留泊而待. 旣晚乃至, 其夜南風甚快, 又因總旗船未致祭, 遷延至初四旣午乃祭, 風轉而西, 不得發船, 留宿舟中〉:「引逸天心顯, 遷違人事非, 待風空有喜, 越海却難飯, 漂泊經時節, 淹延送夕暉, 舟中高枕卧, 去住任神妃.」(≪韓國文集叢刊≫ 책7, p.72)

이 琉球國에 사신으로 간 기록이 적혀있다. 진계약이 유구를 무사히 다녀
온 것은 마조의 도움이라고 조정에 주청하자, 영락제가 마조묘를 건립하
고 봉호를 하사했다. 이덕형은 이것이 오늘날 天妃娘娘廟라고 했다. 여기
에 약간의 문제점이 있다. 영락제가 마조에게 포봉한 시점은 1409년(영락
7)이다. 이때 내린 봉호는 '護國庇民妙靈昭應弘仁普濟天妃'이다. 진계약
이 사신으로 가기 이전에 이미 봉호를 내렸던 것이다. 비록 이덕형이 참고
한 옛 자료가 약간의 오기가 있긴 했지만, 이덕형은 마조가 해양 수호신이
라는 사실을 잘 알고 있었다. 이와 경우가 좀 다르지만 李圭景은 〈水路朝
天辨證說〉 중 병자란 직전에 해로 사행을 간 사실을 분석하는 과정에서
청 周煌의 ≪琉球志略≫이 천비가 명 영락제(太宗)로부터 봉호를 받았다
는 사실을 인용했다.[26]

고려와 조선 사신들은 마조를 어떻게 생각했을까? 마조는 복건 일대에
서 해양보호신에서 출발했으나, 훗날 세월이 거듭할수록 상업, 전쟁, 질
병, 출생 등 신앙 영역이 점차 확대되어갔다. 청말 조정이 마조에게 내린
봉호는 천상 최고신의 반열에까지 올려놓았다. 오늘날에도 兩岸(중국과
대만) 관계, 화교들의 전 세계로 진출 등으로 평화의 사자라고 불리는 등
새로운 이미지가 계속 더해가고 있다. 그렇지만 마조의 주된 신앙은 여전
히 해양 보호신으로 남아있다. 고려와 조선 사신들은 모두 마조를 각종
수역을 관장하는 水神 중의 하나로 알고 있었다. 이들은 마조가 자신들과
사신선을 바다에서 안전하게 돌봐준다고 여기고, 항해 과정에서 정성껏
제사를 드렸다.

1624년(인조 2)에 이덕형은 吳翿, 洪翼漢과 함께 선사포에서 출발하여

---

26 李圭景 ≪五洲衍文長箋散稿≫ 天地編 〈水路朝天辨證說〉(百濟文化, 서울, 1996.5,
  pp.501~502) 참조.

해로를 통해 등주를 향하여 나아갔다. 사행 삼사는 廣鹿島에서 여러 날 동안 역풍을 만나 배가 떠나가지 못하자 근심이 이만저만 아니었다. 하루는 한 노승이 나타나 이 바다가 가장 험하나 정성을 다해 기도를 드린다면 영험을 얻어 순항을 할 것이라며 바다를 관장하는 해신에 대해 설명해 주었다. 해신 가운데 가장 중요한 신은 天妃娘娘이고, 다음은 龍王이며, 그 다음은 小聖이다. 천비는 玉皇의 따님으로 四瀆을 주관하고, 용왕은 이를 보좌하며, 소성은 용왕의 사위이다. 사행 삼사는 다 같이 목욕재계를 하고 나서 향과 폐백을 준비하고 紅段小軸에 泥金으로 각각 신들의 이름을 쓰고 제사를 올렸다.[27]

이 글에서 천비(마조)는 해양을 관장하는 최고신이며, 용왕과 小聖은 천비를 보좌하는 신이라고 했다. 용왕은 마조가 출현하기 이전에 오랫동안 바다를 관장하는 신으로 널리 알려졌다. 내몽고 興隆洼文化에서 약 8천년 전의 용형 석물이 나왔고, 불교, 도교와 민간에서 다양한 형태의 용왕신앙이 전해오고 있다. 당 현종은 龍池에 제단을 만들어 제사를 올렸고, 송 태조는 천하 五龍에게 제례를 지냈으며, 송 인종과 휘종은 각각 용왕에게 포봉을 했다.[28] 오늘날 마조묘에서 곁채에 용왕묘를 지어놓거나 용왕을 배신으로 모시는 경우가 많다. 묘도 현응궁에는 곁채에 용왕묘가

---

27 李德泂 ≪朝天錄≫ 1624년 8월 19일조:「十九日, 辛丑. 連日逆風, 舟不得行, 甚憂悶. 是日午, 忽有一老僧, 手持錫杖, 肩垂寶佩, 雙眉如雪, 儀容甚異. 告公曰:聞使行將往天朝, 而此洋最險, 必竭誠致禱, 然後庶無患矣. 公曰:王程甚急, 非不虔禱, 而靈應漠然, 奈何? 僧曰:祭非其神, 亦何益乎? 夫祭海莫重天妃娘娘之神, 次龍王之神, 又次小聖之神. 所謂天妃者, 玉皇之女, 主四瀆, 而龍王輔之. 小聖之神, 乃龍王之婿. 於此三神虔誠祈禱, 則必有靈佑矣. 因敎其節次而去. 是日, 一行皆齋浴, 精備香幣, 公依其言, 造紅段小軸, 泥金各書神號, 定其位次, 親製文告之.」(≪竹泉行錄≫, 박이정, 2002.1, pp.428~429)

28 王三慶, 〈四海龍王在民間通俗文學上朝之地位〉, ≪漢學研究≫, 8卷1期, 1990.6, pp.327~346.

있고, 봉래 천후궁에는 동해용왕이 배신으로 모셔져있다.

조선 사신들은 마조의 생애에 관한 자료를 남겼다. 조즙은 묘도 낭낭성묘(천비묘)를 참배하고 낭낭(마조)의 유래와 출신, 영험함에 대해 언급해 놓았다. 낭낭은 여자를 가장 높이는 존칭으로 우리나라의 여주님이란 말과 같다. 옛날 한 원의 따님이 죽어 바다 귀신이 되어 능히 사해 귀신과 江河 귀신들을 제압할 수 있는 신령함을 가졌다고 한다. 뱃사람들은 낭낭에게 정성껏 제례를 지내면 은덕을 입는다고 여겼고, 조즙도 뱃사람과 더불어 목욕재계하고 제물을 차려 마조에게 항해 안전을 축원했다.[29] 오늘날 마조의 집안에 대해 여러 설이 존재하는데, 그 중에서 가장 보편적으로 받아들이는 것은 ≪湄州嶼志略≫의 기록이다. ≪미주서지략≫에서 마조의 집안은 당나라 때 九牧을 한 벌열가이고, 부친 林惟慤은 都巡檢을 지냈다고 했다.

이민성은 마조가 漢 林蘊의 여식으로 죽어서 水神이 되었고, 조정에서 天妃에 봉해졌다고 했다.[30] 여기의 '漢'은 漢나라의 조대를 지칭하기보다 중국의 통칭으로 해석하는 것이 더 타당하다. 마조의 부친에 대해서는 여러 설이 있다. ≪(寶祐)仙溪志≫에는 마조의 부친을 林愿이고, 모친을

---

29 조즙 ≪朝天日乘≫ 인조 1년(계해 ; 1623) 9월 26일조 : 「묘도ᄂᆞᆫ 낭낭성ᄑᆡ 이시니, 일로 일홈을 "묘되라"ᄒᆞ다. 낭낭은 계집의 ᄀᆞ장 존ᄒᆞᆫ 일홈이나, 우리나라에셔 녀쥬님이란 말ᄀᆞ투니, 예 ᄒᆞᆫ 원의 ᄯᆞ님이 주거 바다귀신이 되어 능히 ᄉᆞ히귀신과 쇼쇼ᄒᆞᆫ 강슈와 하슈의 직흰 귀신을 졔어홈으로 예븟터 "낭낭셩녀의 ᄉᆞ당이라" 일홈지으니, 비로 지내ᄂᆞᆫ 사름이 브ᄃᆡ 졍셩으로 촛초리 대ᄒᆞ면 일졍 덕븐을 이부모로 이젹지 죤ᄃᆡᄒᆞ니라. 예 와셔 즉시 빅사름으로 목욕ᄒᆞ고, 음식 쟝만ᄒᆞ여 뎨ᄒᆞ니 모다 귀경ᄒᆞ러 가니, 이로 금치 못ᄒᆞ러라.」(≪癸亥水路朝天錄≫, 新星出版社, 2000.6, p.247)

30 이민성 ≪敬亭先生續集≫ 권1 〈朝天錄〉 1623년(癸亥) 6월 11일조 : 「十一日庚午, 留廟島, 曉, 移泊于廟前, 漢林蘊之女歿爲水神, 勅封天妃, 名以廟島者以此也.」(≪韓國歷代文集叢書≫ 책903, p.137)

王氏라고 기술하고 있다.[31] ≪湄州嶼志略≫에는 林蘊을 마조의 6대조로 기술하고 있다.[32] 신열도는 마조가 廣德王의 제7 龍女라고 했다.[33]

이덕형은 등주에서 귀국하는 도중 묘도에 들려 순풍을 기다렸다. 3월 23일(음력)이 되자 묘도 사람들은 이 날이 마조 탄신일이라고 했다. 며칠 전 등주에서 발선하기 직전에 무사항해를 위해 천비, 용왕, 소성 및 風神에게 제사를 올렸고, 또 이날 마조신앙이 성행한 묘도에서 마조 탄신일을 맞이하자 특별히 마조묘에 나가 제사를 올렸다.[34] 마조의 출생에 관해 ≪三敎源流搜神大全≫은 742년(당 천보 1) 3월 23일, ≪(건륭)興化府莆田縣志≫는 1093년(송 원우 8)[일설에는 979년(송 太平興國 4)] 3월 23일, ≪(莆田)林氏族譜≫는 960년(송 건륭 1) 3월 23일로 적고 있다. 이처럼 마조의 출생년은 문헌마다 다르지만, 출생일은 3월 23일로 일치한다. 묘도 현응궁에서는 예나 지금이나 3월 23일이 되면 많은 인파들이 몰려와 마조 탄신을 축원하고 있다.

고려 사신에 따라 나섰던 사행선단의 규모에 대해서는 자료 부족으로 정확히 알 수 없지만, 홍사범・정몽주 일행의 경우는 4척일 가능성을 점쳐본다. 이들 일행이 허산 바다에서 조난 사고가 당했을 때 익사자가 39명, 생존자가 113명이었다. 익사자가 모두 한 선박에서 나왔다고 가정한다면, 익사자와 생존자의 비율로 보아 선단의 규모는 4척 정도일 것으로

---

31 黃巖孫 ≪仙溪志≫ 권3 〈順濟行祠〉:「神父林蘊, 母王氏.」(≪續修四庫全書≫ 책 660, p.600)

32 馬書田・馬書俠著, 앞의 책, p.3 ≪湄州嶼志略≫ 도록 참조.

33 ≪懶齋先生文集≫ 권3 1628년 9월 9일조:「申時, 泊于廟島, 島有天妃廟, 天妃卽東海廣德王第七龍女也.」

34 李德洞 ≪朝天錄≫ 1625년 3월:「十九日丁卯, 鷄鳴, 公偕兩使往船所, 祭風神及天妃龍王小聖神. --- 二十三日辛未, 祭天妃. 廟島人云:是日卽聖母誕辰, 故公特祀之.」(≪竹泉行錄≫, 박이정, 2002.1, pp.368~370)

추측된다. 병자란 직전에 해로 사행에 나섰던 사행선단의 규모를 살펴보면 적게는 4척이고, 많게는 10척에 달했다.[35] 통상 三使는 각각 선박 1척씩 나누어 타고, 종사관들이 나머지 선박에 나누어 탄다. 사신선은 주로 평안도 선박으로 구성되었고, 일부 타 지역의 선박을 동원하기도 했다. 1623년 (광해군 15)에 조즙 일행이 평안도에서 출발할 때 평안도 선박 외에 京江 (한강)船, 忠淸水營船이 동원되었다. 사신선을 움직이던 뱃사람도 여러 지역의 출신으로 구성되었는데, 그 중에서 당시 해로 사행과 가까운 해역에 소재한 평안도 연해안 출신이 가장 많았을 것으로 추정된다.

서해는 한반도와 중국 대륙 사이에 놓인 바다이다. 예전의 한중 양국 뱃사람들이 다 같이 서해에서 어로 작업을 했고, 또한 교역과 사행에 따라 나서며 양쪽 지역을 빈번히 오갔다. 중국에서 성행하는 마조신앙이 한반도에 들어오는 것은 어쩌면 시간문제라고 할 수 있다. 해로 사행에 따라갔던 고려와 조선 뱃사람들은 마조신앙을 굳게 믿고 있었다. 이들은 항해 과정에서 수시로 마조에게 무사항해를 기원했다. 특히 사문도에 정박했을 때 북방 마조묘의 祖宗이라 불리는 천비묘(현응궁)에 나가 제례를 올리고, 향불을 나누어 뱃전으로 가져와 축원했다. 뱃사람들은 귀국한 후에도 자신들이 믿고 있는 마조신앙을 주변 사람들에게 얘기하거나 전파했을 것이다. 그래서인지 평안도 서해안 일대에는 마조묘가 세워져있었다. 대만 陳正祥이 중국 媽祖廟의 분포도를 그리면서 한반도 지역을 포함시켜 놓았다. 이 분포도에는 마조묘가 평안도 서해안 일대에 5곳, 인천에 1곳이 건립된 것으로 그려져 있다.[36] 이것으로 보아 평안도 서해안 일대에 이미

---

35 1621년(광해군 13)에 이루어진 첫 번째 해로사행은 명 등극조사, 조선 사은사, 진위사으로 구성되었다. 이때에는 바다를 다시 열은 첫 번째 해로사행이었다. 대규모 사행단으로 구성된 관계로 선박 22척이 동원되었다. 이후 해로사행은 적게는 4척, 많게는 10척으로 구성되었다.

마조신앙이 꽤나 퍼져있던 사실을 확인할 수 있다. 다만 한반도 소재 마조묘에 관해 진정상이 자료 출처를 밝히지 않아 묘우 건립년, 건립자 등 제반 사항을 더 이상 추적할 수 없어 아쉽다.

5. 結論

마조는 실존인물이 승격한 인격신이다. 송나라 초 복건 일대에서 해양보호신으로 출발하여 훗날 대륙 수역 곳곳에 마조묘가 세워졌고, 오늘날 화교가 진출한 전 세계 지역으로 확대되었다. 현존 기록에 의하면 한국인이 마조신앙을 본격적으로 접촉하는 계기는 바로 고려 말부터 이루어진 해로 사행이다. 려말 선초 시기(명나라 건국 직후)와 병자란 발발 직전(명청 교체기)에 고려와 조선 사신들은 해로를 통해 중국 대륙을 오갔다. 사신들과 사신선을 운행하는 뱃사람들은 요동 남단 해역과 발해만을 건너면서 마조신앙을 본격적으로 접촉하고 신봉하게 된다.

고려·조선 사신들이 남긴 해로 사신록에는 마조와 관련된 작품이 많이 보인다. 고려말 鄭夢周, 李崇仁, 權近, 朴宜中, 조선초 李詹, 李稷, 병자란 직전 安璥, 李民宬, 趙濈, 金尙憲, 李德泂, 洪翼漢, 吳翿, 崔有海, 申閱道, 高用厚, 李忔, 金堉 등이 마조묘를 들러보거나 마조를 축원하는 작품을 남겼다. 이들은 평안도 宣沙浦와 石多山, 요동 남단 長山島와 廣鹿島, 발해만 북단의 北汛口와 覺華島(菊花島), 하북 동단의 望海亭(秦皇島)과 天津, 산동 북단의 沙門島(廟島)와 登州(蓬萊) 등지에서 마조와 관련된 작품을 남겼고, 특히 묘도열도의 沙門島(廟島)에서 가장 많은 작품

---

36 陳正祥, 〈媽祖廟(天后宮)之分布〉, 《中國歷史·文化地里圖冊》, 原書房, 東京, 1982.4, p.155, 圖91.

을 남겼다. 사문도는 북방 마조의 祖宗으로 꼽히고 있는 天妃廟(顯應宮)가 있어 뱃사람들이 반드시 들려 제례를 올렸다. 사신들은 마조를 바다를 관장하는 해양 보호신으로 알고 있었다. 이들은 출항 직전이나 목적지 도착할 때 마조에게 무사항해를 축원했고, 특히 항해 도중에 역풍을 만나 배가 나가지 못하거나 조난 위험에 빠졌을 때 간절하게 기도를 하며 도움을 청했다. 뱃사람들은 일찍부터 해로로 중국대륙을 오가면서 마조신앙을 접촉했다. 이러한 사실은 고려와 조선 사신들이 남겨놓은 작품에서 잘 나타나고 있다. 훗날 평안도 일대에 마조묘가 세워진 현상은 중국 대륙을 오가던 뱃사람들의 마조신앙과 밀접한 관련이 있는 것으로 보인다.
[燁爀之樂室]

제8장
조선·명 해로사행자의 해신 媽祖
인식과 일화

1. 개론

중국에서 바다 수호신으로 널리 알려진 媽祖가 있다. 마조는 본명 林黙이고, 黙娘, 神女, 林夫人, 天妃, 天后, 聖母, 天上聖母, 娘媽, 亞媽, 海神娘娘 등 매우 다양한 이름으로 불리었다. 원래 송나라 초 복건 莆田 湄洲島에서 무녀로 활동한 실존 인물이며, 사후에 주변 바다를 지키고 어민들을 보호해주는 수호신이 되었다. 이후 마조 신앙은 수로를 통한 운수와 어로 활동이 활발해짐에 따라 연해안이나 강가이면 어김없이 묘우가 세워졌다. 오늘날 중국 연해안과 내수로 지역, 대만과 홍콩, 마카오는 말할 것도 없고, 멀리 동남아시아, 일본 등 화교들이 진출한 지역에 마조묘가 세워져 있을 정도로 지역 분포도가 매우 광범하다.

마조 신앙의 확산에는 왕조 국가가 펼친 해로 사행이 커다란 작용을 하였다. 송 路允迪, 명 鄭和, 陳慶, 張源, 楊洪, 柴山 등이 황명을 받들고 해로 사행에 나섰다가 폭풍우 또는 해적을 만나 절체절명의 위험에 처했을 때 마조의 도움으로 위난에서 벗어나게 되었다. 이들은 귀국 후에 자신이 체험한 영험을 조정에 상주하여 마조를 국가제전으로 받들게 했다. 또한 자신들이 체험한 사적을 민간에게 널리 전파시켜 마조 신앙이 크게 발전하게 되었다.

1621년(광해군 13 ; 천계 1)에 조선과 명나라는 뜻하지 않게 이백년 만에 다시 해로사행을 열었다. 만주 지역의 새로운 강자로 등장한 후금(청)이 요동반도 내륙을 장악하자, 조선과 명나라는 그동안 이용했던 요동육로가 막히게 되어 부득불 요동남단 해역과 廟島列島, 渤海灣을 건너는 해로사행 노선을 이용할 수밖에 없었다. 조선에서 보낸 첫 번째 해로사행은 대규모 사행단으로 이루어졌다. 여기에는 때마침 육로사행을 통해 들어온 명 등극조사 劉鴻訓과 楊道寅 일행과 조선 사은사 崔應虛·서장관 安璥 일행, 진위사 權盡己·서장관 柳汝恒 일행이 포함되었다. 조선 조정

미주도 마조석상(박현규 촬영)

이 해로 사행을 위해 동원한 선박은 모두 22척이고, 해로 구간은 평안도 安州에서 산동 登州까지였다.[1]

사전 계획 없이 급작스럽게 해로사행이 이루어진 바람에 두 차례나 대형 조난 사고가 있었다. 사행자들은 삶과 죽음, 이승과 저승을 가르는 경

---

1 朴現圭, 〈1621년 명 등극조사의 '貪墨無比'에 관한 논란과 실상〉, ≪韓中人文學研究≫, 35집, 韓中人文學會, 2012.4, pp.387~384.

204 _동아시아 해상 표류와 해신 마조

계의 선상에 서서 바다의 험준함과 위험성, 그리고 자신의 존재를 되돌아보는 좋은 체험을 하였다. 이들이 체험한 사항은 해양 보호신 마조라는 민간 신앙과 결합하여 마조 신앙의 전파와 역학 관계를 알아보는 좋은 기록물 내지 흥미로운 해양 일화의 소재로 사용되었다.

필자의 과문인지 모르겠으나 이번 해로사행에서 일어난 마조사적에 대한 선행연구는 거의 찾아보기 힘들다. 좀 더 자세히 논하자면 유홍훈의 마조사적에 대해서는 전무하고, 양도인의 마조사적에서는 진강학자의 문장 1편만 있을 뿐이다.[2] 최근 해로사행에 나선 조선 사신과 명 사신에 관련된 제1차 문헌, 즉 ≪駕海朝天錄≫, ≪四素山房集≫ 등이 출현했다. 이들 문헌은 조선 사신과 명 사신의 해로 사행에서 일어났던 제반 사항을 파악하는데 많은 도움을 준다.[3] 따라서 본 문장은 17세기 전반 첫 번째 해로사행에서 발생한 사행자의 마조 기록과 일화를 규명하는데 초점을 맞추어 진행하고자 한다. 첫째, 사행자들이 발해만을 건널 당시에 펼쳐진 마조 신앙이 어떠했나? 둘째, 사행을 마친 후에 마조 신앙에 대해 어떠한 심적 변화를 일으키고 있는가? 셋째, 마조사적이 훗날 晉江 일대로 전해져 어떻게 변형되었는가?

2　吳煜煜, 〈太常寺少卿楊道寅軼事〉, ≪晉江鄉訊≫, 219期[福建僑聯網 : www.fjql.org, 2003.11.13] ; ≪石壁採璞≫, 方志出版社, 北京, 2011.2, pp.30~42.

3　고려, 조선 사신들이 행한 마조 체험에 관해 필자의 〈高麗·朝鮮시대 海路 使行錄에 투영된 媽祖 분석〉(≪歷史民俗學≫, 32집, 韓國歷史民俗學會, 2010.3.30, pp.103~129), 17세기 해로 사행록에 관한 분석은 〈17세기 전반기 對明 海路使行에 관한 행차 분석〉(≪韓國實學研究≫, 21호, 韓國實學學會, 2011.6, pp.117~148)과 〈17세기 전반 對明 海路使行의 운항과 풍속 분석〉(≪韓國漢文學研究≫, 48집, 韓國漢文學會, 2011.12, pp.181~220)을 참조 요망.

2. 劉鴻訓의 媽祖 사적과 廟島 天妃廟 모연문

《사소산방집》은 1643년(숭정 16)에 유홍훈의 시문을 모아 편찬한 문집이다. 책명 '四素'는 유홍훈 생전에 명명한 것이다.[4] 《사소산방집》에는 마조의 영험과 관련된 문장이 수록되어 있다. 이 책자 권15 〈題廟島天妃祠募緣疏首〉에서 :

> 유홍훈이 조선으로 출사했다가 요동 길이 막히게 되어 해상으로 돌아오는 길을 물었다. 6월 초4일 밤에 鐵山口에 정박했다가 괴이한 바람과 세찬 파도가 아침까지 계속되어 선체의 깨어져 막을 수가 없었다. 내가 밤이 새도록 잠을 이르지 못하다가 겨우 눈을 붙였다. 大士의 모습을 한 동상 하나가 보였는데, 그 옆에 조그마한 황금 참새가 앉아있어 몹시 기이하였다. 순식간에 천자나 되는 놀랄만한 파도가 선박을 세 차례나 기슭으로 밀어내자, 온 힘을 다하여 선박에서 탈출하자 뱃사람들이 나를 부추겨서 일으켜 세웠다. 되돌아보니 타고 있었던 선박이 이미 산산조각이 나버렸다.
>
> 또 초9일에 旅順에서 남쪽을 향해 밤낮으로 대양을 질러가도 정박할 곳을 찾지 못했다. 초10일 밤이 될 때 바람과 파도가 쉴 틈도 없이 격하게 흔들어대니 스스로 필히 죽게 될 것이라고 여겼다. 갑자기 조그마한 황금참새 한 마리가 백주에 돛에 내려앉아 잠시 동안 머물렀다. 뱃사람이 놀라서 "사방이 각각 수백 리나 떨어진 바다 가운데인데, 이 새가 어디에서 나타났을까?"라고 말했다. 내가 마음을 바꾸어 장차 죽지 않을 것이라고 예견했다.
>
> 또 뱃사람들이 타기도와 묘도 두 곳에 천비성모상을 모시는 향불이 이어져 오고 있으며 매번 기도를 드리면 반드시 감응해준다고 했다. 내가 맨발로 꿇어앉아 선상에서 크게 聖母를 부르짖으며 평생 거울로 삼아 축원하고 수번을 만들어 성덕을 높이 받들겠다고 기도했다. 말이 끝나기도 전에 갑자기 바람과 파도가 잦아졌다. 이것이 어찌 뱃사람의 힘이라 할 수 있겠느냐? 묘도 사우는 타기도보다 조금 크고 넓었으나 퇴락되었다. 도사가 바야흐로

---

4 《四素山房集》王與胤〈四素山房集序〉:「先生在日, 名其集曰四素」.

모연 책자를 만들어 장차 항해하는 자와 주민들에게 수리하는데 도움을 청하는 문장을 서수에다 적어주기를 바랐다. 흔연히 내가 체험한 바를 적으니 혹 까닭 없이 멀리 인용하는 말보다 나을 것이다.[5]

이 문장은 유홍훈이 묘도 천비묘를 중수하는 모금을 위해 작성한 募緣文이다. 작성 시점은 유홍훈이 조선에서 해로로 귀국하는 도중인 1621년(천계 1) 6월 중순경이고, 장소는 묘도이다. 유홍훈은 모연문에다 자신이 두 차례나 체험한 마조 사적을 적어놓았다.

첫 번째 사적은 鐵山口(旅順口) 바깥 외항에서 일어났다. 이번 해로사행에 동원된 선박은 모두 22척이었다. 철산구 바깥 외항에 정박하고 있을 때 세찬 폭풍우와 높은 파도가 일어나 선박들이 이리저리 부딪쳐 선체가 크게 파손되었다. 유홍훈이 탄 선박도 크게 손상을 입어 깨진 틈새로 바닷물이 들어왔으나 이를 막아낼 길이 없었다. 유홍훈은 밤새도록 잠을 못 이루다가 피로에 이기지 못하고 깜빡 졸았다. 이때 꿈속에서 한 동상을 보았는데, 그 동상이 바로 해양 수호신 마조였다. 마조상 옆에는 마조의 사자인 황금참새가 앉아있었다.

유홍훈이 탄 선박이 더 이상 파도에 이기지 못하고 부서지게 되었다. 침몰되기 직전에 유홍훈은 바다로 뛰어내려 뱃사람의 도움을 받아 간신히

---

5 ≪사소산방집≫ 권15〈題廟島天妃祠募緣疏首〉:「鴻訓奉使朝鮮, 以遼路梗塞, 問歸途於海上. 六月四日, 夜泊鐵山口, 異風鼓浪達旦, 舟漏不可塞, 余竟夜不寐, 乃合眼, 卽見一銅像如大士狀, 旁棲小金雀, 殊異之. 須臾驚浪千尺, 舟三推到岸. 余奮身脫舟下, 舟人方扶掖起立, 回顧乘舟已片片逝已. 又初九日, 自旅順而南, 晝夜行大洋中, 無泊所至. 初十日汔入夜, 風濤震蕩無寧時, 自分必死. 忽一小金雀, 白日落帆上, 棲息移時. 舟人駭異謂:海洋中四屆各數百里, 安所得此鳥耶? 余爲心動, 逆料可不死. 又舟人謂鼉磯·廟島二祠有天妃聖母像, 香火在焉, 每禱而有應. 余跣足長跽, 舟中大呼聖母, 以余平生乞鼉且祝, 繡幡搆聯, 頌揚聖德. 言未畢, 風濤遽徐徐, 豈長年三老之力哉! 廟島祠宇, 視鼉磯稍宏廠, 然不無圯廢. 道士方製募簿, 將持請航海及居人佐之修緝, 求白其端. 余欣然以余遭弁之, 或與無端遠引之詞較殊也.」

뭍으로 올라왔는데, 고개를 돌려 자신이 탔던 선박을 보니 이미 산산조각이 나버렸다. 뭍으로 올라온 뒤 20리나 걸어서 다른 선박으로 옮겨 탔으나, 선박 침몰 때 입은 격심한 타격으로 질환을 얻었다. 게다가 모든 물품을 잃어버려 생활용품조차도 없었다. 겨우 양도인으로부터 의복과 이불을 건네받아 선실에 누워서 병든 몸을 추슬렀다. 만약 마조의 계시가 없었더라면 자신의 생명을 보존하지 못했을 것이라고 여겼다. 이번 조난에 침몰한 사행 선박은 모두 9척이나 되었고, 막대한 인명과 물자 손실을 입었다. 겨우 침몰을 면한 나머지 선박들은 폭풍우를 피할 수 있는 平島로 되돌아가서 잠시 안정을 취하고 선체 보수와 운항 조절에 나섰다.

두 번째 마조사적은 황성도 해역에서 일어났다. 6월 9일에 선단들은 평도에서 출항하여 황성도로 향하는 바다 한 가운데로 들어갔다. 그러나 이틀날까지 계속된 기상이변으로 다시 한 번 조난 사고를 당했다. 바다 가운데 들어선 선박들은 세찬 바람과 격심한 파도에 의해 멀리 떠내려가 정박할 도서를 찾지 못했다. 그저 속절없이 바람 부는 대로 물결치는 대로 표류한 것이다. 유홍훈은 장시간 표류 끝에 심신이 몹시 지쳐 이번엔 필경 죽을 것이라고 모든 것을 체념하고 있었다. 바로 이때 마조의 계시가 나타났다.

묘도열도 북단 황성도 해역(박현규 촬영)

마조의 사자인 金雀, 즉 황금참새 한 마리가 선상 돛대 위에 내려앉았다.

참새는 텃새이다. 텃새인 탓에 계절의 영향을 받지 않고 일정한 지역에 머물며 살아가지만, 때로는 세찬 바람에 떠밀려 먼 곳으로 날아가는 경우도 있다. 사실 유홍훈이 표류한 장소는 묘도열도 북단에 자리한 황성도 해역으로 육지나 섬으로부터 그다지 멀지 않은 곳이다. 묘도해역에는 큰 섬만 32개가 되고, 이밖에 이름이 없는 무수한 섬이 점점이 분포되어 있다. 묘도해역의 도서에 살아가는 텃새들이 세찬 바람에 떠밀려 바다 가운데로 나왔다가, 바다에 떠있는 선박을 보고 잠시 휴식을 위해 돛대에 내려 앉은 것이다. 아래에서 다시 살펴보겠지만 유홍훈과 해로사행에 나선 안경 선박에 출현한 새는 참새가 아니고, 바다제비였다. 바다제비는 계절에 따라 이동하는 철새인 관계로 먼 바다까지 날아갈 수 있다.

어쨌든 간에 유홍훈은 황금참새가 돛대에 내려앉은 모습을 보고 마조의 계시로 살아갈 수 있다는 희망을 가졌다. 중국이나 한국에서는 황금참새를 상서로운 동물로 여겼다. 옛날 수연이나 경사를 축하하는 그림을 보면 참새가 자주 등장하는데, 이때 참새를 황금색으로 그려놓았다. 노란색(黃)은 기쁨(歡)자의 독음과 비슷하여 기쁨을 상징한다. 유홍훈은 조난 속에서 다시 등장한 황금참새를 보고 다시 살아갈 수 있다는 희망을 얻었다. 지난 철산구 조난에서 황금참새가 등장하여 자신의 목숨을 구해주었다. 뱃사람들도 황금참새의 등장을 마조의 계시로 삼았다. 이곳이 사방으로 수백 리나 떨어진 바다 한가운데인데 새가 어떻게 나타날 수 있겠느냐며 모두들 기이하게 여겼다.

뱃사람들은 타기도와 묘도에 각각 마조를 모시는 묘우가 있으며 마조에게 기도를 드리면 반드시 응해준다고 하였다. 이 말을 들은 유홍훈은 즉시 선상에서 맨발로 꿇어앉아 큰 소리로 聖母(마조)를 부르며 위난에서 벗어날 수 있도록 간절히 기도를 드렸다. 만약 기도를 들어주시면 장차 수번을 만들고 성덕을 기리겠다고 맹세했다. 유홍훈이 간절히 기도를 드린 정성 덕분인지 마조의 영험이 즉시 나타났다. 갑자기 바람이 잦아지고 파도가 잠잠해졌다. 이로부터 위난에서 벗어난 유홍훈이 탄 선박은 무사히 섬에 도착할 수 있었다.

17세기 초 묘도열도에는 두 곳에 천비묘가 세워져 있었다. 한 곳은 鼉磯島(현 砣磯島)이고, 다른 한 곳은 묘도이다. 뱃사람도 유홍훈에게 鼉磯島와 묘도에 각각 천비묘가 있다고 했다. 이 기록은 1623년(천계 3)에 汪汝淳이 작성한 ≪毛大將軍海上情形≫과 일치한다. ≪毛大將軍海上情形≫ 중 발해만 도서를 논하는 대목에서 묘도와 타기도에 각각 天妃娘娘을 모시는 묘우가 있다고 했다.[6]

타기도는 오늘날 장도현 소재지인 長山島에서 북쪽으로 18km 떨어져 있다. 타기도 천비묘는 井口天妃廟를 지칭한다. 2008년 4월에 烟台市博物館 第三次普查小組는 砣磯鎭 井口村 남쪽 옛 항구로부터 40m 떨어진 곳에서 天后宮(天妃廟) 유적지를 발견했다. 井口天妃廟는 원래 옛 항구의 바닷가에 소재했으나, 훗날 항만에 퇴적물이 쌓이고 바다를 간척하는 바람에 해안가에서 멀어지게 되었다. 천후궁의 전체 면적은 약 2,000㎡이고, 남북 방향으로 三進院이다. 前院에는 三官(三元), 관우상을 모신 前殿과 12지신상을 모신 동서 행랑채, 그리고 산문으로 구성되었다. 中院에는 마조를 모신 大殿을 중심으로 양측에 승방이 세워져있었다. 後院에는 전각과 부속 건물이 있었는데, 전각에 모셨던 신앙체는 불분명하다.[7] 井口天

---

6 ≪毛大將軍海上情形≫ : 「(登州府)六十里至廟島[자주 : 猪羊獻祭, 掛袍於天妃娘娘, 畢, 候順風竟往砣磯島, 亦用猪羊祭獻, 掛袍於天妃娘娘. 娘娘姊妹三人, 一在福州, 一在廟島, 一在砣磯島, 皆顯應, 必要虔誠祭獻.] 廟島二百里至砣磯島.[자주 : 天妃娘娘在套里, 如遇大順風, 不可泊船, 許望島於船上遙祭]」(李獻璋, ≪信仰的研究・媽祖信仰研究≫, p.60 ; ≪媽祖文獻史料彙編(散文卷)≫, pp.68~69에서 인용)
7 〈山東長島又現天后宮遺址〉, ≪烟台大衆網≫, 2009.4.9. [天下媽祖 : www.mazuworld.

妃廟의 건립 역사는 6백 년이라고 전해오고 있다. 우리는 유홍훈의 기록을 통해 묘우의 역사가 17세기 초기에 이미 세워져있었음을 알 수 있다. 중국 공산당정부가 수립된 직후까지만 하더라도 어업에 종사하는 사람들은 자주 천후궁을 찾아 신앙 활동을 전개하였다. 특히 마조 길일 때면 전 섬에 분포한 5개 촌장 사람들이 모두 모여 성대한 廟會를 열었다.

묘도 천비묘는 오늘날 묘도 顯應宮을 지칭한다. 묘도는 묘도열도의 남단 해역에 속해있는 조그마한 섬이다. 명 초기 이전에 沙門島라고 불렀다가, 명 중엽 이후에 이곳에 천비묘, 즉 海神娘娘廟가 있다고 하여 묘도로 바뀌었다.[8] 묘도에서 서쪽으로 3km만 가면 오늘날 행정중심지인 南長山島가 나온다. 또 남쪽으로 17km, 쾌속선으로 45분 정도만 가면 산동북단 蓬萊角이 나온다. 예전에 산동과 요동 사이를 오가는 풍력선은 묘도를 중간 기착지로 활용하였다. 묘도 해역은 반월형으로 주변에 남장산도, 북장산도, 大黑山島, 小黑山島, 螳螂島, 擋浪島 등 여러 섬으로 둘러싸여있어 바람과 풍랑을 막을 수가 있다. 특히 묘도 북단은 바다가 잔잔하여 정박하기 좋은 항구 여건을 가지고 있다.

묘도 천비묘는 마조신앙이 북방 지역으로 처음 전파된 묘우이며, 오늘날 마조의 본고향인 복건 미주도 묘우와 함께 南北祖庭이라 불렸다. 묘도 천비묘는 1122년(송 선화)에 창건되었다고 전해오고 있다. 창건 당시에는 향불만 피울 정도로 조그만 규모였다. 현응궁(천비묘)에는 1125년(송 선화 7)에 제작되었다고 전해지는 마조 銅像과 銅鏡이 있는데, 이들 문물의 출처나 감정 근거가 미약하여 앞으로 좀 더 고증 작업이 필요하다. 원나라

---

com인용).

8 《(道光)重修蓬萊縣志》 권2 〈地理志・山川〉 중 〈沙門島〉:「城北六十里海中. 凡海舟渡遼者必泊此以避風. 上有龍女廟, 歷代皆有封額, --- 今人稱爲廟島」. 龍女廟는 천비묘, 즉 현응궁을 지칭한다.

때 해상을 통해 남방 물자를 북방으로 옮기기 위해 閩浙 선박들이 대거
동원되었다. 민절 선박들이 해상 길목에 있는 묘도로 모여들면서 마조묘
(천비묘)의 향불이 크게 일어났다. 1279년(원 至元 16) 전후에 묘우를 크
게 증축하였다.

1628년(명 崇禎 1)에 묘도 천비묘는 登萊總兵 楊國棟에 의해 중수되었
고, 이해 숭정제로부터 '顯應宮'이라는 묘액을 받았다. 청 咸豊 연간에 조
정으로부터 '神功濟運'이라는 편액을 받았다. 문화대혁명이 발발한 1966
년 가을에 홍위병에 의해 묘우가 철저하게 파괴되어 근 천년 동안 이어오
던 향불이 꺼지게 되었다. 1973년 9월에 옛 건물을 모두 철거하였다. 1983
년에 원래 자리에 長島航海博物館을 설립하면서 묘우를 복원하기 시작했
다. 그 후 몇 차례 복원 끝에 山門, 前殿, 兩廊, 大殿, 後殿 등 옛 건물이
다시 세워졌다. 오늘날 묘우의 제반업무는 顯應宮管理委員會에서 맡고,
신앙 활동은 道長이 주관하고 있다.

산문 입구에는 2006년 12월에 산동성인민정부에서 第三批省級文物保
護單位로 지정한 '廟島顯應宮及沙門寨故城遺址'라는 비석이 세워져 있다.

장도와 묘도 사이의 진주문(박현규 촬영)

산문에는 명 숭정제가 어필로 쓴 '顯應宮'이라는 현판이 복원되어 걸려있다. 萬年殿에는 金身媽祖像, 莆陽殿에는 粉臉媽祖像, 朝天殿에는 黑臉媽祖像이 모셔져 있다. 정전 만년전의 정중앙에 마조 신상, 좌우에 시녀와 비빈 상이 모셔져 있다. 대전 안쪽에는 千里眼, 順風耳, 黃蜂兵帥, 白馬將軍 등 무관 4명, 동서남북 水部判官, 九江, 八河, 五湖, 四海龍王 등 문관 8명의 신상이 모셔져 있다. 1983년에 개설된 航海博物館은 산문 안쪽에 자리하고 있다.

오늘날 현응궁에 대만 국민당 관계자들이 증정한 마조 기물들을 찾아볼 수 있어 흥미롭다. 黑臉媽祖像은 2002년에 대만에서 오래된 마조묘 중의 하나인 北港 朝天宮에서 증정한 것이다. 만년전 바깥에는 대만 國民黨 전주석 連戰과 新民黨 전주석 宋楚瑜가 쓴 현판이 걸려있다. 국민당정부가 대만으로 철수할 때 장도현 출신들이 많이 따라 들어갔다. 오늘날 장도현 출신을 비롯한 많은 대만 신도들이 자주 현응궁을 방문하여 신앙 활동을 펼치고 있다.

유홍훈의 모연문은 17세기 초반에 묘도 천비묘의 발전 과정을 알아보는데 매우 중요한 자료이다. 당시 묘도 천비묘는 타기도 천비묘보다 조금 크고 넓었지만, 오랫동안 보수를 하지 않아 많이 퇴락되었다. 도사가 항해자와 거주민에게 묘우를 중수할 기금을 모으기 위해 모연 책자를 만들었다. 때마침 조선과 명 사신들이 탄 선박들이 험준한 해상에서 갖은 고생을 다한 끝에 묘도에 안착하였다. 사행자의 입장에서 본다면 묘도는 사실상 이번 해로 사행의 끝자락이자, 더 이상의 해상 조난의 위험이 없는 안전한 지역이라고 할 수 있다. 묘도 남단에서 바라보면 이번 해로사행의 종착지인 등주가 눈 안에 들어온다. 묘도에서 반나절만 항해하면 등주에 도달할 수 있다. 유홍훈과 뱃사람들은 그동안의 고통을 떨쳐내고 가볍고 편안한 심정으로 지난 두 차례 해상 조난에서 마조의 도움으로 위난을 넘긴 것을 감사하기 위해 묘도 천비묘를 찾았다. 도사가 모연 취지를 말하고 책자 서두에 모연문을 적어주기를 부탁하니, 유홍훈은 흔쾌히 바로 직전에 자신이 체험한 마조 영험을 담은 모연문을 적어주었다.

중국의 민속신앙이 후대에 전국적인 신앙으로 발전하는 단계를 살펴보면, 해당 신앙이 조정으로부터 공인을 받고 국가수호신으로서 역할을 행했느냐가 관건적인 요소 중의 하나이다. 마조 신앙은 송나라 초에 복건 미주도와 그 인근 지역에만 전해오다가, 그 후 해상 운송과 교역을 하기 위해 타지로 나가는 뱃사람들에 의해 중국 해안과 내수 지역으로 점차 퍼져나가기 시작했다. 1123년(송 선화 5)에 이르러서는 국가 공인된 신앙으로 발전하는 커다란 전기를 맞이했다. 이 해 고려 출사에 나선 송 路允迪은 선박 8척을 이끌고 가다가 도중에 거친 풍랑을 만나 선박 7척은 전복되었으나, 오직 노윤적이 탄 배만 마조의 도움을 받아 무사했다. 귀국 후 이 사실을 조정에 알려 '順濟'라는 묘액을 받게 되었다.[9] 훗날 각종 마조 문헌에 널리 소개되고 있는 노윤적의 마조 사적은 마조 신앙이 국가수호신으로 승격된 첫 번째 사례로 꼽힌다.

---

9 廖鵬飛 〈聖墩祖廟重建順濟廟記〉:「姓林氏, 湄洲嶼人. 初, 以巫祝爲事, 能預知人禍福. 旣歿, 衆爲立廟於本嶼. 聖墩去嶼幾百里, --- 故商舶尤藉以指南, 得吉卜而濟. 雖怒濤洶涌, 舟亦無恙. --- 宣和壬寅歲也. 越明年癸卯, 給事中路允迪使高麗, 道東海, 値風浪震盪, 舳艫相衝者八, 而覆溺者七, 獨公所乘舟, 有女神登檣竿, 爲旋舞狀, 俄獲安濟. 因詰於衆, 時同事者保義郎李振, 素奉聖墩之神, 具道其詳. 還奏諸朝, 詔以順濟爲廟額.」 노윤적과 동행한 徐兢의 ≪선화봉사고려도경≫은 해로 사행에 나선 선박 8척이 모두 무사히 귀환했다고 했다. 요봉비의 문장은 서긍의 기록과 어긋난 점이 있다. 그렇지만, 요봉비 기록의 작성 시기가 노윤적의 사적으로부터 불과 2십여 년밖에 차이가 없어 문장 전체가 모두 문제 있다고 보기 힘들다. 노윤적이 출사한 때는 1123년(선화 5)이고, 요봉비 기록은 1150년(紹興 20)에 작성되었다. 따라서 요봉비의 기록이 사실과 다소 어긋나는 것은 아마도 요봉비 또는 그 이전에 마조 신봉자들이 마조의 영험을 극대화시킬 목적으로 과장 기법을 도입하는 바람에 일어난 현상이 아닌가 생각된다.

명대에 들어서는 외국에 사신을 보내고 대외교역을 전개하는 과정에서 마조 신앙이 주목을 받으며 국가수호신의 역할을 수행한 기록의 빈도수가 많아졌다. ≪天后顯聖錄≫은 마조 일대기와 신앙의 영험함을 기술한 책자이다.[10] 이 책자에 기술된 명대의 마조 영험은 절대 다수가 국가의 대외 해양교류와 관련된 사항이다. 鄭和와 陳慶은 각각 영락제의 명을 받아 대규모 선단을 거느리고 멀리 중동과 아프리카 북단까지 진출했고, 張源, 柴山, 楊洪은 각각 황명을 받아 榜葛剌國(Bengala), 琉球, 동남아시아 등지로 사신으로 나갔다. 이들이 해상에서 기상 이변으로 선박이 전복되는 위기에 처하거나 해적들이 출현하여 목숨이 위태로울 때 홀연히 마조가 나타나 풍랑을 제어하거나 기적을 일으켜 위난에서 무사히 벗어날 수 있었다.[11] 이들은 귀국한 후에 마조 영험을 조정에 상주하여 봉호를 내리게 하였다. 명 조정은 마조 신앙을 국가수호자의 역할로 삼아 숭앙 활동을 펼쳤다. 영락제가 마조에게 天妃라는 봉호를 하사한 것도 이와 밀접한 관련이 있다.

이러한 시대적 분위기 속에서 유홍훈의 마조 사적이 출현하였다. 유홍훈의 마조 사적은 송명 사신의 마조 사적과 일맥상통한 점이 있고, 특히 노윤적의 마조 사적과 닮은 점이 많다. 노윤적은 조정의 명을 받아 고려에 출사했고, 유홍훈도 조정의 명을 받아 조선에 출사했다. 노윤적의 사행 목적은 외형적으로 고려 睿宗의 서거를 조문하는 것이었지만, 사실상 송과 고려의 우호 관계를 강화하여 북방 요나라의 남침 공략을 막아내는데 있었

---

10 1725년(청 雍正 3) 三山會館刊本 ≪天后顯聖錄≫은 청초 僧照乘이 편찬한 ≪天妃顯聖錄≫을 증보 수정한 책자이다. 다만 ≪천비현성록≫은 청초 원본이 유실되고 옹정·건륭연간 중간본만 남아있다. 현존 마조지 가운데 ≪천후현성록≫이 가장 빠르다. 蔣維錟 〈版本小識〉 참조.

11 ≪天后顯聖錄≫〈靈應〉 중 〈廣州救鄭和〉, 〈舊港戮寇〉, 〈夢示陳指揮全勝〉, 〈東海護內使張源〉, 〈琉球救太監柴山〉, 〈庇太監楊洪使諸國〉 참조.

다. 유흥훈의 사행도 외형적으로 명 천계제의 등극을 반포하는 것이었지만, 사실상 명과 조선의 우호 관계를 강화하여 북방 후금의 남침 공략을 막아내는데 그 목적이 있었다. 노윤적과 유흥훈은 해상 사행 도중에 기상 악화로 인하여 배가 전복될 위기를 맞이했다. 이때 홀연히 나타난 마조의 도움을 받아 위난에서 벗어나 무사히 해로사행을 마칠 수 있었다.

유흥훈의 마조 사적은 후대 지명도에 있어 송명 사신의 마조 사적과 많은 차이가 있다. ≪천후현성록≫, ≪媽祖文獻史料彙編≫ 등 각종 마조 책자를 살펴보면 송명 사신의 마조 사적을 쉽게 찾아볼 수 있지만, 유흥훈의 마조 사적은 전혀 찾아볼 수 없다. 그 원인은 사행자의 상주 여부와 유흥훈의 입장 변화에서 찾아볼 수 있다. 마조 사적을 체험한 송명 사신은 이 사실을 조정에 상주하여 마조의 위상을 제고시키고 민간에게 널리 전파시키는데 많은 노력을 경주했다. 반면에 유흥훈은 자신이 처한 입장의 변화로 마조 사적을 조정에 상주하지 않았다.

유흥훈은 등주에 도달한 다음 육로를 통해 북경(燕京)을 향해갔다. 고향집이 있는 산동 長山을 지나갈 때 연로한 부모가 노심초사하는 모습을 보고 심한 충격을 받아 정신이 멍한 공황 상태에 빠졌다. 지난 해난 사고 때 입은 충격으로 심신상태가 몹시 좋지 않았다. 등주에 도착했을 때 오른 팔이 마비되는 증상이 있었고, 잦은 설사로 기력이 매우 쇠진했다. 고향집에서 요양할 때도 한동안 입맛을 잃어버려 이를 회복하는 데까지 많은 시간이 걸렸다.[12] 그래서 유흥훈은 조정 복귀를 포기하고 집에서 요양하겠다는 청원을 담은 상소문을 올렸다. 이 상소문은 동생 劉鴻采가 적고 유흥훈이 손질했다.

상소문에는 황성도 해역에서 장기간 표류할 때의 조난 상황이 자세히

---

12 ≪사소산방집≫ 권1 〈自朝鮮歸病起紀事〉, 권5 〈請假疏〉.

기술되어 있다. 유홍훈이 탄 선박이 큰 바다에 접어드니 사방이 수천 리나 되어 정박할 도서가 없어 3일 주야로 표류했다. 10일 괴이한 바람과 파도가 하루 종일 일어나 키와 노를 잃어버려 전복 위험에 처하였다. 유홍훈이 하늘을 향해 크게 부르짖으니 기적이 일어났다. 신은 儒臣이다. 어찌 감히 기괴한 말로 天聽을 더럽히게 할 수 있겠는가? 뱃사람들은 모두 기이하게 여겼다. 이때 왜 죽지 않았는지는 알지 못하나, 등주 육지에 도달할 수 있었다.[13]

유홍훈이 황성도 해역에서 표류한 조난 사적에 대해 기술한 내용에서 전후가 다른 점을 발견할 수 있다. 묘도 천비묘의 모연문에는 표류를 당할 때 선상에서 맨발로 꿇어앉아 성모(마조)를 크게 부르짖으며 평생 마조를 높이 받들겠다며 간절하게 도움을 청하였다고 하였다. 그런데 조정에 복귀를 늦추고 요양을 청하는 상소문에는 마조의 흔적을 싹 지워버렸다. 위난 때에는 하늘에 도와달라고 부르짖었지만, 귀환 후에는 자신은 儒臣이며 유교윤리와 명분에 어긋나는 祀神 행위의 말을 할 수 없다고 하였다.

유홍훈이 상소문을 올린 목적은 황제의 허가를 받기 위해서이다. 혹시 조정 내부나 정적들이 자기의 상소문과 행적에 대해 좋지 않게 여길까 노심초사하였다. 당시 유홍훈은 조난의 충격과 후유증으로 심신상태가 좋지 않았던 것은 사실이지만, 자기 마음만 굳게 먹는다면 조정으로 복귀할 여력을 가지고 있었다. 당시 장산을 지나던 조선 사절이 유홍훈의 집을 방문하자, 유홍훈은 몸소 조선 사절을 접대하고 함께 담소를 나누는 여유가 있었다.[14]

---

13 《사소산방집》 권5 〈請假疏〉:「入大洋, 四望各千里, 旁無島嶼, 行三晝夜, 不能泊望, 黃城如在天上. 至初十日, 風浪異甞, 竟日夜, 舵楫具盡, 時時願沈願覆不可得. 臣仰天大呼, 果獲奇捄. 臣儒臣也. 未敢以神恠語瀆天聽. 乃舟人無不異之. 臣亦不知其何以不死, 猶得至登州陟彼岸也.」

또 유홍훈은 상소문을 올릴 때 조정에 복귀한 양도인의 보고에 대해 상당히 걱정하는 눈치였다. 상소문에는 양도인이 유홍훈을 위해 조정 복귀가 늦어진다는 사실을 말해주었는지 모르겠다는 글귀를 남겼다.[15] 조선 출사 때 부사 양도인은 정사 유홍훈과 함께 움직이지 않고 출발과 귀국 일정을 따로 정하고 독단적인 행동을 자주 하곤 했다. 유홍훈은 東林黨 계열의 인물이고, 양도인은 閹黨 계열의 인물이다. 이 둘 사이에는 눈에 보이지 않은 불편한 무언가가 존재하고 있었다.

1621년(천계 1) 유홍훈이 묘도 천비묘를 찾았을 때 묘우 건물은 많이 퇴락된 상태였다. 이때 천비묘 도장이 나서 묘우 중수를 하고자 모연 활동을 전개했다. 그러다가 1628년(숭정 1)에 이르러 登萊總兵 楊國棟이 나서 묘우를 중수하고 조정으로부터 현응궁이라는 묘액을 받았다.[16] 이후 묘도 천비묘는 북방 최초의 묘우라는 칭호에 걸맞게 다시 한 번 크게 도약할 전기를 맞이했다.

양국동이 묘도 천비묘를 중수한 것은 당시 국제 정세와 시대적 요구를 반영한 것이다. 요동반도 남단 해역과 묘도열도는 후금이 해상으로 남진하는 것을 저지하는 중요한 군사해역이었다. 이곳 해역에는 산동 내륙과 도서, 각 도서 간을 오가는 수많은 선박들이 활발하게 운행되고 있었다. 등주 앞바다에 소재한 묘도는 묘도열도를 오가는 해상 교통의 요충지이

---

14 ≪가해조천록≫ 1621년 7월 11일조.

15 ≪사소산방집≫ 권5 〈請假疏〉:「在登州時, 已知不能手自草疏, 入告我皇上, 曾託科臣道寅, 先代臣一鳴, 稍逌罪戾, 不知科臣曾爲臣一言否?」

16 楊國棟의 자는 瑞宇이고, 四川 成都 사람이며, 楊廷和의 족손으로 알려졌다. 젊어서 奢崇明 정벌에 나서 공을 세워 把總이 되었다. 환관 魏忠賢의 義子가 되어 登萊總兵에 올랐다. 그 후 청나라의 남침에 대항하여 永定衛 전투, 麻河 전투 등지에서 승리를 거두어 武陵伯에 올랐다. 1650년(남명 永曆 4년)에 孫可望이 청나라에 항복할 때 항쟁을 하였다가 실패하고 피살당했다.

다. 양국동은 山東舟師로서 묘도열도 해역을 관장하는 통솔권을 가지고 있었다. 그 자신도 일찍이 묘도열도를 순시하다가 조난 사고를 당해 선박이 침몰하여 간신히 살아난 적이 있었다.[17] 그래서 양국동은 국가 보위와 지역 안정을 꾀하기 위해 오랜 역사를 가졌고 지역민과 뱃사람으로부터 지지를 받는 묘도 천비묘를 중수하였다.

3. 安璥의 媽祖 인식과 廟島 天妃廟 제문

앞 절에서 언급했듯이 항해 도중에 선박에 새가 나타난 현상을 유홍훈은 마조의 영험으로 받아들이고 그로 인해 위난에서 벗어날 수 있었다고 확신했다. 조선 서장관 안경은 황성도 해역에서 이와 유사한 현상을 겪었지만 유홍훈과 달리 이지적 사고로 풀이했다.

안경 선박은 황성도 해역에서 기상이변으로 기나긴 표류 끝에 간신히 곤경에서 벗어나 황성도에 도착했다. 그러나 거듭되는 기상 악화로 인하여 계속 출항하지 못했다. 6월 16일 새벽부터 짙은 안개가 끼어 항해 조건이 나빴으나, 적당한 바람이 불어오자 더 이상 기다리지 않고 출항을 감행했다. 그러나 항해 도중에 안개가 해를 가리고 짙은 구름이 드리워져 사방이 컴컴하여 방향을 찾지 못했다. 안경은 하늘을 향하여 도와달라고 간절한 기도를 드렸다. 이때 어디선가 바다제비 2~3마리가 날아와 지지배배 소리를 질렀다. 뱃사람들은 모두 환호를 지르며 제비가 나타난 것이 섬으로부터 가깝다는 징조라며 기뻐했다.[18]

---

17 《인조실록》 5년 8월 6일(기해)조 : 「奏聞使權怗馳啓曰 : --- 是夕初昏, 狂風大作, 臣等之船, 幾危復安, 國棟之船及軍兵船二艘敗沒, 國棟脫身游水而出. 臣累日後始聞之, 將送譯官, 兼以若干禮物, 一以慰問, 一以釋憾云.」

18 《駕海朝天錄》 1621년 6월 16일조 : 「自曉至朝大霧中, 放船, 船往如箭. 日光欲漏

유홍훈 선박과 안경 선박은 기상악화로 인하여 장기간 표류하는 커다란 위난에 빠졌었다. 이때 유홍훈과 안경은 모두 초자연적인 힘을 가진 절대신에게 도와달라고 간절한 기도를 드렸다. 사람들은 절체절명의 상황에 봉착하면 초자연적인 힘을 가진 신에게 위험에서 벗어나게 해달라고 간절히 기도를 드리곤 한다. 평소 신앙을 믿지 않거나 관련이 없는 사람도 이때에는 절대신에게 도와달라는 호소와 기도를 한다. 유홍훈과 안경도 이러한 심리 작용으로 인하여 절대신을 찾았던 것이다.

그런데 유홍훈과 안경이 위난에서 벗어나고자 대처한 방식은 사뭇 달랐다. 유홍훈은 바다를 관장하는 중국 해양신인 마조에게 기도했고, 안경은 예로부터 공경의 대상이었던 하늘을 향해 기도를 드렸다. 절망에서 희망의 불씨를 살린 새의 출현에 대해 유홍훈은 마조가 보낸 사자라고 종교적 관점으로 접근했고, 안경과 뱃사람은 오랜 경험에 따른 이지적 사고로 판단하여 섬과 가깝다는 징조로 삼았다.

새가 출현한 이후 안경의 선박은 위난에서 벗어나 타기도에 도착하여 廟堂, 즉 유홍훈이 말한 타기도 천비묘가 있는 항구에 정박했다. 이때만 하더라도 안경은 마조신앙에 대해 별다른 감응이 없었는지 어떠한 언급도 남기지 않았다. 묘당이 있는 타기도 항구에 전선 7척이 있다는 사실만 언급해놓았다.[19] 이틀 후에 안경은 眞珠門(현 珍珠門)을 통해 묘도에 도착했다. 여기에서도 마조에 대한 언급을 찾을 수 없다.[20] 진주문은 북장산도와 擋浪島 사이에 자리한 천연 해협을 지칭한다. 이들이 진주문을 통해

而還掩, 雲陰將散而復合, 仰不見天, 而向天默禱者久之. 頃之, 海鷗三兩飛鳴而來, 恰似迎檣者. 然舟人賀曰：如此大洋, 飛鳥亦絶, 而鷗子現形, 島必近矣.」

19 ≪가해조천록≫ 1621년 6월 17일조：「乃移泊廟堂前, 則舵磯島防守之所也. 戰船七隻泊在, 而哨官馮民敬具名帖送禮, 即爲答禮.」

20 ≪가해조천록≫ 1621년 6월 19일조：「尋入眞珠門, --- 至廟島, 則我國船五隻留泊.」

도착한 항구는 천비묘가 있는 묘도북단이다. 천비묘 옆에는 송나라 때부터 설치된 수군 군영이 있었다.

안경 일행은 등주에 도착한 이후 뱃사람과 선박을 남겨두고 사신과 원역들만 사행 업무를 수행하기 위해 육로를 통해 북경(연경)으로 들어갔다. 사신들이 돌아올 동안 뱃사람들은 등주에서 파손된 선박을 보수하고 귀국 항해에 필요한 물자를 구입하며 출항 채비를 하였다. 이로부터 4개월 후에 사신과 원역들이 북경(연경)에서 사행 업무를 마치고 등주에 돌아왔다. 도착 며칠 후인 10월 9일에 출항했다.

해로 귀국에 나선 안경은 지난번과 달리 마조를 대하는 태도가 많이 변하였다. 등주를 출발한 다음 날에 묘도 천비묘에 나가 제문을 짓고 제례를 치렀다. ≪駕海朝天錄≫ 10월 10일조에 적힌 안경의 행적과 제문을 옮겨본다.

> 묘당에서 제문을 짓고, 향을 사르며 기풍제를 지냈다. 묘당의 편액에는 '天妃娘娘之廟'라고 적혀있다. 제문을 요약하면 다음과 같다. 강남으로 칙명을 받들어 사행 가는 일은 이미 천자 궁정을 마치고, 이제 뗏목을 타고 해동으로 향해 돌아가려고 합니다. 고국은 멀리 해가 뜨는 곳에 있어 진실로 감응의 도움이 없다면, 누구라도 편안하게 큰 바다를 건널 수 있으리오. 음풍이 부는 10월이 마땅히 문짝에 흙칠할 시일이고, 만 리나 되고 격랑이 일어나니 어찌 출항할 수 있는 시기입니까? 아, 신하의 직분이 겨를이 없고 나라 일로 쉴 틈이 없어 섬 가운데 세자나 쌓인 눈을 먹으며 파도 위로 일엽편주에 의지하옵니다. 오로지 한 가지 신념으로 다른 마음을 가지지 않는 것은 백발이 되도록 배운 바입니다. 무슨 일이 많이 있든지 간에 일편단심처럼 지극한 정성으로 공감하고자 하옵니다. 물고기의 배에 들어가는 재앙을 면해주고, 기러기 깃털을 맞이하듯 순풍을 빌리기를 원합니다.[21]

---

21 ≪가해조천록≫ 1621년 10월 10일조 : 「廟堂作祭文, 燒香祈風, 堂之額曰天妃娘娘之廟云. 祭文略曰 : 江南奉勅使事, 旣完於天庭, 海東回槎, 故國遙在於日域. 苟非感應

안경이 묘도 천비묘에 나가 제문을 짓는 그 자체만 하더라도 마조에 대해 많은 인식 변화가 있었음을 알 수 있다. 그 변화 원인은 어디에서 나왔을까? 우선 귀국행의 해로상황이 매우 좋지 않았던 점을 꼽을 수 있다. 안경 일행이 해로로 귀국하는 시점은 항해하기가 적합한 시기가 아니었다. 출항 직전에 登萊巡撫 陶朗先은 안경 일행을 만나는 자리에서 지금은 바다에 풍랑이 격하게 일어나 배를 띄우는 것이 매우 위험한 시기이니 내년 봄에 떠나는 것이 어떻겠냐며 출항 연기를 권유했다. 안경 일행은 자신들이 왕명을 받들고 있는 몸이라 이곳에서 오랫동안 체류할 수 없다고 답변했다.[22]

1623년(인조 1)에 해로사행을 한 趙濈은 해로로 중국 대륙에서 한반도로 갈 때 서풍이 부는 봄과 여름이 항해하기가 좋다고 했다.[23] 도낭선과 조즙의 말처럼 해로로 중국 대륙에서 한반도로 갈 때 겨울철은 항해하기가 적합하지 않는 시기였다. 겨울철이 되면 발해만과 황해 해역에는 시베리아 한랭기단이 확장되어 매섭고 차가운 날씨가 계속되고 격심한 북서풍이 불어 거센 파도가 일어나 항해하기가 몹시 힘들다. 요즘도 서해안에서 겨울철에 서해안에서 해난사고가 자주 발생한다.

안경 일행은 출항 직전부터 이번 해로 귀국행이 결코 순탄치 않을 것이라는 사실을 알고 있었다. 예상대로 안경 일행은 엄청난 시련과 고난을

之助, 誰得利涉之便. 十月陰風, 政當壞戶之日, 萬里驚浪, 此豈解纜之時. 嗟臣職之不遑, 念王事之靡鹽, 餐島中三尺之雪, 依波上一葉之舟, 斷斷無他, 白首之所學, 何事洋洋, 如在丹心之至誠共監, 欲免魚腹之災, 願借鴻毛之順.」

22 ≪가해조천록≫ 1621년 10월 6일조:「朝往陶衙門見官, 則進茶慰之, 曰:多多辛苦. 風浪如此, 何以開洋? 不如姑停以待春和. 等謝曰:老爺念及於此, 感激, 感激. 受救淹留, 於心未安, 入島候風, 風不順, 則回泊猶或可也. 豈可頹然坐此, 而自畫中途乎? 軍門曰:是阿, 是阿. 然前車既覆, 十分愼旃, 期於利涉.」

23 조즙 ≪朝天日乘≫ 1623년 9월 12일조.

겪었다. 항해에 소요된 기간만 보아도 이러한 사실을 알 수 있다. 귀국행 항해에 무려 28일이 걸렸다. 이백년 만에 바닷길을 다시 개척하며 대형 조난사고를 두 차례 당한 중국행도 이보다 3일이 적게 걸렸다. 현존 사행록에 조선 사행이 등주 해로를 따라 귀국했을 때 소요된 항해 일자를 분석해보니 등주에서 宣沙浦까지는 11일~14일, 평균 12일 걸렸고, 등주에서 石多山까지는 각각 12일과 17일이 걸렸다.[24] 이번 해로 귀국행에는 선박이 운항하지 못한 날이 매우 많았다. 연이어 세찬 바람이 불어오고 거친 파도가 일어나 도저히 바다로 나설 수 없었다. 더구나 항해 도중에 양식이 모두 떨어져 기아로 인해 사망 직전에까지 이르는 곤경을 겪기도 했다.

안경 일행은 이번 해로 귀국행에 혹 발생할 수도 있을 조난 사고에 대해 상당한 두려움을 가지고 있었다. 등주에서 출항하기 직전 뱃사람과 등주 사람들 사이에 지난 조선 진위사 柳澗과 진향사 朴彝敍 일행이 조난사고를 당했던 이야기가 파다하게 퍼져있었다. 진위사와 진향사 일행은 요동 육로를 통해 연경으로 나갔다가, 후금이 요동반도를 장악하는 바람에 부득불 해로를 통해 귀국할 수밖에 없었다. 진위사와 진향사 일행은 명나라가 제공한 선박을 타고 한반도로 향하다가 노철산 해역에서 폭풍을 만나 선박이 전복되어 사신을 포함한 대다수 사람들이 익사하였다.

등주에서 안경과 함께 귀국하는 진위사 서장관 유여항은 지난번에 떠난 조선 사절이 사고를 당했다는 사실을 알고 충격에 빠졌다. 그러나 뱃사람들은 유여항에게 쉬쉬거리며 사고 소식을 감추고 있었다. 중국 사람들도 유여항에게 당신이 타고 가는 배는 좋으니 문제가 없을 것이라며 위로의 말을 전했다. 또 조난사고에서 간신히 살아남은 진위사 역관 李民宬은

---

24 朴現圭, 〈17세기 전반기 對明 海路使行에 관한 행차 분석〉, 《韓國實學研究》, 21 호, 韓國實學學會, 2011.6, pp.133~135.

안경과 만나는 자리에서 의관을 벗어던지고 눈물을 흘리며 함께 살아 돌아가고 싶다는 간절한 소망을 펼쳤다.[25] 안경을 비롯한 사신과 뱃사람들이 해로 중국행 때 두 차례나 대형 조난 사고를 두 차례나 경험하긴 했지만, 출항을 눈앞에 둔 시점에서 조선 사절의 조난사고 이야기를 들으니 모두 몹시 긴장하고 두려워했다.

안경 일행은 등주에서 출항하는 날 새벽에 관복을 갖추어 입고 선상에서 개양제를 지냈다. 안경 자신도 이번 항해가 몹시 어려울 것이라며 마음을 단단히 먹었지만, 출항한 첫날부터 기상 상태가 좋지 않아 내심 크게 놀랐다. 출항 첫날 반나절 만에 묘도에 들어와 항구에 정박했다. 하지만 밤새도록 북풍이 심하게 불어 선박을 매어놓은 돌들이 세찬 파도에 밀려 선박이 다른 곳으로 이동하는 사고가 발생했다.[26] 이러한 사고를 목도한 안경이 받은 충격과 심리적 압박은 대단했을 것이다.

이번 사행선의 뱃사람들은 마조 신앙에 대해 잘 알고 있었다. 유홍훈의 모연문에서 언급했듯이 뱃사람들은 타기도와 묘도에는 향불이 끊임없이 피어오르는 천비묘가 있고, 마조에게 기도를 드리면 반드시 들어준다는 소문을 알고 있었다. 묘도 천비묘는 마조 신앙이 가장 왕성하고 뱃사람들이 신성시 여기는 장소이다. 중국으로 향할 때 등주에 먼저 도착한 조선 선박 5척은 등주가 정박하기 불편하다고 해서 다시 묘도로 되돌아가 그곳에 정박하였다.[27] 묘도에 머물렀던 뱃사람들은 천비묘에 나가 경건한 마

25 ≪가해조천록≫ 1621년 7월 5일조:「書狀在船上促發, 云:柳進香, 康陳慰, 鄭書狀三船敗沒之言, 人皆諱秘於柳書狀, 故唐人亦皆慰諭曰:柳大宰之船好往云云. 譯官同知李民省自康陳慰敗船之處來, 衣冠盡脫, 泣訴余, 曰:願得生還, 吾將與使公同上一船, 死生以之, 已爲約束, 故來.」

26 ≪가해조천록≫ 1621년 7월 9일조:「自申時大風北來, 達夜浪打, 舟人皇皇結纜於船, 上石者五處, 朝起視之, 則五石皆移古處矣.」

27 ≪가해조천록≫ 1621년 6월 19일조:「至廟島, 則我國船五隻留泊. 問之, 則兩天使

음으로 지난 항해 때 자신들을 위난에서 벗어나게 해 준 것에 대해 감사하고, 귀국행에서도 무사히 돌아갈 수 있도록 해달라고 기도를 드렸을 것이다. 이에 따라 안경도 자신의 안전과 뱃사람의 마음을 안정시키기 위해 묘도 천비묘에 나가 제문을 짓고 기도를 드렸던 것으로 보인다.

이때 안경은 묘도 천비묘에서 유홍훈이 적었던 모연문 책자를 보았을 가능성이 있다. 유홍훈의 모연문에서 언급했듯이 묘도 천비묘 도사는 묘도를 지나가는 뱃사람에게 모연 활동을 전개한다고 했다. 천비묘 도사는 안경과 뱃사람에게도 모연문 책자를 보여주고 기금을 모으는 행위를 했을 것이다. 안경과 뱃사람들은 한반도로 귀국한 이후 주변 사람들에게 묘도 천비묘에 대한 이야기를 해주었을 것이다. 이는 이후 해로 사행에 나섰던 조선 사절과 뱃사람에게 영향을 끼쳤을 것으로 보인다.

여말 선초 시기에 고려와 조선 사신들이 명나라 수도 應天府(金陵, 南京)로 가기 위해 묘도열도를 건너는 해로 사행을 펼쳤다. 이때 묘도에 들린 사신들은 천비묘를 들러보거나 향불을 올리곤 했다.[28] 다만 이들의 마조에 대한 관심도나 신앙 강도는 17세기 전반의 해로 사행자에 비해 크게 약한 편이었다. 조선 태종 중엽부터 17세기 전반까지 이백년 동안 해로사행이 중단되는 바람에 묘도 천비묘에 관한 사항은 관심 밖으로 밀려났다.

17세기 전반에 들어와 해로 사행이 다시 열리면서 묘도 천비묘가 사신과 뱃사람들에게 주목의 대상이 되었다. 1621년(광해군 13)부터 1637년(인조 15)까지 조선의 대명 해로 사행은 모두 10여 차례 이루어졌고, 그 중에 묘도를 거치는 등주노선이 절대 다수를 차지했다. 이때 묘도를 들린

與陳慰使昨日待風入登州, 登州泊船處不好, 故退泊于此云.」

28 朴現圭, 〈고려시대 媽祖信仰 接觸過程에 관한 고찰〉, ≪韓中言語文化硏究≫, 17집, 韓國現代中國硏究會, 2008.8, pp.171~191.

조선 사신과 뱃사람들은 자연히 천비묘(마조묘)를 들러보고 마조의 영험을 빌려 무사 항해를 기원하는 행위를 했다. 17세기 전반에 편찬된 해로사행록을 보면 조선 사신과 뱃사람이 묘도 천비묘를 배경으로 신앙 활동을 펼친 기록을 꽤나 찾아볼 수 있다. 따라서 유홍훈의 모연문과 안경의 제문이 이 이후 해로사행에 나선 조선 사신들과 뱃사람들에게 마조 신앙을 전파하는 첫 단추를 끼었다고 해도 크게 틀린 말이 아니다.

4. 媽祖 신앙과 연계된 楊道寅의 해로일화

양도인은 晉江 深滬灣(현 복건 晉江市 深滬鎭 土嶼村) 사람이다. 진강 지역에는 마조 신앙과 연계된 양도인의 해로사행 일화가 대대로 전해오고 있다. 그 일화를 정리해보면 다음과 같다.

진강 출신 太常寺少卿 양도인은 명 황제로부터 총애와 신임을 얻어 중책을 맡아 사신이 되어 安南(일설에는 安東)으로 나갔다. 양도인이 탄 선박이 고향 해역인 深滬灣을 지나갔다. 양도인은 해안 언덕에 올라와 배웅하던 부인으로부터 임신했다는 소식을 듣고, 부인에게 아들을 낳으면 백색 깃발, 딸을 낳으면 홍색 깃발을 올리도록 했다.

양도인 부인은 아들을 낳고 남편과의 약조에 따라 집안사람에게 백색깃발을 걸어놓도록 했다. 그러나 집안사람은 백색깃발이 불길하다며 여기고 길상을 상징하는 홍색깃발로 바꾸어 걸어놓았다. 사행을 마치고 돌아와 深滬灣에 정박한 양도인은 자기 집에 걸린 홍색 깃발을 바라보고 마음이 매우 울적했다. 아들을 낳기를 바라던 양도인은 즉시 뱃사람에게 출항을 명했다.

그러나 선박이 움직이지 않았다. 뱃사람이 물속에 들어가 살펴보니 마조처럼 보이는 한 여인이 닻 위에 앉아 누르고 있었다. 뱃사람의 보고를 받은 양도인은 그럴 리가 없다며 닻줄을 자르게 명하고 출항했다. 그러다가 절강 嶧山 해역을 지나갈 때 갑자기 격한 풍랑이 일어나 순식간에 선박들을 집어

삼켜 양도인은 물에 빠져죽었다.[29]

진강 일대는 예로부터 마조 신앙이 매우 왕성한 곳이다. 진강 東石鎭
龍江澳 東石港에 1197년(송 경원 3)에 선주 蔡咸康, 林義熙 등이 세운
천후궁이 있다. 1384년(명 홍무 17)에 해로로 동남아, 중동 지역을 여행한
波斯國駙馬都尉 曾時懋가 중수했다. 명나라 때 한 관원이 廣南에 부임할
때 해상 조난을 당하였으나 마조의 도움을 받아 무사히 용강오에 도달했
다는 전설이 전해오고 있다. 金井港에 남송 멸망시기에 세워졌다고 전해
오는 東宮古地가 있다. 동궁고지는 몽골군에 쫓긴 남송 황제가 바다로
피신할 때 금정으로 들어와 잠시 머물렀던 곳이라 전한다. 묘우의 주신은
마조이다.[30] 이밖에 진강 전 지역에는 마조묘가 10여 곳이 더 있다. 진강
사람들은 일찍부터 바다를 통한 해상 경영에 눈을 돌렸다. 많은 사람들이
분분히 바다로 진출하여 물자 교역과 해상 운송에 나섰다. 이들은 출항
직전에 어김없이 마조묘에 나가 향불을 올리며 바다를 무사히 건너가게
해달라고 기도를 드렸다.

진강의 상급지인 泉州의 남문에는 현존 마조묘 고적 가운데 가장 오래
된 건축 역사를 가진 천후궁이 있다. 천주 천후궁은 1196년(송 경원 2)에
세워졌다. 명초에 중동 지역과 아프리카 북단을 6차례 다녀온 鄭和, 청초
에 대만을 정복한 施琅 등이 천주 천후궁에서 항해 안전을 기리는 제례를
지냈고, 또한 묘우를 보수하는 작업을 행했다. 1987년에 第三批 全國重點
文物保護單位로 지정되었다. 오늘날 대만과 동남아에 소재한 많은 마조
묘는 천주 천후궁으로부터 分靈, 즉 마조상을 받아 자신의 묘우로 옮겨

---

29 吳煜煜, 〈楊道寅軼事〉, 앞의 책자, pp.30~31.
30 中國新聞社泉州支社主編, ≪泉州宗敎大觀≫, 香港中國新聞出版社, 香港, 2003.3,
    pp.111~112, 117~118.

신상으로 삼았다. 또 진강 해역에서 북쪽으로 조금만 올라가면 바로 마조 신앙이 태동한 미주도 해역이다.

양도인 일화는 해로사행으로 나갔던 국가를 安南 또는 安東이라고 병기했다. 여기의 안동은 고구려의 옛 강역인 한반도 북부와 요동 일대를 지칭한다. 지명은 당나라가 고구려를 멸망시킨 후 평양에 세운 安東都護府에서 나왔다. 조선 출사에 나선 양도인이 귀국할 때 평안도 안주에서 출항했다. 따라서 일화 속의 안동 표기는 양도인의 실제 행적과 부합된다고 할 수 있다.

반면에 안남 표기는 상당한 문제점을 안고 있다. 안남은 베트남을 지칭한다. 현존 문헌에 양도인의 생애에 대한 자료가 워낙 부족해서 양도인이 조선 출사 외에 다시 안남으로 출사했는지는 알 수 없다. 하지만 여러 정황으로 보아 안남 표기는 일화의 전파과정에서 변형된 것이 아닌가 여겨진다. 명 수도 연경(북경)이나 응천부(금릉, 남경)를 기준으로 안동 지역은 동쪽 또는 북동쪽에 자리하고 있고, 진강 지역은 남쪽에 자리하고 있다. 명 수도 연경이나 응천부에서 안남으로 가는 방법은 크게 중국 내륙을 가로질러 광서 지역을 거쳐 들어가는 육로와 중국 동해와 남해를 지나가는 해로가 있다. 진강 심호만은 안동 해로사행 노선에 필히 지나가야 하는 해역이다. 훗날 양도인의 마조 일화가 진강 지역에 유포되는 과정에서 주인공의 출신지를 감안하고 일화 속의 내용을 순조롭게 하기 위해 출사한 국가를 안동에서 안남으로 바꾸었을 가능성이 있다.

양도인 일화에는 양도인이 마조의 계시를 무시하고 출항했다가 절강 바다에서 갑자기 폭풍에 의해 선박이 전복되어 빠져 죽었다고 했다. 이것은 유홍훈의 해로사행을 묘사한 〈安期島〉 고사와 통하는 점이 있다. 〈안기도〉 고사는 유홍훈 고향 사람인 蒲松齡이 쓴 《聊齋志異》 속의 한 편장이다. 〈안기도〉 고사에서 부사는 신선의 사자 小張의 선택을 받지 못해 신선향인 안기도에 가지 못했다고 했다. 이것은 부사 양도인이 하늘의 뜻을 받지 못해 해로 도중에 사고를 입었다는 것을 암시한다.

그러나 양도인이 조선 출사 때 일어났던 실제 사항은 양도인 일화나 〈안기도〉 고사와 다르다. 양도인은 해로를 통해 귀국에 나섰다가 조난 사고를 당한 적이 있었다. 철산구에서 갑자기 불어 닥친 폭풍우와 격랑으로 사행에 동행한 선박 9척이 전복되어 많은 승선자가 익사 했다. 이때 양도인은 요행히 자신이 탄 선박이 전복되지 않아 조난 위기에서 빠져나올 수 있었지만, 자기 눈앞에서 많은 사람들이 죽는 것을 보고 바다가 얼마나 두려운 곳인가를 새삼스럽게 느꼈을 것이다. 귀국한 후에 해로에서 체험한 조난 경험담을 주변 사람들에게 얘기해주었다. 곧이어 이 이야기는 고향 진강 지역으로 전해져 널리 퍼져나갔다. 세월이 흘러가면서 진강 지역에서 믿고 있는 마조 신앙과 결합하여 새로운 형태로 변형된 양도인의 마조일화가 탄생하게 되었다.

양도인 마조일화 중 마조가 닻 위에 앉아있는 부분은 赤灣 天后廟의 張鎭 마조 일화와 비슷하다. 군관 장진이 東莞에서 건조한 선박을 이끌고 적만 해역을 지나갈 때 갑자기 움직일 수 없었다. 뱃사람이 물속에 들어가 보니 紅衣를 입은 한 여인이 닻 위에 앉아있었다. 장진은 이 여자가 天妃 顯聖(마조)임을 깨닫고 무사히 돌아가면 묘우를 세울 것을 약속하며 도와달라고 기원했다. 조난 위험에서 벗어나 장진은 해적과의 전투에 나섰다. 홀연히 마조가 나타나 바람과 조류를 일으켜 적선을 격파했다. 승전을 거둔 장전은 고향으로 돌아와 묘우를 세웠다.[31] 장진은 닻 위에 앉아있는 여인이 마조라는 사실을 깨닫고 공경히 받들어 전쟁에서 승리하는 복을

31 江山·沈思, 〈試論媽祖神話在港澳深地區的影響〉, ≪媽祖研究論文集≫, 鷺江出版社, 厦門, 1989.7, pp.113~114.

받았다. 반면에 양도인은 닻 위에 앉아있는 마조를 부정하고 출항했다가 절강 해역에서 폭풍으로 배가 전복되어 익사당하는 화를 입었다.

5. 마무리

마조는 원래 湄洲島와 그 일대의 바다를 보호하는 신이다. 훗날 조정의 비호와 관방의 관심 아래 국가의 제전으로 승격되었다. 해로 사행과 관련된 마조 사적은 국가 제전으로 발전하고 신앙을 전파하는데 중대한 매개체로 활용되었다.

1621년(광해군 13 ; 천계 1)에 조선과 명나라는 후금이 요동반도 내륙을 점거하게 되자 뜻하지 않게 이백년 동안 중단되었던 해로 사행을 다시 열었다. 조선 조정은 때마침 요동 육로로 들어왔던 명 등극조사 劉鴻訓과 楊道寅을 본국으로 귀환시키고, 또한 이들과 함께 사은사 崔應虛와 서장관 安璥, 진위사 權盡己와 서장관 柳汝恒을 명나라로 보내기 위해 대규모 선박과 호송 인력을 준비하여 요동반도 남단과 묘도열도를 경유하는 해로 사행을 전개했다. 사전에 준비가 제대로 안 된 상태에서 출발한 첫 번째 해로사행은 선박 침몰과 인명 사고, 장기 표류와 적병 출현 등으로 많은 위난을 맞이했다. 조선과 명 사신들은 이 과정에서 해양 보호신으로 알려진 마조 영험을 체험하고 마조 신앙을 접하게 되었다.

묘도열도에 소재한 타기도와 묘도에는 각각 마조상을 봉안하고 향불이 계속 타오르고 있는 천비묘(마조묘)가 세워져있었다. 뱃사람들은 마조의 영험을 잘 알고 있었다. 묘도 천비묘는 타기도 천비묘보다 조금 크고 넓었으나, 묘우 상태가 많이 퇴락하였다. 묘도 천비묘 도사는 묘우 중수 기금을 마련하기 위해 뱃사람과 거주민을 상대로 모연 활동을 펼쳤다. 유홍훈은 모연 책자에 철산구(여순구) 조난과 황성도 해역의 표류에서 마조의 도움을 받아 위난에서 벗어난 자신의 체험을 적어놓았다. 다만 육지에 도달한 이후 조정에 올린 상주에는 자신이 儒臣인 점을 강조하며 마조의 도움을 받았다는 사실을 감추었다. 그래서인지 후대 전파력에 있어 유홍훈의 마조 사적은 매우 약했다.

유홍훈과 함께 해로사행에 나선 조선 안경은 중국으로 향할 때 마조에 대해 어떠한 언급도 하지 않았다. 바다 가운데에서 새들이 선박에 출현한 현상에 관해 유홍훈은 마조의 영험으로 받아들었지만, 안경은 이지적인 사고로 접근하여 섬에 가깝다는 증거로 풀이했다. 그러나 한반도로 귀국할 때에는 마조에 대해 많은 인식 변화를 보였다. 안경은 묘도 천비묘에 들려 제문을 짓고 향을 사르며 기풍을 기원했다. 이때 묘도 천비묘에서 유홍훈의 모연문을 보았을 것으로 추측된다. 안경이 마조 신앙에 대한 태도가 바뀌게 된 소이에는 해로 귀환의 험준함, 출항하기에 좋지 않는 시점, 조난 사고에 대한 풍문, 뱃사람들의 사기 진작 등이 복합적으로 작용했던 것으로 보인다. 안경 이후 등주노선으로 나가는 조선 사신과 뱃사람들은 묘도 천비묘를 참배하거나 마조 신앙을 신봉하는 행위를 보였다.

오늘날 양도인의 고향 진강 일대에는 마조 신앙과 연계된 양도인의 해로사행 일화가 전해오고 있다. 일화에서 양도인이 해로로 安南 또는 安東으로 출사하고 돌아오다가 고향 앞바다 深滬灣에서 마조를 만났으나 신봉하지 않아 선박이 전복되는 사고를 당해 죽었다고 했다. 이 일화는 양도인이 조선에서 해로 귀환 길에 선박이 전복되고 많은 인명 피해를 입었던 체험담이 주변 사람을 통해 고향 지역으로 널리 퍼졌다. 훗날 세월이 흐르면서 진강 일대에서 받들고 있는 마조 신앙과 결합하여 새로운 형태로 변형된 것으로 보인다. 일화 내용은 실제 상황과 조금 차이가 있지만, 이 또한 고향 지역에 마조 신앙을 전파하는데 좋은 소재로 활용되었다. [弓洞寄室]

제 9 장 한반도 소재 해신 媽祖 문물과 현황

1. 개론

삼면이 바다로 둘러싸고 많은 도서를 가지고 있는 한반도는 바다를 배경으로 하는 많은 이야기가 존재한다. 바다를 삶의 현장으로 삼아 살아가는 사람들이 조성한 한국 전통의 해양문화가 오래 전부터 뿌리 깊게 자리 잡고 있었다. 동시에 동아시아 해상 교통의 중요한 길목에 위치한 한반도는 외래 선박의 출현이 잦았고, 또한 바다를 통해 외래 해양문화가 속속들이 들어왔다. 전통 해양문화와 외래 해양문화가 공존하며 발전을 거듭하여 궁극적으로 우리의 해양문화를 더욱 다양하고 풍부하게 해 주었다.

바다에는 많은 해신이 존재한다. 작은 기상 변화에도 큰 사고의 위험이 있을 수 있어 바다사람들은 항상 바다를 경외의 대상으로 삼고 있다. 북송 때 복건 湄洲嶼에서 태어난 실존인물 林黙은 사후에 해양 보호신으로 승격되어 媽祖라고 불리었다. 마조 신앙은 주로 뱃사람들에 의해 중국 해역과 내수로 곳곳으로 널리 전파되었다. 원·명·청나라 조정으로부터 수십 차례 봉호를 받아 신의 지위가 천상 최고신의 반열 위치까지 높아졌다. 오늘날에는 중화민족이 신봉하고 있는 가장 대표적인 해신으로 발전하였다. 마조묘는 마조의 본 고향인 중국 대륙은 말할 것도 없고, 마조 신앙이 왕성한 대만, 媽閣에서 지명을 따온 마카오, 화교들이 진출한 동남아시아 등지에 널리 분포되어 있다.

한국인이 마조를 접촉한 시점은 상당히 오래되었다. 북송 路允迪 일행이 바닷길로 고려에 사신으로 오갈 때 마조가 항해 안전에 도움을 주었다는 고사가 전해온다.[1] 이때 북송 사신선박이 한반도 여러 항구에 정박했는데, 항구에 소재한 고려 사람들이 사신선박에 봉안된 마조 신단과 북송 뱃사람들이 행한 마조신앙 활동을 보았을 가능성이 있다. 려말 선초에

---

1 ≪天后顯聖錄≫〈靈應·朱衣著靈〉, 〈襃封〉 중 宣和 4년조 참조.

해로 사행에 나선 鄭夢周, 李崇仁, 權近, 朴宜中, 李詹, 李穡 등 일행, 병
자란 직전에 해로 사행에 나선 安璥, 李民宬, 趙濈, 金尙憲, 李德泂, 洪翼
漢, 吳翿, 崔有海, 申悅道, 高用厚, 李忔, 金堉 등이 한반도 서해안, 요동
남단, 발해만 소재의 여러 항구와 도서, 특히 南北祖宗이라 불리는 沙門
島(현 廟島) 顯應宮에서 마조를 치제하거나 영험을 기원하는 작품들을
남겼다.[2]

화교가 진출한 곳이면 어디서든 마조묘가 세워져 있는데, 한국화교사
회에 마조묘 또는 마조신단을 찾아볼 수 있는지? 만약 마조의 유적이나
흔적이 있다면, 그것들은 어떠한 형태로 남아있는가? 이 모든 사항을 알아
보는데 가장 좋은 방법은 한반도에 소재한 마조 관련 문물을 전면 조사하
는 것이다.

한반도 소재 마조 문물과 현황에 대해 마조묘 분포도를 그린 중국 陳正
祥,[3] 인천 화교의 마조 문물을 소개한 鄭然鶴,[4] 인천 마조 신앙을 언급한
高惠蓮[5] 등을 통해 일부 사안을 파악할 수 있다. 하지만 아직 한반도 전체
를 대상으로 조사한 연구는 나오지 않았다. 필자는 일전에 국내외 학술회
의에서 한국화교를 중심으로 마조 문물에 대한 문장을 발표한 적이 있었
다.[6] 그 후 꾸준히 수집한 자료들을 더하여 한반도 전체를 대상으로 한

---

2 朴現圭, 〈고려시대 媽祖信仰 接觸過程에 관한 고찰〉, 《韓中言語文化硏究》, 17집,
  韓國現代中國硏究會, 2008.8, pp.171~191.
  ----, 〈高麗 · 朝鮮시대 海路 使行錄에 투영된 媽祖 분석〉, 《歷史民俗學》, 32집,
  韓國歷史民俗學會, 2010.3, pp.103~129.
3 陳正祥, 〈媽祖廟(天后宮)之分布〉, 《中國歷史 · 文化地理圖冊》, 原書房, 東京,
  1982.4, p.155, 圖91.
4 鄭然鶴, 《개항장 화교의 신앙과 민속》, 인천광역시립박물관, 인천, 2008.1,
  pp.41~42.
5 高惠蓮, 〈皇會와 朝鮮의 媽祖寺院〉, 《中國史硏究》, 50집, 中國史學會, 2007.10,
  p.225, 245~248.

마조 문물과 현황에 대해 종합적으로 서술해본다.

2. 서울 居善堂 媽祖神壇

1882년(고종 19) 6월에 임오군란이 발발하자 청 吳長慶은 慶軍 6營을 이끌고 바다를 건너 한반도에 들어왔다. 이때 군역 상인들이 오장경 군사를 따라 한반도에 들어와 상업 활동을 전개했다. 이것이 한반도 근대식 화교의 계기가 되었다. 이 해 8월에 조선과 청나라는 기존에 행해진 변경교역을 지양하고 새로운 수륙 양면의 교역을 도입한 〈朝淸商民水陸貿易章程〉을 체결했다. 이 장정에 따르면 화상들은 수도 서울과 개항장 인천에 상점을 개설하고, 또 내륙통상권과 연안무역권을 가지고 조선인을 대상으로 시장 개척과 교역을 할 수 있다.

1883년(고종 20)에 청나라는 조선에 상무위원을 파견하고 상무공관을 설립하는 〈辦理朝鮮商務章程〉을 제정했다. 이 장정이 제정된 이후 서울 화상들의 상업 활동이 크게 활성화되었다. 서울 화상들은 주로 觀水洞, 水標洞, 남대문 등의 청 공관지역에 상업 기반을 두며 본격적으로 화교사회를 형성해갔다. 이후 화상의 상업조직이 北幇會館(水標橋 일대), 南幇會館(西小門 일대), 廣幇會館(小公洞 일대) 등 중국 대륙의 권역별로 확대 분화되었다.

화교사회가 확대 발전함에 따라 중국 전통문화를 알리고 자신들의 안녕과 사업 발전을 기원할 수 있는 신앙기관이 필요하게 되었다. 바로 이런

---

6 한국화교와 관련된 마조 유적 문장은 2011년 전국해양문화학회대회(강원대 삼척캠퍼스)와 2012년 臺中媽祖國際觀光文化節 媽祖國際學術硏討會(대만 臺中市政府)에서 발표했음.

거선당 마조위패(박현규 촬영)

배경 속에서 居善堂이라는 신앙기관이 탄생하였다. 거선당의 현 행정주소는 서울시 중구 명동 2길 8(명동 2가 89번지)이다. 묘우 주변에는 중화인민공화국대사관(예전의 청 공관, 중화민국대사관)과 漢城華僑小學, 화상 상점들이 들어서 있다.

≪居善堂文化會月刊≫에 의하면 1백여 년 전 한말 시기에 청방 출신 화교 丁道德, 李寶山이 자신들의 堂室을 居善堂戒煙酒公所로 제공했다고 했다.[7] 오늘날 거선당에는 1907년(광서 33)에 徐金鳴이 기증했다는 명문이 들어간 靑花蓮室紋瓷香爐가 보존되어 있다.[8] 이에 따라 거선당의 창건 연도는 늦어도 1907년(광서 33)을 넘지 않는다. 거선당에서 대법사로 활동했던 인물로는 孫仁江, 劉海亭, 李可馨, 張仁忠 등이 있다. 1982년에 거선당은 옛 단층 묘우를 허물고, 6층 높이의 빌딩으로 신축했다. 빌딩 4층에는 居善堂文化會 사무실과 청방 조직인 달마불교회가 들어서 있고, 5층에는 거선당 제실이 들어서 있다.[9]

---

7 〈居善堂文化會歷史沿革〉, ≪居善堂文化會月刊≫ 창간호, 2006년 4월 5일 참조.
8 오늘날 거선당에는 '大明宣德年製'에 제작된 명문이 들어간 雙環耳銅香爐와 1904년(광서 30)에 上海 震記冶坊에서 제작한 명문이 있는 獸形脚鐵製香爐가 소장되어 있다. 명 선덕 연간 향로는 초기 화교들이 중국 대륙에서 가져왔다고 하나, 명 선덕 연간에 제작된 자기 가운데 후대에 모방해서 만들어진 것이 많이 있기 때문에 정밀 감정이 필요하다. 또 1904년(광서 30) 향로는 언제 거선당에 소장되었는지 내력이 불분명하여 논증 자료로 활용하지 않았다.

거선당에서 공식적으로 모시는 신앙체가 18개라고 하지만,[10] 여러 신을 하나의 신으로 묶어 부르거나 누락된 신앙체도 있어 실제로는 이 숫자보다 좀 더 많다. 거선당 제실 서벽에는 여러 신앙체가 모셔져 있는데, 그 중 격자창 안에 마조 위패가 보인다. 위패의 재질은 목판이고, 모양은 직사각형이다. 저판은 홍색으로 칠했고, 글씨와 테두리는 금색으로 칠했다. 위패에는 '天后聖母之神位'라고 적혀 있다.

'天后聖母'는 '天妃聖母' 또는 '天仙聖母'에서 발전된 칭호이다. 옛 사람들은 극히 존경하는 인물에 성스러운 칭호인 '聖'자를 붙였다. 남송 소희 연간에 마조가 '夫人'에서 '妃'로 승격된 이후에 민간에서는 '聖'자를 더하여 '聖妃'라고 불렀다. 1229년(남송 소정 2) 丁伯桂의 〈順濟聖妃廟記〉에 '성비'라는 칭호가 보인다.[11] '天妃' 봉호는 1281년(원 지원 18)에 원 조정에 의해 처음 사용되었고, 1407년(명 영락 7)에 명 조정에 의해 다시 한 번 사용되었다. 명말에 들어와서 '天妃'와 '聖母'와 병합된 '天妃聖母'라는 칭호가 출현했다. 1604년(명 만력 32) 屠隆의 〈天妃聖母祠記〉에 '천비성모'라는 칭호가 보인다.[12] 명 숭정 연간에 '天仙聖母靑靈普化慈應碧霞元君'이라는 봉호를 내렸다고 한다.[13] 이 기록은 ≪中山傳信錄≫에만 보인다. '天仙聖母'과 '碧霞元君'은 도교 계통에서 자주 활용하는 칭호이다. 1684년(청 강희 23)에 '天后'라는 봉호가 내린 이후에 민간에서 조정의 공식

9 朴現圭, 〈서울 居善堂의 華僑 신앙과 현황 조사〉, ≪東北亞文化硏究≫, 27집, 동북아시아문화학회, 2011.6, pp.187~204.
10 오늘날 거선당에 공식적으로 받들고 있는 신앙체는 達摩祖師爺, 小爺 2명, 玉皇大帝, 王母娘娘, 子孫娘娘, 送生娘娘, 胡三太爺, 關老爺, 海神娘娘, 觀世音菩薩, 魯班師祖, 天地三界眞帝, 三淸老爺, 佛祖老爺, 眼光老爺, 灶王老爺, 土地宮 등 18개이다.
11 蔣維錟·鄭麗航輯纂, ≪纂媽祖文獻史料彙編·碑記卷≫, 中國檔案出版社, 北京, 2007.10, pp.2~4.
12 蔣維錟·鄭麗航輯纂, ≪纂媽祖文獻史料彙編·碑記卷≫, 앞의 서지, pp.77~78.
13 石萬壽, ≪臺灣的媽祖信仰≫, 臺原出版社, 臺北, 2000.1, p.53.

봉호를 덧붙인 '天后聖母'가 들어간 칭호가 출현했다. 예를 들면 1750년 (건륭 15)에 林侃이 지은 〈勅封護國庇民弘仁普濟天后聖母東歐香燈□□ □碑文〉, 1763년(건륭 28)에 黃維喬가 지은 〈興安會館香燈會碑記〉 중 "皇上御極之三年, 詔天下有司進神妃以天后聖母" 등이 있다.[14] '天妃聖母' 는 훗날 또 다시 '天上聖母'로 바뀌었다.

앞서 언급했듯이 마조는 중국의 대표적인 해신 중의 하나이다. 마조 신앙의 발전 과정을 살펴보면 뱃사람들이 선박을 타고 바다를 오가던 발 자취와 함께했다고 해도 과언이 아니다. 한국화교들은 주로 황해를 건너 한반도를 드나들었다. 황해는 비교적 안전한 해역에 속하지만, 때로는 거 친 날씨와 풍랑으로 인하여 승선자의 생명과 적재 화물을 송두리째 앗아 가는 해난사고가 발생하곤 했다. 이때 한국화교사회가 받은 물질적 피해 와 정신적 충격은 대단했을 것이다. 특히 조난 선박에 화물을 실은 화주는 막대한 피해를 이기지 못하고 재기불능의 상태에 이르기도 했다. 그래서 이들은 항해의 안전을 돌봐주는 신앙이 필요했고, 거선당은 이들의 믿음 과 필요에 따라 해신 마조를 모시게 되었다.

3. 인천 義善堂 媽祖神壇

오늘날 인천 北城洞과 善隣洞 일대에 인천항을 한 눈에 바라볼 수 있는 언덕을 중심으로 차이나타운이 형성되어 있다. 차이나타운은 초창기 화 교사회가 발전하기 매우 적합한 장소였다. 주변 바다가 잘 보이는 자리에 들어선 청국 공관은 인천항을 통해 중국 대륙과 오가는 제반 업무를 맡았

---

14 蔣維鋑·鄭麗航輯纂, ≪纂媽祖文獻史料彙編·碑記卷≫, 앞의 서지, pp.148~149, 168.

다. 공관 주변에 들어선 가옥과 상점들은 화교들의 생활공간과 함께 여객 숙소, 물자 교역을 도와주는 역할을 맡았다. 곧이어 이들은 차이나타운에 전통 신앙과 문화를 펼치며 자신들의 안녕과 사업 발전을 도모해줄 신앙 기관인 義善堂을 세웠다.

의선당의 현 행정주소는 인천시 중구 차이나타운로 34(북성동 2가 9-13 번지)이다. 의선당의 창건 역사는 인천 화교의 역사 발전과 비슷하게 이루어졌고, 늦어도 현존 最古 유물('慈航普渡' 편액)의 제작연도인 1916년을 넘지 않는다. 주지 黃合卿(본명 景集)은 1920년대~40년대까지 의선당에서 활동했던 대법사이다. 도호에 '合'자가 들어가 있는 것으로 보아 서울 거선당의 대법사와 동문으로 추정된다. 의선당의 본전에 모시고 있는 주요 신앙체는 觀音, 關羽, 마조, 용왕, 胡太 등 5개이고, 본전 좌측과 별당에 藥王, 天地君親師, 西王母, 呂祖 등 여러 신앙체가 더 보인다.[15]

의선당 본전에 봉안된 신단 5개 가운데 가장 우측이 마조신단이다. 마조신단에는 모두 5명의 여성신이 모셔져 있는데, 정중앙에 좌장하고 있는 신상이 海神娘娘像이다. 해신낭낭은 마조의 별칭이다. 토상으로 만들어진 마조상은 전반적으로 《天后顯聖錄》〈湄洲景圖〉에 나오는 마조 그림과 비슷한 풍격을 띠고 있다. 신상의 얼굴은 금칠로 득도한 모습을 담고 있고, 머리에는 면류관을 쓰고 있다. 양손은 북두칠성이 그려져 있는 圭를 잡고 있다. 몸에는 홍색 바탕에다 금색을 섞어 여러 문양으로 그려놓고 소매에 녹색으로 그린 袍를 입고 있으며, 그 위에 여러 색깔로 다양한 문양을 그려놓은 被巾을 두르고 있다. 신발은 금색으로 만든 履를 신고 있다. 마조상 옆에 배향된 여성신은 送子娘娘, 眼光娘娘, 耳光娘娘, 미상의 娘娘(王母娘娘으로 추정됨) 등이다.

---

15 朴現圭, 〈인천 화교 義善堂의 모습과 신앙 조사〉, 《歷史民俗學》, 第29輯, 韓國歷史民俗學會, 2009.3, pp.231~254.

인천 의선당 마조신단(박현규 촬영)

마조신단의 상단에는 1929년 3월 20일(民國十八年三月二十日)에 여러 제자들이 바친 '婆心濟世' 편액이 걸려 있다. 이 편액은 여신 마조가 자비로운 마음으로 세상을 널리 구제한다는 의미를 담고 있다. 마조신단이 있는 본전 바깥쪽에는 1928년 8월(民國戊辰年中秋)에 元山 普善堂에서 증정한 '慈心濟世' 편액이 걸려 있다. 이 편액의 내용은 '婆心濟世' 편액과 일치한다. 본전 안쪽에는 1916년 9월(中華民國五年丙辰九月)에 天津 福祿棧 傅盛功이 바친 '慈航普渡' 편액이 걸려 있다. 이 편액은 의선당 현존 유물 가운데 가장 오래되었다. 福祿棧은 청말 때 천진 賈春大橋 곁에 세워진 객잔으로 규모가 크고 시설이 잘 갖추어져 있었다. 민국 시대에 저명한 인사들이 자주 찾아 문화 활동을 하여 사교 장소로 널리 알려졌다. 편액 '慈航普渡'는 해신 마조가 자애로운 마음으로 무사 항해를 도와주도록 바라는 문구이다. 이는 각종 마조묘에 자주 등장한다. 마조신단 좌측에는 1937년에 澗合圓이 바친 향로가 놓여 있다. 그런데, 이 향로에는 불교를 상징하는 '聖宗古佛'이라는 문구가 새겨져 있는 이는 원래 관음신단의 제단에 놓여있던 것인데, 훗날 어떤 연유인지는 모르겠으나 마조신단의 제단으로 옮겨놓은 것으로 보인다.

인천 의선당과 서울 거선당은 한국화교가 세운 대표적인 중국묘우이다. 두 묘우에서 받들고 있는 마조의 위상을 대비해보면 흥미로운 결과를 얻을 수 있다. 결론부터 도출하자면 인천 의선당이 서울 거선당보다 마조를 더 높게 받들고 있다. 이러한 사실은 두 화교 묘우에서 배열해놓은 제단의 모습만 보아도 금방 감지할 수 있다. 인천 의선당에서는 마조를 신상으로 제작하여 본전의 다른 신앙체와 마찬가지로 단독 신단으로 꾸며놓았다. 반면 서울 거선당에서는 마조를 위패로 제작해놓고 용왕, 魯班과 함께 꾸며진 공동 제단에 놓아두었다.

마조의 위상은 두 묘우에서 받들고 있는 자손낭낭, 호태와의 대비를 통해서도 파악할 수 있다. 인천 의선당에서는 자손낭낭을 마조신단에 배향된 여신 중의 한명으로 보고 있는데, 서울 거선당에서는 자손낭낭을 묘우에서 가장 중요한 신앙체로 받들고 있다. 또 인천 의선당에서는 호태를 마조와 동격으로 단독 신단을 꾸며놓았는데, 서울 거선당은 제실 공간이 좁음에도 불구하고 호태를 단독 신단으로 꾸며놓았다.

오늘날 서울 거선당에서 올리는 제전 행사에서도 마조의 위상이 낮다는 것을 알 수 있다. 자손낭낭 탄신일이 되면 많은 화교들이 찾아와 자손낭낭에게 壽桃와 壽麵을 바치며 아이를 점지해달라고 간절히 기도를 드린다.[16] 호태 탄신일은 거선당의 사대 중요 제전 중의 하나로 꼽고 특별 제례를 지낸다. 그런데 마조는 설날 때 모든 신앙체와 함께 제례를 지내는

---

16 자손낭낭의 탄신제는 3일 동안 열린다. 正日은 음력 3월 20일이고, 入山日은 전날 19일이며, 出山日은 다음날인 21일이다.

것 외에 어떠한 행사도 없다.

이와 같이 인천 의선당과 서울 거선당 사이에 마조의 위상이 차이를 보이는 현상은 묘우가 자리하고 있는 지리적 요인과 밀접한 관련이 있다. 해신에서 출발한 마조는 바다와 밀접한 관계가 있다. 인천 의선당은 바다를 바라보는 바닷가에 소재하고, 서울 거선당은 내륙 지역에 소재한다. 바닷가 사람들은 바다의 기상 변화가 내륙보다 심하고, 바다의 위험성이 얼마나 대단한지를 잘 알고 있다. 특히 바다를 오가는 뱃사람들로부터 바다에서 일어난 제반 소식을 생생하게 들을 수 있다. 반면에 내륙에 사는 서울 화교들은 인천 화교에 비해 상대적으로 바다에 대한 체험이나 견문이 적다. 자연스럽게 해신 마조를 대하는 감도에 차이를 보인다. 이와 같은 이유로 인천 의선당의 신도들이 서울 거선당의 신도보다 마조에 대한 믿음이 더욱 돈독하다고 할 수 있다.

인천 지역에 또 하나의 마조묘가 있었을 가능성이 있다. 정연학이 조사한 기록에 의하면 연장자 인천 화교들이 해변이 내려다보이는 언덕(현 파라다이스호텔 자리)에 해신낭낭을 모시는 마조묘(혹자는 용왕묘)가 있었는데, 한국전쟁 때 소실된 후에 다시 세우지 않았다고 전한다.[17] 필자가 조사한 바에 의하면 인천 지역에는 의선당 외에 또 하나의 화교 묘우인 三善堂이 있었다. 의선당 본전 건물 중 관세음신단이 있는 바깥쪽에 1919년에 仁川 三善堂에서 증정한 '慈雲均霑' 편액이 걸려 있다. 혹시 연장자 인천 화교들이 언급한 마조묘(혹자는 용왕묘)가 삼선당을 지칭하는 것인지 모르겠다.

의선당 본전 건물의 마조 신단이 있는 바깥쪽에는 1928년(무진년)에 元山 普善堂에서 증정한 '慈心濟世' 편액이 걸려 있다. 원산 보선당은 인

---

17 鄭然鶴, ≪개항장 화교의 신앙과 민속≫, 앞의 서지, p.39.

천 의선당, 서울 거선당과 동일한 성격을 띤 화교 묘우이다. 이들 묘우에는 모두 '善'자가 들어가 있다. 개항지 원산도 인천, 부산에 이어 청국 조계지가 설치되었다. 인천 의선당과 서울 거선당에는 모두 마조가 모셔져 있다. 따라서 원산 보선당에도 마조 신단이 모셔져 있을 가능성이 있는데, 아쉽게도 현실적인 제한으로 이를 확인할 수 없다.

4. 인천 中華會館 媽祖香爐

1883년(고종 20)에 청나라는 조선과의 상업 교역을 관장할 〈辦理朝鮮商務章程〉을 제정했고, 이듬해에 각 항구별로 상권 지역을 나누어 관장할 〈仁川口華商地界章程〉, 〈釜山口華商地界章程〉을 제정했다. 〈인천구화상지계장정〉 제2조에 의하면, 청나라는 인천 지역에 駐理商務官과 董事 1인을 둔다고 했다. 1884년(고종 21) 4월 26일에 陳樹棠은 인천 공관 좌측에 瓦屋을 구입하여 公所를 두었다. 이것이 바로 인천 중화회관이 탄생한 과정이다.[18] 인천 중화회관은 청관의 관할 아래 화상들의 공동 발전과 회합이라는 공동 목적에 의거하여 설립되었다. 화상들의 공거를 통해 대표 董事를 선출하고, 각 회원들이 회비를 갹출하여 조직을 운영했다. 그 후 인천 중화회관은 中華商務總會, 華商商會, 中華商會 등 여러 이름을 거쳐 오늘날 인천화교협회가 되었다.[19]

인천 차이나타운 옛 청국 공관 자리에 韓國仁川華僑中山中小學이 세

---

18 인천화교협회의 벽면에는 1977년에 건물을 중건한 과정을 적은 〈仁川華僑協會「自强大厦」誌畧〉이 걸려 있다. 이 지략에는 인천 중화회관이 1887년(고종 24)에 세워졌다고 했으나, 〈仁川口華商地界章程〉에 의하면 1884년(고종 21)에 세워졌음이 분명하다.

19 인천화교협회, 〈仁川華僑協會「自强大厦」誌畧〉 참조.

워져 있다. 현 행정주소로 인천시 중구 차이나타운로 55번길 19(선린동 8번지)이다. 1901년에 소학교가 개설되었고, 1957년에 중학교가 개설되었다. 현재 유치원 4반, 초등학교 6반, 중학교 3반, 고등학교 3반이 개설되어 있다. 전체 학생 수는 약 5백 명이다. 학교 남문 옆에는 국민당 당기가 새겨진 自强大厦, 즉 인천화교협회 건물이 있다. 1977년에 낡은 건물을 허물고 그 자리에 신축 건물을 세웠다. 현재 건물 1층은 협회가 사용하고, 2층은 학교 교무실로 사용하고 있다.

협회 건물 안쪽에는 조그만 마당이 있고, 마당 한 쪽에는 '中華會館'이라는 석비가 세워져 있다. 마당 북쪽에는 1백여 년 전에 세워진 옛 중화회관 건물이 남아있다. 옛 건물의 중앙 처마에 1910년(선통 2)에 賈文燕이 쓴 '萬國衣冠' 편액이 걸려 있고, 좌측 처마에 1922년(민국 11)에 大總統이 쓴 '樂善好施' 편액이 걸려 있다. 현재 이 건물은 인천 화교 역사와 생활사를 모은 전시실로 활용되고 있다.

전시실 중앙에는 화교들이 제례를 지내던 제단이 꾸며져 있다. 그 제단의 벽면에는 삼국시대 촉나라를 세우는데 큰 공을 세운 실존인물인 관우 화상이 걸려 있다. 화상 속의 관우는 늠름한 자세로 의자에 앉아있고, 그 뒤편에 청룡언월도를 든 周倉과 문필을 관장하는 關平이 서 있다. 제단 좌우에는 관우 영령과 화상 단결을 지칭하는 청색 영련이 걸려 있다.[20] 관우의 영웅담은 역사서와 소설을 통해 사람들에게 널리 알려져 있다. 관우는 8세기 말부터 나쁜 기운을 물리치는 무신으로 신격화되었고, 9세기 초에는 사원을 지키는 수호신이 되었다. 송나라 이후 국가 제전의 대상이 되었으며, 특히 명나라 때 전국 곳곳에 관우묘가 세워졌다. 민간에서는

---

20   우측 영련에 "祀典重韓邦, 聲靈赫濯"이라고 적었고, 좌측 영련에 "忠心存漢室, 俎豆馨香"이라고 적었음.

무신 외에 재물을 가져다주는 재물신, 도법을 지키는 수호신, 질병을 고쳐주는 의약신 등으로 신의 영역이 크게 확대되었다. 인천 중화회관에서 관우 화상을 모시는 것도 이와 무관하지 않다. 인천 화상들은 관우 화상을 중화회관에 걸어놓고 신뢰를 바탕으로 상업 활동을 펼쳐 사업이 날로 번창하도록 향불을 피우고 복을 기원했다.

중화회관 마조향로(박현규 촬영)

제탁 위에는 홍색판 '北闕'을 비롯하여 촛대, 화병, 향로 등 각종 제기가 놓여있다. 제기 중에는 '天后聖母'라고 새겨진 동제 향로가 있다. 天后聖母는 앞서 언급했듯이 마조를 지칭하는 존호이다. 예전의 인천 화상들은 주로 인천항을 통해 선박을 타고 중국 대륙과 한반도를 드나들었고, 교역 물품도 인천항을 통해 해상 운송이 이루어졌다. 이때 해상에서 해난 사고 없이 무사히 출입을 하고 물자 운송이 원활하게 이루어지는 것이 인천 화상들이 가장 중요하게 여기는 사안이었다. 따라서 인천 화상들은 자신들의 상업 활동을 주관하는 중화회관의 제단에 해신 마조를 기리는 향로를 놓아 마조의 음덕을 통해 항해 안전을 도모하고 물자 운송이 원활하게 이루어지기를 간절히 바랐다.

일전에 인천 중화회관을 답사한 高惠蓮의 지적처럼 관우와 마조와의 관계는 불가분의 관계를 맺고 있다.[21] 중국 지역에 소재한 각종 마조묘를

---

21 高惠蓮, 〈皇會와 朝鮮의 媽祖寺院〉, 앞의 서지, p.247.

둘러보면 관우를 도법을 지키는 수호신으로 모시는 경우가 비일비재하다. 아래에서 언급할 부산 마조묘인 韓聖宮에서도 마조를 주신으로 모시고, 관우를 묘우의 수호신으로 모시고 있다. 반면에 중국 關廟(관우묘)에서 마조를 배신으로 모시는 경우는 매우 드문 편이다. 필자의 과문인지 모르겠으나 인천 중화회관처럼 관우를 주신으로 모시는 제단에 마조를 기리는 향로만 달랑 놓아둔 경우는 아직까지 찾아보지 못했다.

끝으로 인천 차이나타운의 한 음식점에 걸려 있는 마조 그림에 대해 논해본다. 고혜련은 인천 중화회관의 마조 향로를 조사한 다음 차이나타운 중 바다가 바라보이는 한 중국 음식점 2층에서 마조 신상을 그린 그림을 보았다고 했다.[22] 현재 차이나타운에는 중국 음식점이 여러 곳이 있어, 고혜련이 지칭한 중국 음식점이 어느 곳인지 정확하게 파악하기 힘들다. 다만 고혜련이 자신의 문장에서 중국 음식점에 걸린 사진(〈媽祖제단의 그림〉)을 수록해놓아 그림의 실체에 대해 정확하게 파악할 수 있다.

필자가 〈媽祖제단의 그림〉을 보니 그림 속에는 한 여성이 있고, 그 상단에 '南海大士'라는 글씨가 적혀 있다. 고혜련은 남해대사를 마조로 잘못 보았다. 남해대사는 예나 지금이나 중국인들이 널리 받들고 있는 관세음보살을 지칭한다. 남해대사 명칭은 관세음보살이 상주하는 장소에서 따왔다. ≪华严经≫〈入法界品〉에 의하면 관세음보살이 상주하는 곳은 南海 补陀洛迦山이다. 인천 화교들은 의선당 본전의 중앙에 관세음보살상을 모시는 경우처럼 관음 신앙을 널리 받들고 있고, 때로는 자기 집안에 관세음보살상이나 그림을 모셔다가 아침저녁으로 향불을 올리며 배례를 한다. 정연학이 인천 화교들의 신앙과 민속을 조사한 책자에서도 이와

---

22 高惠蓮, 〈皇會와 朝鮮의 媽祖寺院〉, 앞의 서지, p.225, 247~248 ; 그림 24 〈媽祖제단의 그림〉.

같은 사실을 확인할 수 있다. 〈사진38 관음보살〉, 〈사진39 관음보살〉은 인천 화교들이 믿고 있는 관세음보살을 소개하는 사진인데, 이 사진 속에 보이는 화상의 상단에도 南海大士라는 글자가 보인다.[23] 따라서 고혜련이 찾았던 인천 중국음식점의 주인장도 자신의 믿음에 따라 남해대사라는 글자가 들어간 관세음보살 화상을 음식점 벽면에 걸어두었던 것이다.

5. 부산 媽祖廟 韓聖宮

최근 아름다운 항구 도시인 부산에 대만에서 마조 신앙을 도입한 韓聖宮이 세워졌다. 한성궁의 현 행정주소는 부산시 영도구 대교로 14번길 28(봉래동 3가 132-2번지)이다. 이곳은 부산 화교들이 집단 거주하는 草梁洞과 매우 가까운 위치에 자리하고 있다. 부산항연안여객터미널에서 부산대교를 지나면 왼편에 미광미린타워 아파트가 보이고, 아파트 앞 대교로 14번길로 들어가면 오른편에 상가건물들이 즐비하게 늘어서있다. 거리 입구에서 50m 정도 걸어가면 건물 벽면에 '한성궁' 간판과 입구에 '天上聖母/媽祖' 간판이 보이는 상가 건물이 보인다. 이 건물의 3층이 바로 한성궁 제실이다.

한성궁의 설립자는 대만 王德雄(1941년생)이다. 왕덕웅의 집안은 수백 년 전에 山西 太原에서 대만으로 이주해와 바닷가인 臺西 지역에 정착한 대만 본토인이다. 2~3백 년 전에 왕씨 조상이 바다로 고기잡이를 갔다가 대홍수로 인해 복건에서 떠내려 온 마조상을 습득하여 집으로 모셔왔다. 왕덕웅은 어려서부터 마조 신앙을 독실하게 믿었다. 마조상은 8촌이 조금

---

23 鄭然鶴, ≪개항장 화교의 신앙과 민속≫, 앞의 서지, p.31, 〈사진38 관음보살〉, 〈사진39 관음보살〉.

부산 한성궁(박현규 촬영)

넘는 크기의 목조상이었다. 마조상은 왕씨 집안의 보호신이 되었다. 20세기 중반에 한 법사가 왕씨 집을 지나다가 마조상을 보고 神靈이 깃들었다고 말했다. 하루는 왕덕웅이 어로 잡업에 나섰다가 몸이 그물망에 걸려 물속으로 빨려 들어갈 위기에 처했다. 이때 마조에게 도와달라고 간절히 기도를 드리자, 그물망이 저절로 끊어져 목숨을 구하였다. 또 목조 마조상의 칠이 다 벗겨져 다시 칠을 하기 위해 麥寮의 불상점에 가려고 오토바이를 타고 집을 나섰다가 신의 계시를 받고 다시 되돌아온 것이 3번이나 있었다. 이로부터 주변 사람들에게 마조의 신령함이 널려 알려졌고, 또한 기도를 드리는 이들이 많았다. 1972년에 雲林縣 臺西鄕 永豊村에 慈聖宮을 세웠다.

慈聖宮의 신앙 활동은 크게 왕성하여 많은 신도를 거느렸고, 또 묘우 비법으로 만든 화장품 黃花雪蓮霜이 한 화장품 회사에 팔려 사람들로부터 널리 호평을 받았다. 慈聖宮의 일부 신도들이 대만의 행정과 문화 중심지인 대북 지역으로 많이 진출하게 되자, 이들의 요청에 따라 1990년에 臺北縣 新店市(현 新北市 新店區) 合作路에 慈明宮을 세웠다. 한 번은 신도 王在額이 질환으로 응급실에 호송되어 생명이 위급할 때 마조 신령의 도움을 받아 목숨을 구하였다. 최근 묘우를 新北市 五股區 工商路로 옮겼다. 대만으로 진출한 부산 화교 출신 孫建仁은 慈明宮과 결연을 맺고 자명궁 오행회의 회장을 맡으며 적극적인 신앙 활동을 펼쳤다.

2005년에 왕덕웅과 손건인은 마조의 계시에 따라 한반도에 마조 신앙을 보급하고자 묘우 건립에 착수했다. 2006년 5월 11일(음 4월 14일)에 제자 부산 화교들과 힘을 모아 부산 영도구에 마조 도량 한성궁을 건립했다. 한성궁 마조 신상은 대북 慈明宮에서 분봉했다. 한성궁의 사무 책상 뒤편에는 丙戌年(2006) 花月에 대북 慈明宮 五行會(孫建仁, 薛貴仁, 林榮順, 范揚康, 黃靜怡)가 한성궁 개관을 기념하는 '韓聖宮' 현판이 걸려 있다. 또 제단 하단 기둥과 벽면에는 2006년 4월 3일에 慈明宮에서 분봉할 때 마조의 계시에 따라 지은 漢詩가 적혀있다. 아래에 한시 전문을 옮겨본다.

韓台兩地一點靈	한국·대만 두 곳의 신령이 똑같고
聖心常固十足心	聖母 마음은 한결 같이 견고하도다
宮氣興旺百姓順	도량 기운이 흥하여 백성을 돌보고
留住佛心萬世情	불심을 잡아 만세의 정을 내리시다

한성궁 설립 당시에 마조와 연분을 맺은 신도 劉柳勳, 于明義, 牟傳德, 王祖華, 楊永芬 등 5명이 五行會를 결성했다. 오행회 회장 劉柳勳은 대만에서 설립자 왕덕웅과 결연을 맺고 마조 신앙을 부산으로 도입하는데 많은 노력을 경주했고, 한성궁을 세울 때 각종 글씨를 도맡아 썼다. 한성궁 제실의 관리는 楊永芬의 남편이자 부산 화교인 건물주 呂道瑞가 맡고 있다.

제실 남벽에는 신전이 꾸며져 있는데, 중앙에 天上聖母(마조), 오른편에 觀音佛祖(관세음보살), 왼편에 關聖帝君(관우)을 모셨다. 천상성모, 관세음보살, 관우는 대만 민간에서 가장 널리 알려진 신앙체이다. 각 마조묘에서 모시고 있는 신앙체를 보면 주신 天上聖母는 변화가 없지만, 배신은 묘우에 따라 조금씩 다르다. 운림 慈聖宮에는 중앙에 天上聖母, 오른편에

子孫娘娘, 왼편에 土地宮을 모셨고, 대북 慈明宮에는 중앙에 天上聖母, 오른편에 關聖帝君, 왼편에 五福千歲를 모셨다.

'天上聖母'는 '天后聖母'에서 발전된 칭호이다. 한성궁의 천상성모 신단에는 생전의 모습을 한 분홍색 마조 신상을 정점으로 좌우에 여러 모습을 한 마조 신상 10여 기가 놓여있다. 신단 앞쪽에는 千里眼, 順風耳, 彌勒佛, 三太郎 신상이 놓여있다. 천리안과 순풍이는 세상에 모든 사물을 보고 모든 소리를 듣고자하는 인간의 염원에서 출발한 자연신으로 훗날 도교와 불교 영역으로 편입되어 활동 공간이 크게 확대되었다. 특히 마조 신앙과 결합하여 마조의 도법을 도와주는 神將으로 활동하고 있다. 미륵불은 사찰에 모시는 미래불이다. 三太子는 중국 신화와 도교에서 도법을 보호하는 神將이다. 사태자 신앙은 소설 ≪封神演義≫, ≪西遊記≫ 등을 통해 민간에 널리 퍼졌으며, 특히 복건, 광동, 대만 등지에 三太子廟 또는 哪吒廟가 많이 세워져있다. 마조 신단 좌우 벽면에 왕덕웅이 쓴 '聖心慈悲渡乾坤'과 '韓航法海是天意'라는 영련이 걸려있다. 영련에는 마조의 자비로움이 천하를 제도하고 한반도로 법을 전하는 것이 하늘의 뜻이라는 내용을 담아놓았다.

관음불조 제단에는 큰 관세음보살상을 정점으로 작은 관세음보살상 5기가 놓여있다. 관우신단에도 큰 관우상을 정점으로 작은 관우상 5기가 놓여있다. 제탁 위에는 향로와 제물이 놓여있고, 제탁 아래에는 호랑이가 산 아래로 내려오는 모습을 담은 虎爺像이 놓여있다. 호랑이는 묘우를 보호해주는 신성한 동물로 알려져 있다. 묘우 관리자가 호야상 앞에 생달걀을 놓아둔 것이 특이하다. 좌측 벽면에는 光明, 太歲, 智慧, 改運燈이 있다. 우측 벽면에는 병술년(2006) 10월 7일에 유류훈이 마조 신령을 내린 것에 대한 소감을 적은 붓글씨가 걸려 있다. 신단 옆에는 신전을 만들 때 헌금한 40명의 명단인 '神殿捐獻芳名'과 마조상을 모시는 神橋를 만들 때 헌금한

33명의 명단인 '韓聖宮神橋捐獻芳名'을 새긴 소형 판이 놓여있다.

한성궁에서 올린 제례일을 적어보면 다음과 같다. 특별 제일은 정월 1일 彌勒佛祖 誕日, 13일 關聖帝君 飛昇日, 2월 2일 福德正神 千秋日, 2월 19일 관세음보살 佛誕日, 3월 23일 天上聖母 誕日, 6월 19일 觀世音 菩薩 得道日, 6월 24일 관성제군 聖誕日, 9월 9일 天上聖母 飛昇日, 三太子 千秋日, 9월 19일 관세음보살 出家日이다. 민속 제일은 정월 1일 설날, 4월 4일 청명절, 5월 5일 단오절, 7월 15일 중원절, 8월 15일 중추절, 9월 9일 중양절, 11월 24일 동지일, 12월 30일 除夕이다. 이밖에 매월 음력 초하루와 보름에도 제를 올린다. 7월은 鬼月이기 때문에 외부 신앙 활동을 자제한다. 제실에 평소 올리는 제물은 과실류이고, 제례일은 여기에다 壽麵과 壽桃를 더한다. 특별 제례일은 金針(金), 木耳(木), 冬粉(水), 豆腐(火), 香菇(土) 등 오행에 맞는 음식을 올린다.

신도들의 구성원은 부산 화교들이 중심이나 한국인 신도도 수백 명이 있다고 전한다. 매년 부산 초량 차이나타운특구 축제기간에 한성궁 마조상을 모신 신교를 메고 가는 거리 퍼레이드를 펼치고, 한국 사람들에게 홍보 전단을 돌리며 마조 신앙을 알리곤 한다. 신교는 현재 초량동에 소재한 부산화교중고등학교에 보관해놓고 있다.

6. 제주 중국피난선 媽祖神檀

제주 山地川은 오랫동안 제주도민들의 사랑을 듬뿍 받아온 젖줄이다. 제주 토박이라면 어릴 적에 산지천에서 멱을 감고 낚시하던 추억을 안고 있다. 밀물 때 바닷물과 함께 물고기가 들어와 산지포구에서 고기 낚는 모습이 아름다워 山浦釣漁라 불린다. 이 경관은 瀛州 10경 중 하나로 꼽힌다. 산지천은 三義岳에서 발원하여 제주시내의 한복판을 가로질러 바다로 흘러간다. 한라산 자락을 타고 내려오는 상류 지역은 건천이지만, 바다와 접하는 하류 지역에 바위에서 샘물이 솟아나와 제주인의 생명수가 되었다. 제주도 지형이 구멍이 많은 현무암 지대라 비가 내리면 금방 땅속으로 스며든다. 물이 낮은 곳을 찾아 내려가다가 바닷가에 이르러 샘물로 바뀌어 바위 속에서 풍풍 솟아오른다. 그래서인지 산지천의 '山地'를 '山池', '山低'라 부르고, 개울 '川'을 샘물 '泉'으로 부른다. 1960년대 이곳 주변에 주택이 밀집하여 산지천을 복개했다가 2002년에 복개한 것을 허물고 자연 하천으로 복원시켰다.

健入洞 勇進橋가 있는 산지천 하류변에는 선박 형태의 전시관 건물이 세워져 있다. 2004년에 제주시가 1950년~60년대 초반에 산지천 하류에 정박했던 중국피난선을 재현하여 전시실로 꾸몄다. 건물의 길이는 25m, 너비는 9m, 높이는 5.6m로 원래 선박 크기의 80% 정도로 축소되었다. 건물 내부의 하부층은 전시 공간으로 활용되고, 상부층은 휴게실과 조망 공간으로 꾸며졌다. 건물 외부에는 거북선, 제주전통선 테우, 조운선, 산타마리아호, 바이킹선, 일본 히가키 카이센호 등 모형이 전시되어 있다.

중국피난선의 선명은 海祥號이다. 이 선박은 만주지역에서 나무나 화물을 실어 나르는 전형적인 정크선이고, 약 70톤 급으로 1백여 명의 인원을 수용할 수 있다. 선저는 평저선이며, 돛대는 쌍돛대이다. 피난선에 탄 사람들은 요녕 莊河縣 石城島에서 해상운수 사업으로 부를 축적한 지주 출신 楊樂山과 그 일가, 선원 등 50여 명이었다. 1947년 가을에 양락산 일가와 선원들은 중국 내부의 정권 투쟁을 피하여 요녕 石城島에서 출발하여 산동 烟台에 피난했다가, 1948년 10월에 연태에서 한반도 인천으로 들어왔다.[24] 당시 인천에 들어온 선박은 모두 3척이었다. 1950년 초에 이

---

24 于厚霖의 〈永遠的風帆〉(岱山作家網 : http://www.dszjxh.com.cn)에 의하면 楊樂山

들 선박 가운데 1척은 선원들의 임금으로 상계해 주었고, 또 1척은 고향으로 돌아가고자 하는 선원들에게 주어 중국 대륙으로 되돌아갔다.

1950년 6월에 한국전쟁이 발발하자 양락산 일가가 탄 선박은 인천 화교 30명을 태우고 남하하여 群山을 거쳐 莞島郡 靑山島에 도착했다. 이곳에서 한 달 정도 머물다가 미군의 오폭으로 선박 일부가 파손되고, 장남 楊秉珍 등 4명이 사망하는 비운을 겪었다. 곧바로 한국 군함(선장 金英觀)에 의해 예인되어 1950년 8월 14일에 제주도 산지항에 입항했다.[25] 양락산 일가들은 선상에서 숙식하며 육지에 나와 장사와 노동을 하며 살아갔고, 자녀 교육을 위해 제주화교들과 함께 소학교를 세웠다. 양락산은 1957년 제주화교소학교의 초대 교장으로 역임했다. 1965년에 이들은 선박이 낡고 부식되어 생활하기 불편하자 배를 부숴 翰林 통조림 공장에 장작으로 팔고 육지로 나와 거처했다. 훗날 이들의 일부는 중화음식점을 경영하며 제주도에 정착했고, 일부는 서울, 인천 등 내륙으로 이주하거나 대만, 미국 등 외국으로 이민을 떠났다.[26]

2004년에 제주시가 생존자 3명의 증언과 옛 사진을 토대로 22억 원을 투입하여 선박 형태의 중국피난선 건물을 건립했다. 중국피난선의 전시실에는 피난민들이 선상 생활을 재현한 여러 모습을 담아놓았는데, 이중에 필자의 눈을 고정시킨 한 전시물이 있었다. 전시실 벽면의 한쪽에 할미 얼굴 모습을 담은 그림을 걸어놓은 신당이 꾸며져 있었다. 신당 앞에는 향로, 향촉 등 제기가 놓여 있으며, 피난민 두 명이 두 손을 모으고

이 石城島를 떠날 때 자신이 소유한 여러 척의 선박을 이용했는데, 그 중의 한 선박명이 永來號이다.

25 제주신보, 단기4283년(1950) 8월 17일자(문미라, 〈근현대 화교의 제주도 정착과정과 사회적 위상〉, 제주대 사학과 석사논문, 2009.2, p.15에서 인용).

26 문미라, 〈근현대 화교의 제주도 정착과정과 사회적 위상〉, 앞의 서지, pp.14~19, 47~52.

경건하게 기도를 드리고 있었다. 전시물의 설명판에는 신당을 선박 한 편에 마련해놓고 안전한 항해와 가족들의 무사함을 위해 예를 드리는 모습이라고 했다. 여기의 신당은 바로 마조 신단이다. 신당 그림 속의 여신 모습은 제주도 할망신 모습과 비슷하게 그려놓았으나, 머리에 보관을 쓰고 몸에 여러 겹의 보의를 걸친 모습이 각종 마조묘에 봉안된 마조신상과 매우 흡사하다.

　　중국 해안지역과 내수로 지역이면 어디든지 마조묘가 세워져 있다. 중국 피난민들의 출신지역인 석성도와 상급지 장하 지역도 예외가 아니다. 양락산 고향인 석성도의 海峰寺 인근에 마조묘가 세워져 있었고, 장하

紅崖 동쪽에 청 건륭 39년(1774)에 건립된 마조묘가 세워져 있었다. 중국 뱃사람들은 예나 지금이나 선박 한 곁에 마조신당을 꾸며놓고 항해 안전을 기원하며 복을 빌었다. 조선 시대에 한반도에 표착한 중국 선박에서도 이러한 사례를 확인할 수 있다. 1819년(순조 19)에 전라도 우이도에 표착한 청나라 崇明縣 소속 龔永慶 선박에 娘娘堂이라는 마조신단을 설치해놓았다.[27] 공영경 선원들은 항해 도중에 광풍을

제주피난성 마조신상(박현규 촬영)

---

27 《雲谷雜著》〈漂到報狀時問情草〉:「問:聖母何物耶. 答曰:稍棚上有娘娘堂, 上中國稱天上聖母.」

만나 며칠 동안 표류를 당해 위기에 처했으나 마조의 보살핌을 입어 끝내 무사할 수 있었다고 했다.[28] 따라서 중국피난선은 중국 경내에서 운항할 때부터 선실 안에 마조신당을 설치하고 아침저녁으로 향불을 켜고 예를 올렸다.

양락산 일가로 구성된 중국 피난민은 새로운 형태의 화교이다. 이들은 제주도에 정착한 이후에도 화교소학교를 세우며 자신들의 전통문화를 유지하려고 노력했다. 특히 이국땅 제주도에서 살아가는 고난 속에서 자신들을 보호하고 삶의 희망을 가져다 준 마조에게 경건한 마음으로 예를 올렸다. 피난선이 해제된 이후에도 마조신당을 육지에 있는 자기 거처로 가져와 계속 신앙 활동을 전개했을 것이다. 이때 한국인들이 중국 피난선이나 피난민 숙소를 드나들면서 피난민들이 마조신당 앞에서 마조에게 예를 올리는 모습을 보았거나 피난민들이 주변 한국인에게 자신들이 모시는 마조 신앙에 대해 이야기했을 가능성이 충분히 존재한다. 이러한 가능성은 복원된 중국 피난선의 마조신단에서 유추해볼 수 있다.

7. 고금도 關王廟 媽祖神壇

古今島는 전남 莞島郡 동쪽에 청정 바다를 끼고 있는 섬이다. 정유왜란 때 李舜臣은 고금도를 조선 수군의 본영 지역으로 삼아 명 도독 陳璘이 이끄는 수군과 연합하여 여러 차례 일본 수군을 물리치는 대첩을 이끌었다. 얼마 전까지만 하더라도 고금도는 배를 타고 가야하는 섬이었으나, 2007년에 강진 馬良을 잇는 연륙교가 개통되어 차량을 몰고 들어갈 수

---

28 《운곡잡저》〈報狀草〉:「答曰:我等以大淸國江南省崇明縣蘇州府太昌洲人. ― 十三日猝遇狂風, 直至十九日風盡水平, 幸聖母庇佑.」

있다. 고금도 읍내에서 助藥島로 향하다가 藥山大橋 입구에서 왼쪽으로 꺾으면 德洞里가 나온다. 여기에서 아래쪽으로 조금만 내려가면 廟堂島가 나온다. 묘당도는 원래 고금도에 딸린 조그한 섬이었으나, 일제강점기 때 바다를 매립하여 고금도와 연결되었다. 묘당도는 이름 그대로 이곳에 關王廟가 있다는 역사적 사실에서 나왔다.

관왕묘는 1598년(선조 31)에 조선을 지원해온 명 수군 진린이 고금도 湧金山 아래에 세웠던 묘우이다. 진린은 명 수군을 이끌고 한반도에 들어오기 직전에 꿈속에 관우가 출현하여 전쟁에서 승리할 묘책을 전수해주었고, 또 고금도에 들어와서 꿈속에 관우가 다시 출현하여 묘우를 세워달라고 요청하자 부장 季金과 상의하여 고금도 용금산 아래에 관왕묘를 세웠다.[29] 당시 명나라는 관우를 섬기는 신앙이 크게 성행했다. 특히 군인들은 관우를 전쟁에서 자신들을 보호해주고 승리를 이끄는 존재로 숭상하고 있었다. 진린은 이러한 심리를 이용하여 수군의 주둔지인 고금도에 관왕묘를 창건했다.

1599년(선조 32) 정월에 李天常이 쓴 〈古今島關王廟創建事實〉에는 관왕묘에 향사된 신앙체에 관한 내용이 담겨있다. 제전 중앙에는 관우 신상

---

29 李天常 〈古今島關王廟創建事實〉:「皇朝萬曆戊戌六月日, 欽差總領水兵禦倭總兵官前軍都督府都督僉事陳公璘, 受命征倭, 率廣兵五千, 自天津橋來. 時夢一禎面顏髯之神將, 儀容儼偉, 指示必捷之方. 曰: 吾卽漢將軍關雲長也. 公瞿然而覺, 則語音尚在耳. 而自負之心, 有形於外, 欽祉謁於正陽門廟, 厥像克肖於夢中之所見也. 乃以生綃一幅摸寫畵像, 奉安于軍中, 權設香火之奠矣. 自後英靈益驗, 或感夢想而助軍威, 或借陰兵而破凶醜, 戰勝攻取, 皆有賴於此歟. 至康津古今島, 又感求廟之夢. 出白金數百兩與浙直水營游擊將軍天台季金, 共設建廟于本島湧金山下. ― 廟額揭'威揚萬里'四大字, 皆以粉書之也. 額末題曰: 萬曆戊戌季秋吉朝與浙直水營官兵同立. 又以十五尺木板, 以靑書之, 曰總督禦倭摠兵官都督府都督嶺南陳璘, 統領浙直水營游擊將軍天台季金. 此卽萬曆戊戌六月初吉皇差二公職帖之板也. 廟成之日, 公親酌行香, 崇報神庥, 又留餘財, 託廟祀於島人.」

과 황금으로 글씨를 쓴 위패를, 동편에는 천관, 지관, 수관을 모신 三官大帝와 천리를 바라볼 수 있는 천리안을, 서편에는 해신인 마조를 각각 모셨다. 이 가운데 천리안과 마조 부분만을 옮겨본다.

> 오른편에는 또 千里를 바라보는 한 명의 신이 있다. 서편에는 天妃聖母 위패가 있고, 그 위패에 '護國佑民天妃聖母之位'라고 적어놓았다. 그 좌우에는 시녀 2명이 있는데, 왼편이 海渚之神이고, 오른편이 南瞻部洲之神이다.[30]

天妃聖母는 '천비'와 '성모'가 결합한 명칭이다. 앞서 언급했듯이 성모는 마조가 성스러운 여성신이라는 의미에서 나왔다. 천비는 민간에서 사용하는 존칭에서 먼저 출발했다. 현재 旅順博物館에는 1408년(永樂 6)에 程㻴가 작성한 〈天妃廟碑〉가 보존되어있다. 이 비문에 의하면 保定侯가 천비묘를 둘러보고 "天妃聖母, 海道勅封之靈神也(천비성묘는 칙봉을 받은 바다 길의 신령한 신이다)"라고 했다. 이듬해에 명나라 조정은 마조에게 '護國庇民妙靈昭應弘仁普濟天妃'라는 봉호를 내렸다. 이로부터 '천비' 칭호는 조정으로부터 인정받은 공식적인 봉호가 되었다.

관왕묘에 마조를 배향한 진린은 한반도에 들어오기 전에 마조 신앙이 성행한 광동 南澳 副總兵으로 재직하였다. 남오는 중국 남방 해역을 지키는 관문이다. 남오 관서 總鎭府 앞쪽 바닷가에는 深奧 천후궁이 세워져 있고, 천후궁 입구에 1594년(만력 22)에 진린이 작성한 〈南澳山種樹記〉라는 비석이 현존하고 있다. 이것으로 보아 진린이 자주 천후궁을 들려 마조 신앙을 펼쳤던 것으로 추정된다.

진린과 함께 관왕묘를 세운 명 계금은 절강 溫嶺 松門 출신이다. 온령

---

30 右又立千里望者之神一人.　西有天妃聖母之位,　位牌書之曰護國佑民天妃聖母之位.
　　其左右有侍女二人, 左曰海渚之神, 右曰南瞻部洲之神.

일대는 자연 조건이 우수한 천연 항구를 여러 개를 가지고 있다. 특히 송문 지역은 일찍부터 많은 사람들이 해상 운송이나 어로작업에 종사했다. 송문 지역은 마조의 본고향인 미주도와 가까운 해역에 자리하여 마조 신앙이 크게 성행하였다. 예를 들면 1428년(명 영락 18)에 창건한 粗沙頭 媽祖廟, 1428년(명 선덕 3)에 창건한 水坑 媽祖廟(일명 天后宮) 등이 있다.[31] 지금은 행정 구획이 분리되었지만 옛 송문 지역에 포함된 石塘鎮에도 천후궁이 여러 곳 있는데, 그 중에서 桂峀村 천후궁이 널리 알려졌다. 1437년(명 정통 2)에 복건 陳氏 일족들이 桂峀村으로 이주하면서 마조 묘우를 건립했고, 만력 연간에 묘우를 크게 중건하고 소상을 다시 만들었다.[32]

바다라는 자연 환경은 육지와 달리 매우 험난하다. 바다를 배경으로 험준한 파도를 헤쳐 나가며 강한 훈련을 행해온 수군일지라도 해상 전투를 펼칠 때면 항상 두려움과 불안감이 엄습해온다. 수군들이 적선과 맞서야 한다는 위험은 두 번째 치더라도 해상 전투의 패배는 곧 죽음이라는 사실을 잘 알고 있다. 수군 장수들은 부하들의 마음을 헤아려 공포심을 극복하고 전투력을 드높이기 위해 초자연적인 신령의 도움이 필요했고, 해신 마조는 이러한 역할을 맡기에 적합한 신령이라고 할 수 있다. 진린과 계금은 정신적 신앙을 통해 해상 전투의 승리를 이끌어낼 목적으로 관왕묘에 마조 신단을 모셨던 것으로 추정된다. 조금 뒤에 발생한 일이지만, 대만 정복에 나선 청 施琅은 병사들의 사기를 고무시키기 위해 출정 직전에 마조묘(천주 천후궁)에 나가 도움을 청하는 예식을 치렀다.[33]

31 溫陵道敎志編纂委員會編, ≪溫陵道敎志≫, 內部發行, 溫陵, 2007.10, pp.66~69.
32 ≪(光緖)太平續志≫ 권2 〈建置志·祠祀·天后宮〉:「在石塘桂峀, 以地多桂花, 故名.」 자주:「明正統二年, 閩人陳姓始居此. 其後居民日衆, 始建小廟以祀天妃. 萬曆中重建大廟, 改朔大像.」

고금도 관왕묘 마조신상 좌우에 두 명의 시녀가 있다. 왼쪽 시녀는 海渚神이고, 오른쪽 시녀는 南瞻部洲神이다. 해저신은 마조 신앙에서 가장 중요한 모티브인 바다를 관장하는 신이다. 남첨부주는 범어로 閻浮提라고 부르며, 불교의 우주관에 근거하여 만들어진 四大部洲 중 남방 지역을 지칭한다. 부주 지형은 남쪽이 좁고 북쪽이 넓으며 車廂 형태를 하고 있다. 이것은 마조 신앙이 도교와 불교가 결합된 현상에서 나왔음을 말해준다.

또 관왕묘 삼관대제신단의 오른편에 천리안이 있다. 천리안은 천리를 바라보는 기능을 가진 신앙체로 사람들이 먼 곳까지 바라보고자 하는 사람들의 심리 작용에서 나왔다. 천리안은 마조를 도와주는 중요한 신앙체 중의 하나이다. 《天后顯聖錄》의 기술에 의하면 마조가 신력으로 사람들을 괴롭히는 천리안과 순풍이를 제압하자, 천리안과 순풍이는 감복하여 개과천선하여 마조를 보호하는 수호신이 되었다고 했다.[34] 이천상의 〈고금도관왕묘창건사실〉에는 순풍이에 대한 기록이 보이지 않지만, 순풍이가 천리안과 함께 출현하는 점으로 미루어보아 고금도 관왕묘의 제단에도 함께 모셔졌을 가능성이 있다.

정유왜란이 끝나자 진린과 계금은 고금도 관왕묘를 지역민에게 넘겨주고 본국으로 떠났다. 그 후 묘우는 세월의 무게 속에서 한때 퇴락되기도 했지만, 그때마다 지방 관원과 조정의 관심 속에 여러 차례 보수되고 치제가 행해졌다. 훗날 관왕묘에 정유왜란 때 커다란 전공을 세운 인물들을 차례로 모셨다. 1666년(현종 7)에 묘우 東廡에 진린을 제향했고, 1683년(숙종 9) 西廡에 이순신을 제향했다.[35] 1791년(정조 15)에 정조는 관왕묘에 어필로 誕報廟라고 쓴 묘액을 하사하고, 이듬해 노량해전에서 이순신

---

33 《天后顯聖錄》〈靈應·湧泉給師〉, 〈燈光引護舟人〉 참조.
34 《天后顯聖錄》〈本傳·降伏二神〉 참조.
35 충무사 경내 李頤命 〈古今島關王廟碑〉 참조.

과 함께 전사한 명 장수 鄧子龍을 추배했다.[36] 일제강점기에 관왕묘는 커다란 변화를 맞이했다. 1940년에 관왕묘에 대해 일제의 탄압이 날로 심해지자, 그동안 이어왔던 전통 제전을 중단시키고 마조 위패를 비롯한 각종 유물들을 철거했다. 이때 현종 연간 이래 관왕묘 곁에서 수호사찰로 있었던 옥천사가 관왕묘 본전으로 들어오는 바람에 다행히도 묘우 건물은 훼손되지 않았다.

1953년에 忠武契는 옥천사를 다시 바깥으로 옮기고, 묘우 명칭을 충무사로 변경하여 정전에 이순신을 제향했다. 1959년에 노량해전에서 전사한 加里浦僉使 李英男을 추배했다. 1960년 1월 29일에 사적 114호 지정되었다.[37] 비록 오늘날 충무사에서 진린과 계금이 조성한 마조 신상과 위패를 찾아볼 수 없지만, 마조 신단을 모셨던 묘우 건물이 예전의 모습대로 남아있어 아쉬움을 조금이나마 덜어준다.[38]

8. 평안도 해안지역 媽祖廟

대만 陳正祥이 작성한 한반도 지역을 포함한 중국 전역에 소재한 마조묘 분포도를 보면, 평안도 해안지역에 5곳, 인천 지역에 1곳이 있다고 점을 찍어놓았다.[39] 아쉽게도 진정상이 마조묘 분포도 외에 더 이상의 정보를

---

36 ≪正祖實錄≫, 16년 8월 19일조 ; ≪弘齋全書≫ 권22 〈誕報廟致祭文〉, 권33 〈皇朝
副摠兵鄧子龍追配康津誕報廟敎〉; 金敎根 〈誕報廟奉審追記〉 등 참조.

37 李濟現 편저, ≪忠武公 李舜臣과 古今島忠武祠≫, 李忠武公遺蹟古今島忠武祠保存
委員會, 완도, 1989.2, pp.47~49.

38 朴現圭, 〈古今島 關王廟의 媽祖神壇 분석〉, ≪中國學論叢≫, 39집, 韓國中國文化學
會, 2013.08.30, pp.177~193.

39 陳正祥(1922~2003)은 樂淸 象陽縣 출신으로 오랫동안 대만, 일본, 홍콩, 이탈리아,
중국 등지에서 지리학자로 활동했다. 陳正祥, 〈媽祖廟(天后宮)之分布〉, 앞의 서지,

남기지 않아 묘우 명칭, 역사, 현황 등 구체적인 사항을 추적하기가 힘들다. 필자가 생각하건데, 인천 지역에 소재한 마조묘는 인천 의선당의 마조신단 또는 현 파라다이스호텔 자리의 마조묘를 지칭한 것으로 보인다.

평양도 해안지역에 소재한 마조묘는 뱃사람들의 해상 활동과 깊은 관련이 있는 듯하다. 평안도 해안지역은 중국 대륙의 해안지역, 그 중에서도 요동 남단과 발해만 지역과의 해상 거리가 가까워 또한 이들 지역과 바다를 통한 교류활동이 잦았다. 평안도 뱃사람들이 마조가 성행한 중국 대륙의 해안지역을 오가면서 중국인들이 믿고 있던 마조 신앙을 목도한 뒤에 자신들의 해신으로 받아들였고, 또한 이들이 귀국한 뒤에 주변 사람들에게 체험 사항을 얘기하거나 마조 신앙을 전파시켰을 가능성이 있다. 만약 마조 신앙을 받아들이는 사람들이 많아졌다면, 해당 지역에 뱃사람들을 중심으로 마조묘를 세웠을 가능성이 있다.

시대가 좀 앞서지만 17세기 병자란 직전 시기에 평안도 뱃사람들이 마조 신앙 활동을 전개한 적이 있었다. 對明 해로사행에 나섰던 조선선박의 출항지는 安州 淸川江, 郭山 宣沙浦, 甑山 石多山, 평양 대동강 등 4곳이 있는데, 모두 바닷가나 바다와 통하는 강가에 자리하고 있었다.[40] 대명 해로 사행에 나섰던 사신들은 평안도 宣沙浦와 石多山, 요동 남단, 발해만 북단과 남단, 하북과 산동 등 연해안에서 마조 신앙과 관련된 작품을 남겼다. 사행 선박을 몰던 뱃사람들도 중국 대륙에서 마조 신앙을 직접 체험하거나 자신들의 신앙으로 받아들였다.[41] 다만 오늘날 현실적인 제한

    p.155, 圖91.
40 朴現圭, 〈17세기 전반기 對明 海路使行에 관한 행차 분석〉, ≪韓國實學研究≫, 21
    호, 韓國實學學會, 2011.6, pp.117~148.
41 朴現圭, 〈高麗·朝鮮시대 海路 使行錄에 투영된 媽祖 분석〉, 앞의 서지,
    pp.103~129.

으로 인하여 평안도 지역을 답사하지 못해 더 이상 자세한 사항을 파악할 수 없어 아쉽다.

9. 마무리

송나라 때 복건 미주도 바닷가에서 실존 인물로 출발한 媽祖는 사후에 바다를 보호하는 해신으로 승격되었고, 훗날 역대 조정의 국가 제전으로 모셔졌으며, 중국 전역과 동남아, 화교들이 진출한 지역 등지로 널리 전파되었다. 최근 양안(중국과 대만) 사이에 마조를 통한 신앙 활동과 교류가 활발하게 전개되고 있고, 유네스코는 세계 평화와 인류 화해를 도모하는 평화의 여신으로 선정하였다.

오늘날 한반도에는 마조 신앙을 전개한 여러 문물과 유적이 남아 있다. 화교 묘우인 서울 居善堂과 인천 義善堂에는 한말 시기에 조성된 마조신단 또는 마조위패가 모셔져 있고, 화교의 상무공관이었던 인천 中華會館의 본당에도 마조향로가 놓여 있다. 부산에는 대만 慈明宮에서 분봉된 마조묘 韓聖宮이 세워져 있고, 제주시 산지천에 복원된 중국피난선에는 요동 石城島 楊樂山과 뱃사람들이 믿었던 마조신단이 꾸며져 있다. 古今島 關王廟에는 임란 때 명 장수 陳璘이 세운 마조신단이 있었으나 일제강점기 때에 철거되었다. 해방 이후에 관왕묘가 충무사로 바뀌었다. 평안도 해안지역에 마조묘 5곳이 있었던 기록이 보인다.

한반도에서 마조 문물을 조성한 집단들을 보면 중국 인사, 특히 화교 집단들에 의해 조성된 것이 절대 다수이다. 하지만 평안도 해안지역의 마조묘는 한국인이 조성했을 것으로 추측되는 것도 있다. 현존 마조신단의 모습은 다양한 형태로 나타난다. 서울, 인천 소재 화교 묘우의 마조신단은 예전에 조성된 모습을 그대로 간직하고 있다. 부산 한성궁은 대만 마조묘의 양식을 따르고 있다. 제주 중국피난선의 마조신단은 제주도가 생존자 증언과 옛 사진을 토대로 복원해놓았다. 이와 반대로 고금도 관왕묘의 마조신단은 철거된 이후에 묘우 전체가 한국 제향자로 바뀌어 신단의 흔적조차도 찾아볼 수 없다.

오늘날 한반도에서 마조 신앙과 문물에 대한 안내표시나 홍보 활동은 매우 부족하거나 전무한 실정이다. 한국인이 자주 찾는 인천 의선당의 안내판에는 마조에 대한 어떠한 설명도 없이 단순히 해신낭낭으로만 기술되어 있다. 서울 거선당이나 인천 중화회관에는 신앙체에 대한 어떠한 설명이나 안내판이 없다. 부산 한성궁은 극소수의 화교 신도들로 구성되어 있어 대외 홍보력이 매우 약하다. 한성궁 주변의 한국 거주민들도 이곳이 마조묘라는 사실을 모르고 있다. 제주 중국피난선을 복원한 관계자나 시설 안내자들도 신당 속의 여성이 마조라는 사실을 모르고 있다. 고금도 관왕묘의 마조신단, 평안도 소재 마조묘는 오래 전에 철폐되었다.

끝으로 현존하는 마조 문물과 유적에 대한 보존 가치에 대해 적어본다. 한반도에 소재한 마조 문물과 유적들이 주로 중국인, 특히 화교들에 의해 조성된 외래신앙의 산물이고, 마조 신앙에 대한 한국인의 인식이 크게 부족한 점은 부인할 수 없다. 마조 문화가 오늘날 우리 사회가 마땅히 포용해야할 좋은 외래문화유산이자, 우리의 해양문화를 더욱 다양하고 풍요롭게 하는 소중한 문화자산이다. 한반도 내의 마조신단은 임진란으로 거슬러 올라갈 정도로 오랜 역사성을 지니고 있다. 또 극소수이긴 하지만 한국인이 제한된 공간 속에서 한때 마조 신앙을 받아들인 적이 있었다. 현 시점에도 한국화교를 중심으로 마조를 섬기는 신앙 활동이 계속 행해지고 있다.

최근 중국 지역(대만, 홍콩, 마카오 포함)의 한류 열풍에 힘입어 중국 관광객이 한반도에 많이 들어오고, 한중 문화교류가 급속도로 확대 추진되고 있는 이 시점에서 다수의 중국인들이 신봉하거나 알고 있는 마조는 좋은 문화 테마이다. 특히 서울 거선당, 인천 의선당, 제주도 중국파난선에 모셔진 마조신단, 한때 마조신단이 설치된 고금도 충무사(옛 관왕묘) 등에서 마조는 좋은 관광 자원으로 활용될 수 있다. 앞으로 한국 관계기관은 한국화교 관계자들과 더불어 각종 묘우에 소장된 마조 문물에 대해 면밀히 파악하고, 이와 동시에 마조 문물을 소중히 보존할 방안과 정확한 안내판을 세울 필요가 있다. [弓洞寄室]

제
10
장

媽祖神壇 분석

古今島 關王廟에 설치된 해신

1. 개론

전남 완도군 古今島에는 바다와 해신, 전쟁과 관련된 유명한 충무사가 있다. 정유재란 때 이순신은 고금도에 삼도수군의 본영을 두고 명 陳璘의 수군과 연합하여 한반도를 침략한 일본 수군을 물리쳤다. 충무사는 원래 명나라 수군에 의해 關羽를 모시는 關王廟로 창건되었다. 창건 당시에 중국에서 널리 전해오는 해신 媽祖도 함께 제향되었다. 훗날 조선 조정으로부터 誕報廟라는 묘액을 하사받았다. 근자에 들어와 관왕묘는 이순신을 추모하는 충무사로 바뀌었다.

마조는 원래 송나라 초 林默이라는 실존 여성이 승격한 인격신이다. 마조 신앙은 복건 湄洲島에서 발원하여 인근 지역을 거쳐 훗날 중국 해안과 내수로 지역에 급속도로 퍼져나갔다. 중국 역대 조정은 여러 차례 봉호를 내렸고, 청나라 때 천상 최고신의 반차에 올려놓았다. 오늘날 마조묘는 중국 대륙은 말할 것도 없고, 대만과 홍콩, 마카오, 일본, 동남아시아 및 전 세계 화교가 이주한 지역에 널리 세워져 있다.

마조와 한반도의 관계는 다양한 형태로 발전했다. 북송 사신 路允迪 일행은 고려 출사 때 마조의 도움을 받아 바다를 무사히 건넜다고 전해온다. 고려인들은 한반도에서 노윤적 일행을 통해 마조신앙을 접촉했을 가능성이 있다.[1] 려말 선초와 병자호란 직전에 해로 사행에 나선 고려 사절과 조선 사절들이 중국 마조묘를 찾아보고 마조를 축원하는 행위를 담은 시문을 남겼다.[2] 임진왜란 때 한반도에 들어온 명나라 수군들이 해상 안정과 승전을 위해 마조 신단을 꾸몄고, 19세기말 이후에 한국 화교들이

---

1 朴現圭, 〈고려시대 媽祖信仰 接觸過程에 관한 고찰〉, ≪韓中言語文化硏究≫, 17집, 韓國現代中國硏究會, 2008.8, pp.171~191.
2 朴現圭, 〈高麗·朝鮮시대 海路 使行錄에 투영된 媽祖 분석〉, ≪歷史民俗學≫, 32호, 韓國歷史民俗學會, 2010.3, pp.103~129.

마조 신단과 위패를 마련하는 등 여러 형태의 마조신앙 활동이 전개되었다.[3]

필자는 오래 전부터 한반도에서 마조 신앙이 어떻게 알려졌고, 어떤 모습으로 남아있는지에 대해 깊은 관심을 가졌다. 그러던 차에 고금도 관왕묘에 마조 신앙을 모시는 제단이 설치되었다는 기록을 접하고 관련 자료를 본격적으로 수집했다. 2006년 11월과 2008년 3월에 고금도를 두 차례 방문하여 유적지를 살펴보았다. 또 2007년 8월에 고금도 관왕묘를 창건한 陳璘의 활동지 廣東 南澳, 2013년 6월에 季金의 출신지 浙江 松門을 각각 방문하여 관련 유적지와 신앙 배경을 살펴보았다. 필자의 과문인지 모르겠으나, 고금도 관왕묘의 마조 제단에 관해 국내외 학자들의 어떠한 언급도 찾아보지 못했다. 따라서 본 문장은 고금도 관왕묘의 창건과 변천, 관왕묘에 제향된 마조신단의 모습과 내용, 고금도에 전래된 마조관련 설화에 대해 자세히 살펴본다.

2. 관왕묘의 창건내력과 후대변천

완도군은 남해안 최남단에 크고 작은 섬 201개로 형성된 다도해 지역이다. 완도 지역은 남해 해역의 길목에 위치하여 예로부터 해상활동이 매우 활발했다. 통일신라 때 張保皐가 완도에 淸海鎭을 설치하고 동북아 해상을 장악했다. 조선 정유재란 때 이순신이 고금도에 삼도 수군을 총괄하는 본영을 두고 일본군을 격퇴했다. 오늘날 완도와 제주도를 잇는 카페리호가 개설되어 있다. 완도 주변 바다는 청정 해역이라 싱싱한 해산물이 전국

---

3 朴現圭, 〈한반도 소재 媽祖 문물 현황〉, 《歷史民族學》, 47호, 韓國歷史民俗學會, 2015.03, pp.355~384.

에서 가장 많이 생산되고 있다.

고금도는 완도 동쪽에 위치한 섬이다. 757년(신라 경덕왕 16)에 각 지명을 한자로 고치면서 고금도를 皐夷島라고 했다. 1448년(조선 세종 30)에 연해지역 소나무를 관장하는 병조 첨정에 古耳島,[4] ≪세종실록≫〈지리지·강진현〉에 古尒島, ≪新增東國輿地勝覽≫〈강진현〉에 古尒島라고 적었다. 1598년(선조 31) 이순신 장계에 현재 이름인 古今島가 출현했다.[5] '皐'자와 '古'자, '夷'자와 '耳'자와 '尒(介)'자는 모두 동음자이다. 고금도의 행정관할지는 여러 차례 변화가 있었다. 통일신라 때 眈津縣에 속해 있

광동 옹원 진린상(박현규 촬영)

다가 828년(신라 흥덕왕 3)에 淸海鎭으로 편입되었다. 1124년(고려 인종 2)에 탐진현을 거느린 長興府로 편입되었고, 1417년(조선 태종 17)에 행정 개편으로 강진현으로 이관되었다. 1896년(건양 1)에 완도군이 설치된 이후 인근 도서와 함께 편입되어 오늘날까지 이르고 있다.

고금도는 정유재란 때 수군 전략의 요충지로 부상하였다. 1598년(선조 31) 2월 17일에 이순신이 수군 8천여 명을 거느리고 高下島(현 木浦 忠武洞)에서 고금도로 옮겨왔다.[6] 다음날 고금도에 수군 본영을 두었다. 또 피난민들을 고금도로 모아 정착하며 둔전을 경작하도록 했다. 7월 16일에

---

4 ≪세종실록≫ 30년 8월 경진(27)일조.
5 ≪선조실록≫ 31년 3월 계묘(18)일조.
6 ≪李忠武公全書≫ 권9 李芬 〈(李舜臣)行錄〉, 戊戌年(선조 31) 2월 17일조 참조.

충무사, 옛 관왕묘(박현규 촬영)

명 도독 진린이 廣兵 5천명을 거느리고 고금도에 도착했고,[7] 곧이어 명 수군장들이 거느린 수군들을 속속 들어왔다. 고금도는 다도해를 바라볼 수 있고 형세가 견고한 요충지이다. 섬 안에는 토지가 넓고 비옥하며 백성들이 많이 살고 있어 수군 본영으로 삼기에 적당하였다. 이순신과 진린은

---

7 진린의 자는 朝爵, 호는 龍崖, 광동 翁源 사람이다. 가정 말에 指揮僉使가 되었고, 潮州 張璉의 난을 진압하는데 공을 세웠다. 1592년(만력 20)에 임진왜란이 발발하자, 왜정 실정을 잘 안다고 하여 후방 薊遼保定山東을 방비하는 군무를 맡았다. 1593년(만력 21)에 潮漳等處副總兵이 되었다가, 곧이어 石星에게 연줄을 대었다며 탄핵을 받고 파면되었다. 1597년(만력 25)에 정유재란이 일어나자 수군제독이 되어 廣兵 5천명을 이끌고 해로를 통해 한반도로 들어왔다. 이듬해 고금도에 도착하여 이순신과 협력하여 노량해전에서 일본수군을 크게 무찔렀다. 귀국한 후 湖廣總兵官, 左都督 등을 역임했다. 1607년(만력 35)에 작고했다. 이 해 太子太保에 추증되었다.

고금도에서 수군 전열을 정비하여 곧이어 발생한 노량해전에서 일본 수군을 섬멸시키는 기틀을 마련했다. 1681년(숙종 7) 閔維重은 이순신과 진린이 수군 본영으로 삼았던 고금도의 형세를 살펴보고 해상전략상 매우 좋은 지리적 여건을 갖추었다고 했다.[8]

고금도의 전체 면적은 46.53㎢이다. 얼마 전까지만 하더라도 고금도에 들어가려면 완도, 薪智나 강진 馬良에서 선박을 타야 하는 번거로움이 있었으나, 2007년에 강진 마량과 고금도를 잇는 연륙교 古今大橋가 개통되어 교통 접근성이 한결 좋아졌다. 고금도에서 助藥島로 들어가는 藥山大橋 왼쪽 아래편에 德洞里 마을이 있다. 덕동리는 別將鎭이 있던 곳으로 조선말까지 鎭里라고 불렀다. 덕동리 마을에서 북쪽으로 조금만 내려가면 바닷가에 廟堂島라는 지역이 나온다. 묘당도는 원래 고금도에 딸린 5㎢ 안팎의 섬이었다. 19세기 편찬된 《康津縣古今島鎭地圖》를 보면 고금도와 묘당도 사이에는 石橋가 놓여있었다. 지역 주민의 말에 의하면 일제강점기 때 간척 사업으로 바다를 매립하여 고금도와 연결되었다고 한다. 섬 이름에서 알 수 있듯이 묘당도에는 이순신을 모시는 忠武祠가 세워져 있다. 충무사는 오늘날 행정구역으로 고금면 세동84번길 86-31(덕동리 산58번지)에 소재한다.

충무사는 원래 임진왜란 때 명 수군 도독 진린이 절직수영유격장군 季金과 함께 세운 관왕묘였다.[9] 1599년(선조 32 ; 만력 27) 정월에 李天常은 고금도 관왕묘 창건내력을 담은 〈古今島關王廟創建事實〉을 작성했

---

8 《承政院日記》, 숙종 7년 1월 3일(정사)조 참조.
9 계금의 자는 長庚, 호는 龍岡, 절강 台州府 松門衛 사람이다. 정유재란 때 浙直水營游擊將軍으로 수군 3천 2백 명을 이끌고 한반도에 최초로 들어온 전투 장수였다. 한동안 오천, 남원 등지에 머물다가 고금도로 들어왔다. 순천왜성전투, 노량해전 등에서 조명 연합수군의 일원으로 활약했다. 1599년(만력 27)에 명나라로 귀국했다.

다. 이천상은 진린의 수하로서 관왕묘의 창건과정을 목도한 인물이다.[10]
1598년(선조 31)에 진린이 廣兵 5천명을 거느리고 天津橋에 도달해서 한
반도로 떠날 채비를 하고 있었다. 하루는 꿈에 붉은 얼굴에 헌칠한 수염을
하고 거동과 용모가 의젓하고 늠름한 한 神將이 나타났다. 神將은 자신이
한나라 장수 關雲長(關羽)이라고 말하고, 이번 전쟁에서 필승의 비책을
알려주었다. 진린은 꿈에서 깨어난 후에도 그의 말이 귀에 남아있었다.
正陽門의 묘우에 나가 관우상의 모습을 보니 꿈속에서 본 인물과 흡사하
여, 비단에 관우상의 모습을 그려 군중에 봉안했다. 강진 고금도에 도달하
니 관우가 다시 꿈에 나타나 묘우를 세워달라고 했다. 진린은 백금 수백
량을 계금에게 주고 고금도 湧金山 아래에 묘우를 세우라고 했다. 이 해
가을에 관왕묘가 건립되자 진린이 친히 나서 치제했다. 묘우 입구에 '威揚
萬里'라는 편액을 걸고, 편액 말미에 만력 무술년 계추에 浙直水營官兵과
함께 세웠다는 문구를 새겨놓았다. 또 15척이나 되는 목판에 진린과 계금
의 이름과 직책을 적어놓았다.[11] 용금산은 오늘날 충무사가 자리하고 있는

---

10 이천상의 자는 惟經, 호는 靈峯, 절강 紹興府 山陰縣 사람이다. 武進士 출신이며,
정유재란 때 欽依千摠으로 절강 수군 2천 7백 명을 이끌고 한반도에 들어왔다. 노
량해전 때 일본군 2백 69급을 베고 피로인 3백여 명을 빼앗아 돌아왔다. 이때 세운
공으로 유격으로 승진했다. 1600년(선조 33 ; 만력 28) 10월에 명나라로 귀국했다.
11 李天常〈古今島關王廟創建事實〉:「皇朝萬曆戊戌六月日, 欽差總領水兵禦倭總兵官
前軍都督府都督僉事陳公璘, 受命征倭, 率廣兵五千, 自天津橋來. 時夢一槓面頎髯之
神將, 儀容儼偉, 指示必捷之方. 曰 : 吾卽漢將軍關雲長也. 公瞿然而覺, 則語音尙在
耳. 而自負之心, 有形於外, 欽祇謁於正陽門廟, 厥像克肖於夢中之所見也. 乃以生絹
一幅摸寫畵像, 奉安於軍中, 權設香火之奠矣. 自後英靈益驗, 或感夢想而助軍威, 或
借陰兵而破凶醜, 戰勝攻取, 皆有賴於此歟. 至康津古今島, 又感求廟之夢. 出白金數
百兩與浙直水營游擊將軍天台季金, 共設建廟于本島湧金山下. ── 廟額揭'威揚萬里'
四大字, 皆以粉書之也. 額末題曰 : 萬曆戊戌季秋吉朝與浙直水營官兵同立. 又以十
五尺木板, 以靑書之, 曰總督禦倭摠兵官都督府都督嶺南陳璘, 統領浙直水營游擊將
軍天台季金. 此卽萬曆戊戌六月初吉皇差二公職帖之板也. 廟成之日, 公親酌行香, 崇
報神庥, 又留餘財, 託廟祀於島人.」

勇劒山(해발 53m)을 지칭한다.

진린이 고금도에 관왕묘를 세운 내면적 이유는 군사력 제고에 있었다. 당시 명나라 군인들 사이에서 무신 관우는 절대적인 추앙을 받고 있었다. 진린은 무신 관우를 숭배하는 행위를 통해 장차 일본군과의 결전을 앞두고 군사들의 사기를 진작시키고자 하였다. 浙直(절강, 강소)수군을 거느린 계금과 함께 관왕묘를 세웠다. 관왕묘 목판에는 진린과 계금의 이름이 나란히 들어가 있다.

그런데 후대에 들어서는 관왕묘의 창건자로 진린의 이름만 등장하고, 사실상 또 한 명의 창건자 역할을 한 계금의 이름은 보이지 않는다. 예를 들면 李頤命은 〈古今島關王廟碑〉에서 고금도 관왕묘를 진린이 세웠다고 했다.[12] 이러한 현상은 관왕묘를 창건할 당시 명군의 지위와 역할의 차이에서 연유한 것이다. 관왕묘 창건 작업의 실질적인 역할을 살펴보면 진린이 모든 것을 주도했고, 계금은 적극 참여하는 형태였다. 당시 진린은 명 수군을 총괄하는 도독 직위에 있었고, 계금은 진린 소속에 편입된 유격장수였다.

관왕묘는 세월이 흘러감에 따라 본래의 의미가 점차 퇴색되었다. 때로 뱃사람들이 기풍을 바라는 장소로 활용하긴 했지만, 묘우와 소상이 퇴락되고 향불이 이어지지 않았다.[13] 1666년(현종 7) 절도사 柳裴然은 관왕묘가 퇴락한 모습을 보고 비용을 마련해서 僧 天輝로 하여금 묘우를 중수하고, 관왕묘 곁에 玉泉庵을 건립하여 묘우 수호와 제향을 맡도록 했다. 이때 진린을 東廡에 모셨다. 1683년(숙종 9)에 이순신을 西廡에 모셨다. 이로부터 관왕묘에 노량해전에서 대첩을 거둔 조선과 명나라 수장을 함께

---

12 李頤命 〈古今島關王廟碑〉:「古今島關王廟者, 皇明水軍都督陳公璘之所建也.」
13 李頤命 〈古今島關王廟碑〉:「其後歲久, 廟傾像昧, 香火不至, 時有舟子瀝酒禱風.」

모시게 되었다.[14]

　1684년(숙종 10)에 전라도관찰사 李師命은 관왕묘를 중수하고 묘호를 내려주기를 주청했으나, 조정의 논의과정에서 지지부진했다.[15] 1704년(숙종 30)에 전라우수사 申璨은 당시 관왕묘를 수호하고 있던 僧 處還으로 하여금 관왕묘를 재차 중수하도록 했다. 이때 신찬은 남도 소속의 병영, 수영 등 관아에 통문을 보내어 중수비용을 마련해주었다.[16] 1710년(숙종 36)에 원 領議政 李頤命이 경칩과 상강에 관리를 관왕묘로 보내어 치제하기를 주청하자, 숙종은 이를 준허했다.[17] 이때부터 관왕묘는 조정에서 치제를 지내는 묘우로 발전하였다. 1713년(순종 39)에 관왕묘 경내에 〈古今島關王廟碑〉가 세워졌다. 비문은 이이명이 짓고 글씨는 李宇恒이 썼다.

　1791년(정조 15)에 정조는 어필로 쓴 誕報廟 묘액을 하사했다. 1792년(정조 16)에 명 장수 鄧子龍을 추배했다.[18] 등자룡은 정유재란 때 노량해전에서 이순신과 함께 전사한 장수이다. 1801년(순조 1)에 수호암자를 중수했다. 1829년(순조 29)과 1904년(광무 8)에 각각 묘우를 중수했다.[19]

　일제강점기에 들어와서 관왕묘는 일제 당국에 의해 겨우 명맥만 유지

14　李頤命 〈古今島關王廟碑〉:「我顯廟丙午, 節度使柳斐然傷其荒廢, 資募緣, 僧天輝葺理瓦棟, 傍置菴守之. 復其俎豆, 又從享陳李二公於左廡.」

15　李頤命 〈古今島關王廟碑〉:「今上甲子, 觀察使李師命增修廟廡, 始請錫號降香, 朝命下而有司慢不行.」

16　申璨 〈關王廟重修記〉:「余不泛視, 而招其守廟僧處環, 量給材瓦成給, 勸善文, 鳩聚財力, 且以發文遍諭於南道兵水營, 各邑, 各鎮等, 得顧助之物, 修其廟而新之, 剝其石而立之.」

17　李頤命 〈古今島關王廟碑〉:「庚寅, 原任議政李頤命請申前命, 以秩祀典禮官·大臣乃議, 曰:陳李之祠, 在關王廟庭, 關王當與國家抗禮, 不可宣以額, 但宜具牲幣, 歲以驚蟄·霜降之節, 遣官幷祭, 上可之遺廟.」

18　《正祖實錄》, 16년 8월 19일(을유)조;《弘齋全書》권22 〈誕報廟致祭文〉, 권33 〈皇朝副摠兵鄧子龍追配康津誕報廟敎〉; 金敎根 〈誕報廟奉審追記〉 등 참조.

19　李庠珪 〈誕報廟享需社修契冊〉,《忠武公 李舜臣과 古今島忠武祠》 참조.

하는 운명에 처해졌다. 일본 당국의 입장에서 본다면 관왕묘의 창건 내역과 제향 인물은 자신들의 통치 이념과 부합되지 않았다. 1940년에 관왕묘에 대한 일제의 탄압이 심해지자, 지역민들은 350년 동안 모셔왔던 관왕묘의 제향을 중단하고 묘우에 안치된 각종 소상과 위패를 철거했다. 이듬해에 관왕묘 수호 사찰이던 옥천사가 관왕묘의 정전에 불상을 안치하고, 묘우를 사찰로 바꾸었다. 이로 인해 묘우 건물은 계속 보존될 수 있었다.

해방 이후 관왕묘는 새로운 전기를 맞이하였다. 1953년에 忠武契가 관왕묘를 충무사로 바꾸고, 정전에 이순신을 모셨다. 1959년 노량해전에서 순국한 加里浦僉使 李英南을 추배했다.[20] 1963년 1월 21일에 사적 114호로 지정되었다. 그 후 관계 당국과 지역민들은 여러 차례 묘우를 보수하여 오늘날에 이르고 있다. 관왕묘의 수호 사찰이었던 옥천사는 원래 관왕묘 경내에 있었으나, 1978년에 충무사 앞마을인 細洞里의 야산으로 옮겼다.

3. 관왕묘의 諸神享祀와 媽祖神壇

고금도 관왕묘를 창건할 당시부터 여러 신을 향사했다. 이천상의 〈고금도관왕묘창건사실〉은 관왕묘에 향사된 제신과 신단 배열에 대해 기술해 놓았다. 이 문장에서:

設塑像於廟內, 以黃金字書之, 曰皇明勅封協天大帝漢雲長關公之神. 東有三官大帝之位, 上一位曰賜福天官大帝, 中一位曰赦罪地官大帝, 下一位曰解厄水官大帝三牌. 右又立千里望者之神一人. 西有天妃聖母之位, 位牌書之曰護國佑民天妃聖母之位. 其左右有侍女二人, 左曰海渚之神, 右曰南瞻部洲之神.

---

20 李濟現 편저, ≪忠武公 李舜臣과 古今島忠武祠≫, 李忠武公遺蹟古今島忠武祠保存委員會, 완도, 1989.2, pp.47~49.

묘우 안에 소상을 설치하고 황금으로 '皇明勅封協天大帝漢雲長關公之神'라는 글씨를 썼다. 동편에는 三官大帝의 위패가 있다. 위쪽 위패는 賜福天官大帝, 가운데 위패는 赦罪地官大帝, 아래쪽 위패는 解厄水官大帝이다. 오른편에 또 千里를 바라보는 신 한 분을 세웠다. 서편에는 天妃聖母 위패가 있고, 그 위패에 '護國佑民天妃聖母之位'라고 적었다. 그 좌우에는 시녀 2명이 있는데, 왼편이 海渚之神이고, 오른편이 南瞻部洲之神이다.

관왕묘의 신단 배열을 보면 중앙에 주신인 관우상을 모셨다. 관우는 劉備, 張飛, 諸葛亮과 더불어 촉나라 건국에 커다란 공을 세운 실존 인물이다. 관우의 충절과 무용담은 《三國志》, 《三國演義》 등 문헌을 통해 민간에 널리 전파되었고, 훗날 신격화가 되어 재앙을 물리치고 복을 부르는 신앙으로 자리 잡았다. 1394년(洪武 27)에 명 태조는 남경에 關公廟를 건립했고, 1594년(만력 22)에 신종은 전쟁을 수호하는 武神으로 본격적으로 향사했다. 이로부터 대륙 곳곳에는 수많은 관왕묘가 세워졌다. 당시 전쟁터로 나가는 병사들은 관왕묘에 나가 승전을 기원하고 자신들을 보호해달라고 향불을 올렸다.

관왕 신앙은 임진왜란 때 명나라 군대에 의해 본격적으로 전파되었다. 명나라 군사는 남대문 바깥에 소재한 南關王廟를 필두로 지방 星州, 安東, 南原 등에 관왕묘을 세웠다. 임진왜란이 끝난 직후에 명 신종의 어필과 함께 자금이 지원된 東關王廟가 동대문 바깥에 세워져 오늘날까지 이르고 있다. 조선 후기에 들어서 관왕신앙이 점차 민간으로 확산되었고, 고종 연간에는 서울과 지방에 관왕묘가 많이 세워졌다. 일제강점기에 관우를 숭배하는 關聖敎가 조직되었다.

조선의 관우 숭배 양상은 이이명의 〈고금도관왕묘비〉에서도 찾아볼 수 있다. 그 내용을 요약하면 다음과 같다. 관우가 살아서 대의를 밝혔고, 죽어서는 明神이 되어 천추의 정기가 우주를 밝히고, 영험한 일을 많이 일으켰다. 중국에서는 가가호호 제례를 모시고 있다. 관우의 영험함이 물과 같아 가지 않은 곳이 없으니 어찌 우리나라에서도 제사가 빠질 수가 있겠는가?[21]

고금도 관왕묘의 관우 위패에 '皇明勅封協天大帝漢雲長關公之神'이라고 적어놓았다. 글씨는 황금 가루로 적은 金書이다. 1528년(만력 10)에 명 신종은 '協天護國忠義帝'라는 봉호를 내렸다. 위패 칭호 중 '協天大帝'는 명 신종이 내린 봉호를 근거로 삼았지만, 실상은 민간에서 널리 사용되고 있었다. 이러한 현상은 아래에서 언급할 마조위패에서도 비슷하게 나타나고 있다.

고금도 관왕묘 관왕상의 동편에는 三官大帝 위패가 모셔졌다. 위쪽은 賜福天官大帝, 가운데는 赦罪地官大帝, 아래쪽은 解厄水官大帝이다. 삼관대제는 때로 三元大帝 또는 三官帝君이라고 불렀다. 삼관대제 신앙은 원시사회 자연숭배에 근원을 두고 있다. 天地水는 인간 생활에 절대 필요한 기본 요소이다. 사람들은 天地水에 대해 자연히 경외심을 가지고 숭배했다. 동한 張陵은 天師道를 창건하며 도교와 天地水를 결합시켰다. 이들은 天地水 삼관이 귀신을 부르고 환자를 치료하는 능력을 갖추었다고 주창했다. 그 후 민간과 도교에서는 天地水를 인간화복을 장악하는 신의 반열로 승격시켰다.

당나라 때 三元 탄신일을 도교의 大慶日로 지정하고 칙명으로 도살을 금지시켰다. 명나라 이후 전국 각지에 三官殿, 三官堂, 三元庵, 三官廟 등이 많이 세워졌다. 오늘날 삼관대제를 모시는 도관들을 쉽게 찾아볼 수 있다. 그리고 마조묘에 삼관대제를 제향하는 경우도 있다. 그 실례로

---

21 李頤命〈古今島關王廟碑〉:「關公生炳大義, 沒爲明神, 千秋正氣, 拂鬱于宇宙, 明興盖多靈異, 中國至今家戶而戶侑. 公靈如水, 無不之矣. 何獨不可祀于東土也.」

절강 溫嶺 松門의 경우를 들어본다. 송문은 고금도 관왕묘 창건자 중 한 사람인 계금의 고향이다. 송문 소재 素质教育实践基地 뒤편에 천후궁(마조묘)이 있다. 천후궁 본전의 중앙에는 마조상을 모셔놓았고, 그 왼편에 삼관대제를 모셔놓았다. 옛 송문 소재 水坑 마조묘에는 삼관대제를 모신 三寶殿이 세워져 있다. 粗沙頭 마조묘의 아래층 본전에 마조묘를 모셔놓았고, 위층에는 삼관대제를 모셔놓았다.[22]

고금도 관왕묘 관왕상의 서편에는 마조위패를 모셨다. 마조위패에는 '護國佑民天妃聖母之位'라고 적어놓았다. 중국 역대 왕조는 마조에게 여러 차례 봉호를 하사했는데, 명나라 때에는 두 차례 하사하였다. 한 번은 1372년(홍무 5)에 '昭孝純正孚濟感應聖妃'라는 봉호이고, 다른 한 번은 1409년(영락 7)에 '護國庇民妙靈昭應弘仁普濟天妃'라는 봉호이다. 고금도 관왕묘 마조위패의 칭호는 1409년(영락 7)의 조정 봉호와 비슷하나, 이는 실은 민간에서 나온 것이다. 조정 봉호는 '護國庇民'인데, 관왕묘 마조위패는 '護國佑民'이라고 조금 달리 적었다. 관왕묘 마조위패의 '天妃聖母'는 역대 조정의 봉호에서 찾아볼 수 없다. 1680년(강희 19)에 청 강희제가 '護國庇民妙靈昭應弘仁普濟天上聖母'라는 봉호를 하사했다. 이때에도 '天妃聖母'라 하지 않고, '天上聖母'라 했다.

'天妃聖母'는 '天妃'와 '聖母'가 결합된 말이다. 성인은 가장 높고 순결한 자이다. 성모는 민간에서 매우 친밀하게 부르는 용어이다. 남송 시대부터 민간에서 마조를 칭할 때 '妃'자 앞에 '聖'자를 덧붙였고, 명나라에서도 '母' 자 앞에 '聖'자를 덧붙였다. 따라서 '성모' 칭호는 마조를 믿는 사람 마음속에 모친 또는 조모처럼 가장 높고 순수한 신이라는 의미에서 나왔다.[23]

---

22 溫陵道教志編纂委員會編, ≪溫陵道教志≫, 內部發行, 溫陵, 2007.10, pp.66~69, 177~178.

23 蔣維鋑, 〈"天后", "天上聖母"稱號溯源〉, ≪莆田學院學報≫, 2004年 11卷 1期 ; ≪媽祖

명나라 때 민간에서 '天妃聖母' 칭호를 널리 사용했다. 그 구체적인 사례를 열거해본다. 현 旅順博物館에는 1408년(영락 6)에 程樗가 여순 天妃廟를 중수한 과정을 담은 〈天妃廟碑〉가 소장되어있다. 이 비문에는 1406년(영락 4)에 保定侯가 천비묘를 둘러보고 "天妃聖母, 海道勅封之靈神也(천비성묘는 바다 길에서 책봉을 받은 신령이다)"라고 적은 명문이 들어가 있다.[24] 또 1604년(만력 32)에 屠隆이 절강 舟山 沈家門에 천비묘를 중수한 과정과 사실을 담은 〈天妃聖母祠記〉가 있다. 원 비석은 현재 전해오지 않으나, 명 천계 연간에 편찬된 《舟山志》에 비문 전문이 수록되어 있다. 이 비문에서 阻山 남쪽 南關津에 天妃聖母 묘우가 있고, 1581년(만력 9)에 袁世忠이 聖母祠를 찾았다고 했다.[25] 여기의 聖母는 마조를 지칭한다.

정저가 '天妃' 칭호를 사용한 연도는 1408년(영락 6)이다. 명 조정에서 '天妃' 봉호를 내린 연도는 이보다 1년 늦은 1409년(영락 7)이다. 이것으로 보아 '天妃' 칭호가 민간에서 먼저 사용되다가, 훗날 명 조정에서 민간 칭호를 따와 공식 봉호로 삼았음을 알 수 있다. 이러한 현상은 '天后' 칭호에서도 똑같이 나타난다. '天后' 칭호는 1684년(강희 23)에 청 조정이 정한 공식 봉호이지만, 이 이전에 민간에서 사용되고 있었다.[26]

고금도 관왕묘 마조위패의 좌우에 시녀 2명이 있다. 왼쪽 시녀는 海渚神

研究文集》, 海風出版社, 福州, 2006.6, pp.246~247.
24 程樗 〈天妃廟碑〉: 「永樂丙戌春三月, 推誠宣力武臣保定侯以巡邊謁廟覩其事, 召其郡之耆舊謂曰: 天妃聖母, 海道勅封之靈神也.」(《滿洲金石志》 권4 ; 《媽祖文獻史料彙編》(碑記卷), pp.41~42) 영락 병술년은 1406년(만력 4)이다.
25 屠隆 〈天妃聖母祠記〉: 「州治南去里許阻山下, 卽南關津處, 山之陽, 天妃聖母宅焉. ─ 大東南恃舟師以寧, 舟師恃聖母以濟, 聖母之靈弗妥, 當事者過也. 萬曆辛巳, 參戎袁侯持天子命來守是邦, ─ 展春登調聖母祠.」(《(天啓)舟山志》 ; 《媽祖文獻史料彙編》(碑記卷), pp.77~78) 만력 신사년은 1581년(만력 9)이다.
26 蔣維錟, 〈"天后", "天上聖母"稱號溯源〉, 앞의 서지, pp.241~251.

이고 오른쪽 시녀는 南瞻部洲神이다. 해저신은 마조 신앙에서 가장 중요한 요소인 바다를 관장하는 신이다. 남첨부주는 ≪阿咸經≫에서 나온 말이며, 須彌山 사방 咸海 중 남방을 지칭한다. 범어로 閻浮提라고 부르며, 부주 지형은 남쪽이 좁고 북쪽이 넓으며 車廂 형태를 하고 있다. 이것은 마조 신앙이 도교·불교와 결합된 형태에서 나왔다는 사실을 대변해준다.

이천상의 〈고금도관왕묘창건사실〉에는 관왕묘 삼관대제의 오른쪽에 천리를 바라보는 한 명의 신상이 세워져 있다고 했다. 이 신상은 千里眼으로 추정된다. 천리안과 함께 등장하는 順風耳가 있다. 천리안과 순풍이는 원래 고대 민간에서 자연적으로 발생된 전설 속의 신이다. 천리안은 이 세상의 모든 사물을 볼 수 있고, 순풍이는 이 세상의 모든 소리를 들을 수 있다. 사람이라면 모두 천리안과 순풍이 같은 능력을 가지기를 원한다. 또한 사람들이 이러한 능력을 가진 천리안과 순풍이를 숭배하는 것은 지극히 자연스러운 현상이다. 1986년에 사천 成都 부근인 三星堆에서 기존의 중원 청동기문화와 다른 계통을 가진 문물들이 많이 발견되었다. 삼성퇴 문물 중에 천리안과 순풍이를 묘사한 청동제 가면이 보인다.

천리안과 순풍이에 대한 설화는 일찍부터 민간에 여러 형태로 널리 유전되었다. 신화소설 ≪封神演義≫는 상나라 紂王의 부하 가운데 천리를 바라보는 高明과 천리를 듣는 高覺이라는 형제가 있다고 했다. 훗날 천리안과 순풍이는 도교와 불교의 영역으로 편입되어 도관과 사원에서도 찾아볼 수 있고, 특히 마조 신앙과 결합하여 마조의 도법을 수행하는 神將으로 모셨다. 마조 사적을 적은 ≪天后顯聖錄≫에 천리안과 순풍이가 마조의 수행신이 되었다는 기록이 보인다. 옛날에 金水의 정기가 모여든 곳에 잘 들을 수 있는 순풍이와 잘 볼 수 있는 천리안이 살고 있는데, 자주 서북방에 출현하여 사악을 저지르며 민초들을 괴롭혔다. 민초들이 마조에게 물리쳐달라는 기도를 드리자, 마조는 신력으로 순풍이와 천리안을 제압했다. 이후 순풍이와 천리안은 자신의 잘못을 깨닫고 마조의 좌우에서 보좌하며 악마들을 물리치는 수행신이 되었다.[27] 1869년(동치 8)에 청나라 조정은 천리안과 순풍이를 신장으로 책봉했다.

그런데 이천상의 〈고금도관왕묘창건사실〉에는 천리안의 동반자인 순풍이에 대한 언급이 없다. 앞서 언급했듯이 각종 도관이나 마조묘에는 천리안과 순풍이가 좌우로 함께 배치되어 있다. 고금도 관왕묘에도 천리안 신상 외에 순풍이 신상도 있었던 것으로 추정된다. 천리안이 동편 삼관대제의 오른편에 자리하고 있다. 이것으로 보아 순풍이는 이와 반대편인 서편 마조의 왼편에 있었을 것으로 추측된다.

고금도 관왕묘를 세운 진린과 계금은 마조와 어떠한 인연이 있었을까? 진린의 관직 생활 중 바다와 가장 밀접한 시기는 중국 대륙에서 남오 부총병, 한반도에서 수군 도독으로 재임할 때였다. 남오섬은 광동 동부 汕頭 앞 바다에 자리한 섬이다. 이곳은 "潮汕 지역의 병풍이고, 민월 지구의 목구멍(潮汕屏障, 閩越咽喉)"이라는 말처럼 해상교통의 요충지이다. 과거 동남 연해안과 대만, 동남아시아로 통상할 때 필히 들렸던 항구였다. 행정관할지의 변화만 보아도 이러한 사실을 감지할 수 있다. 오늘날 남오는 광동 산두시 소속의 현이지만, 청나라

남오 천후궁 마조신상(박현규 촬영)

27 ≪天后顯聖錄≫〈本傳·降伏二神〉 참조.

이전만 하더라도 조주부와 장주부가 동시에 관할했던 지역이었다. 남오현 深奧鎭에 소재한 閩粵南澳總鎭府를 기준으로 좌·우측에 각각 군영을 두었는데, 좌영은 복건 해역을 관할하고, 우영은 광동 해역을 관할했다. 현 총진부 안에는 좌·우영 관할을 나눈 유적을 찾아볼 수 있다.

총진부는 일명 總兵府이다. 1576년(만력 4) 부총병 晏繼芳이 건립했다. 총진부는 深奧港 바닷가에 자리하고 있다. 심오항의 지형은 안쪽으로 움푹 파여 있어 많은 선박들이 정박할 수 있는 천연항구의 요건을 갖추고 있다. 1699년(강희 38)에 남오총병 周鴻升의 수연 때 만들었던 〈慶壽金漆貝雕畫屛風〉(현 프랑스 개인소장)의 그림을 보면 심오 앞 바다에 많은 선박들이 떠있는 모습을 볼 수 있다. 예전에는 대륙 남북 연해안과 동남아시아로 가는 상선들은 이곳에 들러 항해 허가를 받았다. 필자가 심오를 방문해보니 앞 바다에는 어업과 양식업을 종사하는 많은 어선들이 오가고 있었다.

남오는 예로부터 마조 신앙이 매우 성행했다. 현재 남오에는 크고 작은 마조묘가 20개소 있는데, 모두 천후궁이라 부른다. 그 중 가장 크고 유명한 곳이 바로 총진부 앞에 있는 심오 천후궁이다. 심오 천후궁은 1576년(만력 4)에 부총병 晏繼芳이 창건했고, 1583년(만력 11) 부총병 于嵩이 중건했으며, 1685년(강희 24)에 총병 楊嘉瑞가 증수했다. 현존 건물을 기준으로 묘우의 길이는 31.80m이고, 너비는 11.14m이다. 전면 3칸이고, 내부에는 前座, 中座, 後座 등 3개 구역이 있다. 문주와 현판에는 龍柱, 石獅, 雙鳳, 牧丹 등 명나라 때 새겨진 석물들이 남아 있다.

진린은 1593년(만력 22) 겨울에 남오에 도착하여 이듬해 2월에 이임했다. 재직 기간에 총진부 바로 앞에 소재한 심오 천후궁에 자주 들렀다. 오늘날 심오 천후궁에는 이러한 사실을 증명해주는 유물이 남아 있다. 묘우 바깥 동남쪽 모서리에 1594년(만력 22)에 진린이 세운 〈南澳山種樹

記〉가 있다.[28] 비석의 크기는 225m이고, 너비는 96m이다. 비액은 전서이고, 비문은 해서이다. 행수는 22행이고, 매 행은 48자이다. 이 비석은 부총병 진린이 심오 金山 일대에 소나무 4만 그루와 삼나무 3만 그루를 심었던 내력을 담고 있다.[29]

심오 천후궁은 총진부와 매우 밀접한 관련이 있다. 천후궁 건립이 제2대 부총병 안계방에 의해 이루어졌고, 후대 여러 차례 이루어진 중수 작업도 총진부 총병 또는 부총병이 관여했다. 심오 천후궁 안에는 1834년(도광 14)에 세운 〈天后宮重建碑記〉가 있다. 이 비기에는 심오 천후궁 중수 작업을 할 때 총진부 莊芳記 이하 문무 관리와 뱃사람들이 참여했다는 기록이 들어가 있다.[30] 진린과 그의 부하들도 심오 천후궁에 자주 들러 마조를 축원하거나 오고 가는 상선들의 축원 의식을 보았을 것이다. 고금도 관왕묘에서 마조신을 모시는 내력은 바로 진린이 심오 천후궁에서 친히 보고 들었거나 잠재적으로 생각하고 있던 의식에서 나왔다고 할 수 있다. 당시 진린이 거느린 광동 수병들도 해신 마조에 대해 잘 알고 있었다.

고금도 관왕묘를 세운 또 한 명의 중요한 인물은 절강 수군을 이끌고 온 계금이다. 계금은 절강 온령 松門 출신이다. 송문 지역(현 石塘鎭 포함)은 자연 조건이 뛰어난 여러 항구를 가지고 있다. 많은 지역민들이 해상 운송이나 어로작업에 참여하여 마조에 대한 신앙심이 매우 깊다. 송문 지역 안에 명나라 때 세워진 마조묘만 하더라도 최소 3곳이 있다. 粗沙頭 媽祖廟는 1428년(명 영락 18)에 창건되었고, 水坑 媽祖廟(일명 天后宮)는

---

28 南澳縣文化體育局・南澳縣文物管理委員會辦公室編, ≪南澳縣文物志≫, 天馬出版有限公司, 香港, 2004.12, pp.123~125.
29 南澳縣文化體育局・南澳縣文物管理委員會辦公室編, ≪南澳縣文物志≫, 앞의 책, pp.157~159.
30 〈天后宮重建碑記〉:「繼而接任文武各憲及來往商艘亦皆樂善好施.」

절강 송문 계금 분묘
(박현규 촬영)

1428년(명 선덕 3)에 창건되었다.[31] 1437
년(명 정통 2)에 복건 陳氏 일족들이 桂
香村으로 이주한 이후 후손들이 많아지
자 마조묘를 건립했다. 만력 연간에 기
존 묘우를 허물고 大廟로 중건하고 마조
상을 다시 만들었다.[32]

여기서 잠시 水坑 마조묘의 창건 설화
를 들어본다. 명나라 때 마조의 본 고향
인 미주도의 상선이 송문 해역을 지나갔
다. 한 뱃사람이 뭍으로 올라와 개울가
에서 몸에 지니고 있는 香囊을 나무에
걸어두고 목욕을 하였다. 목욕을 마친

후에 나무에 걸어둔 향낭을 가져가는 것을 잊어버렸다. 밤이 되자 향낭에
서 찬란한 빛이 났다. 지역 사람들이 가보니 향낭이 나무에 걸려 있었다.
향낭에는 媽祖娘娘이라는 글자가 새겨져 있었다. 지역 사람들은 마조가
현성했다고 향낭을 거두어 기도드리고 그 자리에 마조묘를 세웠다.[33] 오
늘날 水坑 마조묘 안에는 관우를 모셔놓은 關聖帝殿이 있다.

청대에 들어와서도 마조에 대한 숭배 열기는 계속 왕성하게 전개되었
다. 石塘 中街六村에 소재한 海濱 媽祖廟(일명 關爺媽祖廟)는 함풍 연간
에 창건되었다.[34] 1800년(가경 5)에 阮鄂이 해적을 소탕할 때에 마조의

---

31 溫陵道敎志編纂委員會編, ≪溫陵道敎志≫, 앞의 책, pp.66~69.
32 ≪(光緒)太平續志≫ 권2 〈建置志‧祠祀‧天后宮〉:「在石塘桂香, 以地多桂花, 故名.」
     자주:「明正統二年, 閩人陳姓始居此. 其後居民日衆, 始建小廟以祀天妃. 萬曆中重
     建大廟, 改朔大像.」
33 〈水坑媽祖廟記〉, ≪溫陵道敎志≫, 앞의 서지, p.248.
34 溫陵道敎志編纂委員會編, ≪溫陵道敎志≫, 앞의 책, p.87.

286 _ 동아시아 해상 표류와 해신 마조

도움으로 거대한 바람을 일으켜 해적선을 전복시켰다고 한다. 이 소식이 조정에 전해지자 송문성 안에 천후궁(마조묘)을 세우도록 했다.[35]

계금과 이천상 수병들이 활동했던 절강 지역은 복건 미주도로부터 얼마 떨어지지 않아 일찍부터 마조 신앙이 크게 흥성했다. 1329년(天曆 2)에 원 조정은 절강 지역에 杭州廟, 越廟, 慶元廟, 台州廟, 永嘉廟 등 마조묘를 세웠다.[36] 1420년(영락 18)에 마조가 절강 定海 지역에 출몰한 왜적을 물리쳤다는 설화가 전해온다. 명 張翥가 이끄는 전선과 왜적들이 탄 선박이 정해 지역에서 격돌할 때 마조가 나타나 왜선들을 파손시켜 승리를 이끌어냈다고 한다.[37] 앞에서 언급했듯이 1604년(만력 32)에 屠隆이 기술한 〈天妃聖母祠記〉의 소재지가 절강 주산이다. 이 시기는 고금도 관왕묘 창건년과 불과 몇 년밖에 차이가 나지 않는다. 관왕묘 위패 중 '天妃聖母' 는 주산 天妃聖母祠의 명칭과도 일치한다. 이들이 관왕묘 마조위패를 적을 때 민간에서 나온 칭호를 따왔음을 알 수 있다.

4. 마고할멈 설화와 媽祖 관련설

고금도 덕동리, 潤洞里(1952년에 덕동리에서 분리) 일대에는 이순신과 관련된 여러 유적과 설화가 전해온다. 덕동리 서북편에 望德山(해발 70m) 이 있다. 망덕산 정상에 오르면 동으로 金日, 남으로 제주해협, 북으로

---

35 ≪(嘉靖)太平縣志≫ 권6 〈祠祀志·天后宮〉:「嘉慶五年六月, 中丞玩公浦賊海上, 荷神靈大風陡起, 賊船盡覆, 官船一無所損. 事聞, 勅于松門城內特建天后宮, 賜額宣籲恬波, 頒藏香致祭, --- 其松門對岸天后宮, 僧得桂修, 奉香火, 俗呼娘娘宮, 幷建有堂, 名惠濟.」

36 ≪天后顯聖錄≫〈諭祭〉元朝 天曆 2년조 참조.

37 ≪天后顯聖錄≫〈靈應·助戰破灣〉참조.

강진, 長興이 시야에 들어온다. 망덕산 산기슭에는 장군바위가 있는데, 이순신이 일본군의 침략에 대비하고 해상 작전을 구상하기 위해 바위에 올랐다고 전해온다.[38] 덕동리 유동마을의 射亭은 이순신이 궁술을 연마했던 곳이고, 和成마을의 於蘭井은 이순신의 지시로 於蘭津 萬戶가 우물을 개발했다고 전해온다. 윤동리 앞 바다에는 조그마한 섬인 海南島(일명 우장섬)가 있다. 이순신이 해남도에 수천 개의 허수아비를 만들어 횃불을 꽂아놓아 이곳에 병력이 많은 것처럼 보이게 했고, 조개껍질을 태워 만든 가루를 섬 주변의 바다로 흘려보내 적이 쌀뜨물로 오인하도록 위장전술을 펼쳤다는 설화가 전해온다.[39]

고금도 지역에는 이순신과 마고할멈이 관련된 두 개의 설화가 전해온다. 하나는 〈마귀할멈과 이순신 장군의 내기경기〉 설화이다. 그 내용을 정리해보면 다음과 같다. 마고할멈과 이순신이 왜구를 물리치는 방안에 대해 내기를 했다. 마고할멈은 치마끈으로 구무섬을 꿰매어 고금진으로 통하는 왜적 침입진로를 차단하는 일을 했고, 이순신은 강진 馬良 성머리에 왜적 침입을 차단하는 성을 쌓았다. 마고할멈은 덕동진의 세찬 조류로 인하여 구무섬을 다 꿰매지 못하여 내기에서 졌다고 한다.[40]

다른 하나는 〈마고할멈과 구무섬〉 설화이다. 이 설화에 나오는 마고할멈이 관왕묘 마조와 연계되었을 가능성이 있어 매우 흥미롭다. 아래에 莞島文化院에서 기술한 〈마고할멈과 구무섬〉 설화의 전문을 옮겨본다.[41]

38 莞島文化院編, ≪지명으로 조명한 청해진의 완도군 향토사≫, 완도문화원, 완도, 2005.12, pp.334~335.
39 李濟現 편저, ≪忠武公 李舜臣과 古今島忠武祠≫, 앞의 책, pp.39~40.
40 〈마귀할멈과 이순신 장군의 내기경기〉, ≪古今面誌≫, 앞의 서지, p.103.
41 莞島文化院編, ≪지명으로 조명한 청해진의 완도군 향토사≫, 앞의 책, p.335.

임진왜란 때 이충무공을 돕기 위해 마고할멈도 나타났었다. 이 마고할멈은 충무공의 조방역이라고도 하고 관운장을 따라다닌 마고이니 애인이니 하는 설도 있었고, 또는 명나라 수군도독 진린과 관계있는 초능력적 여신이라고도 했다.

마고할멈은 아랫녘에 있었던 구무섬을 밧줄로 꿰매어 신지도 근해까지 끌고 와서 고금진으로 통하는 덕동과 약산 우두리 간 해협(금파강)을 구무섬으로 막아 왜적의 침입진로를 차단코자 했었다. 조류가 급류이고 깊어서 구무섬으로는 도저히 막을 수 없겠다고 체념하여 부득이 동고리 앞 바다에 놓아두었다고 전한다. 그 마고할멈은 얼마나 술수가 신출귀몰에 능했던지 물위를 단신으로 활보하였는데도 의복은 전혀 물에 젖지 않았다고 전한다. 또 혹자는 말하기를 옛 관왕묘 제향 때 이 여신을 조방여신장으로 배향 했다고도 전한다.

이 설화는 ≪古今面誌≫에도 실려 있다.[42] 필자가 고금도를 답사했을 때 藥山 得岩里 주민으로부터 상기 설화를 직접 들었다.[43] 〈마고할멈과 구무섬〉의 고사 배경은 정유재란 시기에 고금도 앞 바다이다. 설화 속의 마고할멈은 이순신을 도와 일본군의 침입진로를 막기 위해 구무섬을 덕동과 약산 사이에 있는 錦波江 해역으로 끌고 왔다고 한다. 錦波江은 고금도와 조약도 사이의 바다를 지칭한다. 조약도가 고금도를 감싸고 있어 바다 바깥쪽에서 불어오는 거센 파도를 막을 수 있다. 그 안쪽 해역은 마치 잔잔한 물결이 출렁이는 강과 같다고 하여 금파강이라고 불렸다. 금파강을 통과하는 선박들은 묘당도에 모셔져 있는 관왕묘를 향하여 제향을 지냈으며, 제향을 지내지 않으면 돌풍이 일어나 통행할 수 없다는 설화가 전해온다.[44]

---

42 〈마고할멈과 구므섬(穴島)〉, ≪古今面誌≫, 앞의 서지, pp.102~103.
43 구술자 : 임채순, 채집일 : 2006년 11월 13일.
44 〈덕동진을 통과하는 범선〉, ≪古今面誌≫, 앞의 서지, p.103.

약산 득암항에서 바라본 구무(박현규 촬영)

구무는 구멍(穴)의 옛말로 그무라고 부르기도 한다. 섬 주변의 지형은
세찬 파도가 장기적으로 드나들면서 해안이 침식되어 구멍이 난 것처럼
굴곡진 곳이 많다. 그래서 예로부터 바닷가 지역에는 구무라는 지명을
가진 곳이 많다. 완도 주변에는 구멍이 난 섬과 해안지역이 많이 있는데,
그 중에서 가장 대표적인 것이 구무섬(穴島)이다. 약산 득암리 산중턱이
나 得岩港에서 조약도와 薪智島 사이에 있는 남동쪽 바다를 바라보면 3개
의 섬(穴島, 小燈島, 葛馬島)이 있다. 오른편 섬의 끝자락에 커다란 동굴
이 관통되어 있다.

완도문화원은 고금도 설화 속의 마고할멈을 창조거신의 변형으로 보았
다. 본디 마고는 중국 도교에 나오는 청태산 신선이다. 제주도에 들어와
창조거신 설화에 동원된 설문대할망이 되었고, 또 육지에 오면서 마고
또는 마귀할멈으로 변했다.[45]

45 莞島文化院編, ≪지명으로 조명한 청해진의 완도군 향토사≫, 앞의 책, pp.335~336.

제주의 설문대할망이 일명 세명주할망이다. 설화에 의하면 설문대할망이 망망대해에서 제주도를 만들고자 흙을 날랐다. 가장 높이 쌓은 곳은 한라산이 되었고, 치마의 찢어진 구멍으로 떨어진 한 주먹의 흙이 오름이 되었다. 설문대할망 설화는 제주도와 제주도 주변 도서(제주 앞 바다 冠脫섬, 서귀도 앞 바다 地歸섬, 제주해협 楸子島 등)에 널리 전해오고 있다. 따라서 제주의 설문대할망이 육지로 오면서 마고할멈으로 변하여 구무섬을 고금도 앞 바다로 옮겨왔다고 하는 견해는 충분히 일리를 갖추고 있다.

여기에서 필자는 상기 견해와 다른 가능성, 즉 고금도 설화 속의 마고할멈이 관왕묘 속의 마조일 가능성을 제시해본다. 먼저 〈마고할멈과 구무섬〉에 적힌 마고할멈의 출신 기록을 정리해보면 첫째 이순신의 조방역을 한 마고 기록, 둘째 관운장을 따라다니는 마고 또는 애인이라는 기록, 셋째 진린과 관련 있는 초능력적인 여신 기록, 넷째 관왕묘에 제향된 여신 기록이다.

상기 둘째, 셋째, 넷째 기록은 모두 고금도 관왕묘와 연계되어있다. 관왕묘는 진린이 세운 묘우이다. 관우를 따라다니거나 진린과 관련된 마고할멈은 여성이다. 관왕묘에 제향된 주 신앙체 가운데 여성은 마조 여신이 유일하다. 또 첫째 기록도 관왕묘 마조와 관련이 있다. 관왕묘는 조명 양 진영이 모두 많이 드나들었던 장소 중의 하나이다. 조명 연합수군이 일본 수군과 전투를 펼칠 때 사기진작을 위해 초자연적인 신앙체, 즉 관왕묘에 제향된 무신 관우와 해신 마조의 음덕이 필요했다. 양 진영의 많은 수병들이 관왕묘를 드나들었을 것이다. 이순신은 도독 진린과 연합 작전을 세우기 위해 자주 명 수군 본영을 찾았다. 이때 명 수군 본영 옆에 자리한 관왕묘도 자주 찾았을 것이다. 이순신이 돌아가자 그의 유해를 관왕묘 바로 앞 언덕인 月松臺에 80여 일간 안치해놓았다. 훗날 관왕묘에는 이순신과 진린 모두 제향되었다.

설화 속의 마고할멈은 구무섬을 끌어오고 물위를 날아다니며 신출귀몰하고 초능력을 가진 해양신이다. 마조는 중화권 지역의 대표적인 해양보호신이다. 생전에 복건 보전 湄洲島에서 바다를 돌봐주는 무녀로서 활동했고, 사후에 해신이 되어 바다를 오가는 항해자들을 지켜주었다. 뱃사람들은 출항하기 전에 마조에게 제례를 올리고 풍어와 안전을 기원했다. 설령 배가 망망대해에서 거센 풍랑에 의해 표류한다고 하더라도 마조가 붉은 옷을 입고 날아와 돛대 위에 앉아 방향을 제시하며 절체절명의 위난에서 구해준다고 믿었다.

진린은 중국으로 귀국할 때 고금도 섬사람에게 남은 재물을 주며 관왕묘의 제향과 보존에 대한 각별한 관심을 당부하였다. 고금도 사람들은 한동안 관왕묘를 돌봐주고 주 신앙체에게 제례를 올렸다. 나중에 관왕묘가 일시 퇴락한 적이 있긴 하지만, 뱃사람들은 여전히 항해안전을 기원하는 묘우로 사용했다.[46] 앞서 말했듯이 관왕묘 앞 금파강을 지나가는 선박들은 관왕묘를 향해 제향을 지냈다. 관왕묘에서 항해안전을 돌봐주는 신은 바로 마조이다. 이것으로 보아 관왕묘 마조신의 존재와 신앙이 고금도 주변 뱃사람들 사이에 꽤나 퍼져나갔음을 알 수 있다.

관왕묘를 세운 진린의 후손이 한동안 고금도에 들어와 산 적이 있었다. 명나라가 망하자 손자 陳泳溙가 일가를 이끌고 배들 타고 한반도 남해 장승포에 도착했다. 얼마 후 조부인 진린이 공을 세웠던 고금도로 옮겨 살았다. 그 후 다시 해남 황조리로 이거하여 광동 진씨 집성촌을 형성했다. 바다를 통해 들어온 진린 후손들은 마조 신앙을 잘 알고 있었다. 광동 일대에는 예나 지금이나 마조 신앙이 널리 성행한다. 이들이 고금도에

46　李頤命 〈古今島關王廟碑〉:「陳公振旅西歸, 留餘財, 托廟祀於島人. 其後歲久, 廟傾像昧, 香火不至, 時有舟子瀝酒禱風.」

머물고 있을 때 관왕묘 전각에 모신 마조에 대해 신앙 활동을 전개했을 것이다.

관왕묘가 옥천사로 바뀐 일제강점기까지 전각에서 모시는 신단은 변화가 없었다. 현종 때 진린, 숙종 때 이순신, 정조 때 등자룡을 관왕묘에서 모셨지만, 전각이 아닌 동무와 서무에 각각 모셨다. 관왕묘에 마조신단이 오랫동안 존속되고 있다는 사실은 고금도 사람들이 마조 신단의 존재를 알고 있고, 동시에 마조 관련 설화가 후대까지 계속 전해져 오고 있음을 짐작하게 한다.

다만 세월이 흘러감에 따라 고금도 일대에서 마조가 중국식인 천비나 천후보다는 한국의 토속문화와 결합하여 마고할멈으로 바뀌었을 것이다. 한반도에는 평안도 해안가 일대를 중심으로 마조묘가 몇 군데 남아 있었다. 평안도 해안가 일대는 발해만과 가까워 직접적인 영향을 받았지만, 기타 지역은 마조 신앙이 널리 퍼져나가지 못했다. 더구나 한반도 중남부 지역의 해안가에는 제주 설문대할망이나 부안 水聖堂 개양할미처럼 한국 고유의 해양 여신을 믿는 신앙이 널리 성행하고 있어 마조 신앙이 확산되지 못했다.

이상 종합하면 고금도 마고할멈 설화가 타 지역의 마고할멈 설화와 다르다는 사실을 알 수 있다. 고금도 일대에서 전해온 마조 사적은 한국 토속문화와 결합하여 마고할멈으로 바뀌었고, 이와 동시에 〈마고할멈과 구무섬〉 설화가 탄생된 것으로 추측된다.

5. 마무리

한반도 해안 지역에는 아주 오래 전부터 뱃사람들의 안전과 풍어를 기원하는 여러 형태의 해양신앙이 널리 퍼져 있다. 대부분 한국 자체에서 나온 해양신앙이지만, 몇몇 지역에서 외부에서 전해온 해양신앙의 흔적을 찾을 수 있다. 완도군 고금도에는 명나라 수군에 의해 전파된 媽祖 신앙의 유적이 남아 있다. 정유재란 때 조선 수군과 연합전선을 펴기 위해 고금도에 들어온 명 수군 도독 진린은 절직수영유격장군 계금의 도움을 받아 관왕묘를 세웠다. 창건연대는 1598년(선조 31, 만력 26)이다. 훗날 관왕묘에는 진린과 이순신이 차례로 배향되었다. 정조 연간에 誕報廟라는 사액을 받았다. 일제강점기에 관왕묘가 철폐되고 사찰로 바뀌는 운명을 겪었다. 한국정부 이후 이순신과 李英南을 모시는 忠武祠로 바뀌었다.

당초 관왕묘의 신단에는 주신 관우 외에 동편과 서편에 각각 三官大帝와 마조를 섬기는 신단을 두었다. 마조위패에 당시 중국 민간에서 널리 전해오는 '護國佑民天妃聖母之位'라는 봉호를 적어놓았다. 마조신 좌우에는 시녀 海渚神과 南贍部洲神이 있었다. 또 동편 우측에 마조를 지키는 千里眼이 있었고, 서편 좌측에 천리안과 한 쌍을 이르는 順風耳가 있었던 것으로 추정된다.

진린은 광동 북부와 복건 남부 해역을 관장한 南澳 副總兵으로 있을 때 천후궁(마조묘)을 자주 둘러보았다. 남오 천후궁에는 1594년(만력 22)에 진린이 세운 〈南澳山種樹記〉 비석이 남아있다. 진린의 손자 陳泳漺가 일가를 이끌고 배를 타고 들어와 조부가 머물던 고금도에 한동안 거주했다. 계금이 주로 활동했던 절강 해역에도 마조 신앙이 성행하였다. 계금의 고향인 松門 지역만 하더라도 명대에 세워진 마조묘가 3곳이나 있다.

진린이 귀국한 이후에도 고금도 관왕묘는 마조의 해신 역할이 지속되었다. 뱃사람들은 관왕묘에 나가 향불을 올리거나 바다에서 관왕묘를 향해 제례를 지냈다. 고금도에는 오래 전부터 〈마고할멈과 구무섬〉이라는 설화가 전해오고 있다. 설화 속의 마고할멈은 관왕묘의 여신으로 이순신을 도와 구무섬을 고금도 앞 바다로 옮겨오고 신출귀몰하며 물위를 걸어

다녔다고 한다. 여기의 마고할멈은 중국 마조가 한국 고유의 토속 신앙과
결합하여 고금도 해역을 지키는 여신으로 변형된 것으로 추측된다. [燁爀
之樂室]

참고문헌

제1장 중국 臨海에 표류한 예의의 나라 조선인 관찰기

齊周華著, ≪名山藏副本≫, 淸乾隆年間刊本後代補抄本, 臨海市博物館藏本.

陸應暘原著, 蔡方炳增訂, ≪增訂廣輿記≫, ≪四庫全書存目叢書≫, 齊魯書社, 濟
　　　南, 1996.

朝鮮備邊司編, ≪備邊司謄錄≫, 国史編纂委員会, 서울, 1959.

金指南・金慶門原著, ≪通文館志≫, 世宗大王紀念事業會, 서울, 1998.

中國第一歷史料檔案館編, ≪淸代中朝關係檔案史料續編≫, 中國檔案出版社, 北
　　　京, 1998.

李一・周琦主編, ≪台州文化槪論≫, 中國文聯出版社, 北京, 2002.

韓日關係史學會編, ≪조선시대 한일 표류민연구≫, 國學資料院, 서울, 2001.

莞島文化院編, ≪지명으로 조명한 청해진의 완도군 향토사≫, 완도문화원, 완도,
　　　2005.

丁伋著, 〈台州海外交通史鉤沈〉, ≪〈台州地區志〉志餘輯要≫, 浙江人民出版社,
　　　杭州, 1996.

徐三見著, 〈淸齊周華≪名山藏副本≫初刻本與民國刊本〉, ≪文獻≫, 1989年 3期
　　　(총41기), 1989.7.

제2장 유구 필리핀에 표류한 문순득 행적과 기록 검토

丁若銓・李綱會撰, ≪柳菴叢書≫, 新安文化院, 木浦, 2005.

元在明撰, ≪芝汀燕記≫(≪燕行錄選集補遺≫ 冊中), 大東文化硏究院, 서울,
　　　2008.

正祖命撰, 國史編纂委員會編, ≪同文彙考≫, 探求堂, 서울, 1978.

李海應撰, ≪薊山紀程≫, ≪(國譯)燕行錄選集≫ 책8, 民族文化推進會, 서울,
　　　1976.

丁若鏞・晴李撰, ≪事大考例≫(≪茶山學團文獻集成≫ 책8~9), 동아시아學術院
　　　大東文化硏究院, 서울, 2008.

劉芳輯, 章文欽校, ≪葡萄牙東波塔檔案館藏淸代澳門中文檔案彙編≫, 澳門基金

會, 澳門, 1999.

中國第一歷史檔案館編, ≪淸代中流關係檔案選編≫, 中華書局, 北京, 1993.

崔德源撰, 〈文淳得의 漂海錄 : 琉球 및 呂宋 漂流記〉, ≪(목포해양전문대학)논문
집≫ 14집, 목포해양전문대학, 1980.

崔誠桓撰, 〈조선후기 문순득의 표류와 세계인식〉, 목포대학교 한국지방사학과
박사논문, 2010.

제3장 조선 제주도에 표착한 潮州 출항선 기록 검토

金指南纂, ≪東槎日錄≫(≪(國譯)海行摠載≫), 民族文化推進會, 서울, 1975.

承政院編, ≪承政院日記≫[肅宗年間, 探究堂, 서울, 1970.

備邊司編, ≪備邊司謄錄≫, 國史編纂委員會, 서울, 1959.

崑岡等修, 劉啓端等纂, ≪(光緒)欽定大淸會典事例≫(≪續修四庫全書≫), 上海古
籍出版社, 上海, 1995.

淸實錄官修, ≪淸實錄≫, 中華書局, 北京, 1985.

南澳縣文化體育局·南澳縣文物管理委員會辦公室編, ≪南澳縣文物志≫, 天馬出
版有限公司, 香港, 2004.

제4장 조선 庇仁縣에 표착한 조주·태국 상인의 표류와 교역

國史編纂委員會編, ≪備邊司謄錄≫, 國史編纂委員會, 서울, 1982.

李綱會著, ≪雲谷雜著≫, 新安文化院, 新安, 2004.

王岱纂修, ≪(康熙)澄海縣志≫, 潮州市地方志辦公室, 潮州, 2004.

黃一龍修, ≪(隆慶)潮陽縣志≫, 潮州市地方志辦公室, 潮州, 2004.

周碩勳纂修, ≪(乾隆)潮州府志≫, 鳳凰出版社, 南京 ; 上海書店, 上海 ; 巴蜀書社,
成都, 2004.

淸乾隆勅編, ≪(건륭)欽定大淸會典則例≫, 臺灣商務印書館, 臺北, 1983.

淸歷代史官編, ≪淸實錄≫, 中華書局, 北京, 1986.

陳澤泓著, ≪潮汕文化槪說≫, 廣東人民出版社, 廣州, 2001.

潮州市地方志辦公室·潮州市外事僑務局編, ≪海外潮人≫, 潮州市地方志辦公
室·潮州市外事僑務局, 潮州, 2004.

王綿長著, 〈泰國華商 : 開創南北行及其對香港轉口貿易的貢獻〉, ≪汕頭大學學報≫, 2003年 1期(통권 19권 1기), 2003.

朴現圭著, 〈1688년 조선 濟州島에 표착한 潮州 출항선 기록 검토〉, ≪東北亞文化研究≫, 14집, 동북아시아 문화학회, 2008.

제5장 태국화상 許必濟의 고향 유적과 조선 표류고사

≪澄海市前埔鄉誌譜≫, 澄海市前埔鄉誌譜理事會, 澄海, 1997.

隆都鎭華僑志編纂委員會, ≪隆都鎭華僑志≫, 文化走廊出版社, 香港, 2013.

李益杰, 〈海外潮汕華僑華人集中于泰國的原因淺析〉, ≪東南亞≫, 2004年 1期.

吳群・李有江, 〈二战后泰国华侨华人社会的变化〉, ≪雲南師範大學學報≫, 36卷 5期, 2004.

趙興國, 〈한국과 동남아간의 문화적 교류에 대한 고찰 : 〈高麗史〉와 〈朝鮮王朝實錄〉에 나타나는 14세기말-15세기초 태국 및 자바와의 접촉을 중심으로〉, ≪인문과학≫, 제76・77합집, 연세대학교 인문과학연구소, 1997.

朴現圭, 〈1880년 朝鮮 庇仁縣에 표착한 潮州・泰國 상인의 표류 사정과 교역 활동〉, ≪島嶼文化≫, 42집, 島嶼文化研究院, 2013 ; 〈海事交渉的背景與意義-以1880年飄着到朝鮮的中國潮州商人和泰國商人爲個案〉, ≪甘肅社会科学≫, 2014年 1期, 甘肅社会科学院, 2014.

제6장 고려시대 해신 媽祖신앙의 접촉과정

徐兢著, ≪宣和奉使高麗圖經≫(≪景印文淵閣藏四庫全書本≫), 臺灣商務印書館, 臺北, 1983.

黃公度著, ≪知稼翁集≫(≪景印文淵閣藏四庫全書本≫), 臺灣商務印書館, 臺北, 1983.

樓鑰著, ≪攻媿集≫(≪景印文淵閣藏四庫全書本≫), 臺灣商務印書館, 臺北, 1983.

宋秘書省等編, 淸徐松輯, ≪宋會要輯稿≫(≪續修四庫全書≫), 上海古籍出版社, 上海, 1995.

梁克家著, ≪(淳熙)三山志≫(≪宋元方志叢刊≫), 北京 : 中華書局, 1990.

袁等著, ≪(延祐)四明志≫(≪宋元方志叢刊≫), 北京 : 中華書局, 1990.

陳正祥, ≪中國歷史·文化地里圖冊≫, 原書房, 東京, 1982.

蔣維鋑編校, ≪媽祖文獻資料≫, 福建人民出版社, 福州, 1990.

蔣維鋑·鄭麗航輯纂, ≪媽祖文獻史料彙編≫, 中國檔案出版社, 北京, 2007.

林文豪主編, ≪海內外學人論媽祖≫, 中國社會科學院出版社, 北京, 1992.

林國平·彭文宇著, ≪福建民間信仰≫, 福建人民出版社, 福州, 1993.

羅春榮著, ≪媽祖文化研究≫, 天津古籍出版社, 天津, 2006.

曲金良等著, ≪중국 발해만의 해양민속≫, 민속원, 서울, 2005.

鄭夢周著, ≪圃隱集≫(≪標點影印韓國文集叢刊≫), 民族文化推進會, 서울, 1988.

李崇仁著, ≪陶隱先生詩集≫(≪標點影印韓國文集叢刊≫), 民族文化推進會, 서울, 1988.

權近著, ≪陽村集≫(≪標點影印韓國文集叢刊≫), 民族文化推進會, 서울, 1988.

朴宜中著, ≪貞齋先生逸稿≫(≪標點影印韓國文集叢刊≫), 民族文化推進會, 서울, 1988.

高惠蓮著, 〈皇會와 朝鮮의 媽祖寺院〉, 中國史研究, 50집, 中國史學會, 2007.

袁旭, 〈利用媽祖文化優勢促進兩岸民間文化交流〉, ≪第三屆湄洲媽祖·海峽論壇論文匯編≫, 中華全國歸國華僑聯合會, 中華媽祖文化交流協會, 莆田, 2007.

朴玉杰著, 〈宋代商人來航高麗與麗宋貿易政策〉, 中韓人文科學研究, 2집, 韓中人文科學研究會, 1997.

葉恩典著, 〈古代泉州與新羅高麗的海上交通及文物史迹探源〉, 古代中韓海上交流學術研討會, 浙江大學韓國研究所, 泉州, 2005.

제7장 고려 조선시대 사행록에 투영된 해신 媽祖 분석

安璥著, ≪駕海朝天錄≫, 하바드 연경도서관장본(TK3051-5483본).

崔康賢譯註, ≪竹泉行錄≫, 新星出版社, 서울, 2000.

曺圭益編, ≪竹泉行錄≫, 박이정, 서울, 2002.

申閱道著, ≪懶齋先生文集≫, 국립중앙도서관장본(古3648-40-46본).

李忔著, ≪雪汀集≫(≪影印標點韓國文集叢刊≫, 續冊15), 民族文化推進會, 서울, 2006.

林基中編, ≪燕行錄全集≫, 東國大學校出版部, 서울, 2001.

文獻備考撰集廳編, ≪(國譯本)增補文獻備考≫, 세종대왕기념사업회, 서울, 1994.

蔣維鋑・鄭麗航輯纂, ≪媽祖文獻史料彙編≫, 中國檔案出版社, 北京, 2007.

馬書田・馬書俠著, ≪全像媽祖≫, 江西美術出版社, 南昌, 2006.

山東省蓬萊市史志編纂委員會編, ≪蓬萊縣志≫, 齊魯書社, 濟南, 1995.

李京燁等著, ≪중국 발해만의 해양민속≫, 민속원, 서울, 2005.

韓悅行編著, ≪大連掌故≫, 大連出版社, 大連, 2007.

王三慶著, 〈四海龍王在民間通俗文學上朝之地位〉, ≪漢學硏究≫, 8卷1期, 1990.

朴現圭著, 〈고려시대 媽祖信仰 接觸過程에 관한 고찰〉, 韓中言語文化硏究, 17집, 韓國現代中國硏究會, 2008.

제8장 조선 · 명 해로사행자의 해신 媽祖 인식과 일화

安璥著, ≪駕海朝天錄≫, 하버드 연경도서관장본(TK3051-5483본).

劉鴻訓著, ≪四素山房集≫, ≪四庫未收書輯刊≫(6輯 21冊), 北京出版社, 北京, 1997.

湄洲媽祖祖廟董事會・湄洲媽祖文化硏究中心編印, ≪天后顯聖錄≫, 影印1725년 (淸雍正3年)三山會館刊本.

蔣維鋑・鄭麗航輯纂, ≪媽祖文獻史料彙編≫, 中國檔案出版社, 北京, 2007.

吳煜煜著, ≪石壁採璞≫, 方志出版社, 北京, 2011.

江山・沈思著, 〈試論媽祖神話在港澳深地區的影響〉, ≪媽祖硏究論文集≫, 鷺江出版社, 廈門, 1989.

郭濟生著, 〈一段被遺忘的中朝交往關系史〉, ≪海交史硏究≫, 2000年 1期(총 37期).

王玉杰著, 〈論劉鴻訓在明末中朝交往中的貢獻〉, ≪山東敎育學院學報≫, 2006年 2期.

姜維東著, 〈劉鴻訓、楊道寅與≪辛酉皇華集≫〉, ≪長春師範學院學報≫, 30卷 3期, 2011.

朴現圭著, 〈高麗・朝鮮시대 海路 使行錄에 투영된 媽祖 분석〉, ≪歷史民俗學≫, 32집, 韓國歷史民俗學會, 2010.

----, 〈17세기 전반기 對明 海路使行에 관한 행차 분석〉, ≪韓國實學硏究≫, 21호, 韓國實學學會, 2011.

----, 〈17세기 전반 對明 海路使行의 운항과 풍속 분석〉, ≪韓國漢文學硏究≫,

48집, 韓國漢文學會, 2011.

──, 〈1621년 명 등극조사의 '貪墨無比'에 관한 논란과 실상〉, ≪韓中人文學硏究≫, 35집, 韓中人文學會, 2012.

제9장 한반도 소재 해신 媽祖 문물과 현황

李濟現等編著, ≪忠武公 李舜臣과 古今島忠武祠≫, 李忠武公遺蹟古今島忠武祠 保存委員會, 莞島, 1989.

李綱會著, ≪雲谷雜著≫, 新安文化院, 新安, 2004.

鄭然鶴著, ≪개항장 화교의 신앙과 민속≫, 仁川廣域市立博物館, 仁川, 2008.

陳正祥著, ≪中國歷史·文化地理圖冊≫, 原書房, 東京, 1982.

石萬壽著, ≪臺灣的媽祖信仰≫, 臺原出版社, 臺北, 2000.

蔣維錟著, ≪媽祖硏究文集≫, 海風出版社, 福州, 2006.

蔣維錟·鄭麗航輯纂, ≪纂媽祖文獻史料彙編·碑記卷≫, 中國檔案出版社, 北京, 2007.

高惠蓮著, 〈皇會와 朝鮮의 媽祖寺院〉, ≪中國史硏究≫, 50집, 中國史學會, 2007.

문미라著, 〈근현대 화교의 제주도 정착과정과 사회적 위상〉, 제주대 사학과 석사 논문, 2009.

朴現圭著, 〈高麗·朝鮮시대 海路 使行錄에 투영된 媽祖 분석〉, ≪歷史民俗學≫, 32집, 韓國歷史民俗學會, 2010.

──, 〈인천 화교 義善堂의 모습과 신앙 조사〉, ≪歷史民俗學≫, 第29輯, 韓國歷 史民俗學會, 2009.

──, 〈서울 居善堂의 華僑 신앙과 현황 조사〉, ≪東北亞文化硏究≫, 27집, 동북 아시아 문화학회, 2011.

──, 〈古今島 關王廟의 媽祖神壇 분석〉, ≪中國學論叢≫, 39집, 韓國中國文化 學會, 2013.

──, 〈韓國華僑所在媽祖現況〉, ≪2012臺中媽祖國際觀光文化節 媽祖國際學術 硏討會≫, 臺中市政府 文化局, 2012.

제10장 古今島 關王廟에 설치된 해신 媽祖神壇 분석

李舜臣著, ≪李忠武公全書≫, 民族文化推進會, 서울, 1990.
李濟現等編著, ≪忠武公 李舜臣과 古今島忠武祠≫, 李忠武公遺蹟古今島忠武祠保存委員會, 莞島, 1989.
古今面誌發刊委員會編, ≪古今面誌≫, 古今面誌發刊委員會, 莞島, 2001.
莞島文化院編, ≪지명으로 조명한 청해진의 완도군 향토사≫, 완도문화원, 완도, 2005.
徐希震著, ≪東征記≫, 明萬曆刊本, 奎章閣藏本.
僧照乘原編, 普日 · 通峻重修, ≪天后顯聖錄≫, 淸雍正3年(1725)三山會館重刊本, 湄洲媽祖祖廟董事會 · 湄洲媽祖文化研究中心據福建師大藏本影印本.
蔣維錟編校, ≪媽祖文獻資料≫, 福建人民出版社, 福州, 1990.
蔣維錟 · 鄭麗航輯纂, ≪媽祖文獻史料彙編≫, 中國檔案出版社, 北京, 2007.
南澳縣文化體育局 · 南澳縣文物管理委員會辦公室編, ≪南澳縣文物志≫, 天馬出版有限公司, 香港, 2004.
浙江省溫陵市地方辦公室整理, ≪太平縣古志三種≫, 中華書局, 北京, 1997.
溫陵道教志編纂委員會編, ≪溫陵道教志≫, 內部發行, 溫陵, 2007.

박현규 朴現圭

현 순천향대학교 중어중문학과 교수
현 중국 천진외국어대학 객좌교수
전 한국중국문화학회 회장
저서 및 논문 268편

동아시아 해상 표류와 해신 마조

초판 인쇄   2018년 1월   5일
초판 발행   2018년 1월 12일

지 은 이 | 박현규
펴 낸 이 | 하운근
펴 낸 곳 | 學古房

주   소 | 경기도 고양시 덕양구 통일로 140 삼송테크노밸리 A동 B224
전   화 | (02)353-9908   편집부(02)356-9903
팩   스 | (02)6959-8234
홈페이지 | http://hakgobang.co.kr/
전자우편 | hakgobang@naver.com, hakgobang@chol.com
등록번호 | 제311-1994-000001호

ISBN   978-89-6071-723-7 93380

값 : 18,000원

이 도서의 국립중앙도서관 출판예정도서목록(CIP)은 서지정보유통지원시스템 홈페이지(http://seoji.
nl.go.kr)와 국가자료공동목록시스템(http://www.nl.go.kr/kolisnet)에서 이용하실 수 있습니다.
(CIP제어번호 : CIP2017034277)

■ 파본은 교환해 드립니다.